재무관리에 대한 기초 지식

기초 재무관리 예해

사례연구와 해설

김철중/송명규

The Practice of Basic Financial Management

도서출판 탐진

Preface

The Practice of Financial Management

본서는 기본적인 사례를 통해 기초 재무이론을 알기 쉽고 이해하기 좋도록 단순화하고, 실전에서 직접 사용할 수 있도록 하는 것을 목적으로 한다.

본서는 지난번에 발간한 「재무관리 예해」 중에서 기초부분을 더욱 풀어서 설명함으로써 재무관리를 처음 공부하는 분들에게 도움을 주려고 시도한 책이다. 즉, 기초 재무원리를 간결하게 정리하고, 이를 알기 쉽게 습득하기 위해 기본적인 사례와 해설을 첨부하였다.

본서는 기초 재무이론을 공부하고 이를 자신의 지식으로 체화시키기를 원하는 분들을 위해서, 다음과 같은 특징을 갖도록 구성하였다.

첫째, 기초 재무이론을 강의노트 식으로 간단히 정리함으로써 재무관리 지식을 알기 쉽게 습득하도록 하였다.

둘째, 기본적인 사례문제를 비교적 충분히 제공함으로써 자신이 알고 있는 재무관리 지식을 테스트 할 수 있도록 하였다.

셋째, 기본적인 사례문제에 대한 자세한 해설을 논리적으로 제공함으로써 문제해결 능력을 높일 수 있도록 하였다.

끝으로 지금까지 여러 권의 저서와 역서를 함께 내면서 많은 토론을 통해 학문적 지식을 공유하고, 특히 본서의 집필에 많은 도움을 주신 충남대학교의 윤평식 교수님께 깊이 감사드린다. 그리고 책을 만드느라 고생하신 탐진출판사 임직원 여러분들께도 고마움을 표하며, 가족들에게도 큰 사랑의 마음을 전한다. 마지막으로 미진한 부분에 대해서는 향후 지속해서 수정, 보완할 것을 약속드린다. 많은 분들의 좋은 제언을 부탁드린다.

2020년 8월
저자 씀

Contents

The Practice of Financial Management

Part 1 재무관리의 기본개념과 증권의 가치평가

Chapter 1 재무관리의 기본개념

Chapter 2 채권의 가치평가

Chapter 3 주식의 가치평가

Part 2 투자안의 경제성 평가와 프로젝트 분석

Chapter 4 투자안의 경제성 평가

Part 3 위험의 측정과 요구수익률의 결정

Chapter 5 위험과 수익률

Chapter 6 기대수익률의 결정(CAPM)

Chapter 7 자본비용

Part 4 자본구조와 배당정책

Chapter 8 자본구조

Chapter 9 배당정책

PART 1

The Practice of Financial Management

재무관리의 기본개념과 증권의 가치평가

CHAPTER 01 재무관리의 기본개념

재무학은 부족한 자본을 어떻게 조달하여 어떻게 배분할 것인가를 연구하는 학문이다. 본서는 기업의 재무의사결정을 다루는 기업재무 또는 재무관리에 관한 책으로서, 기본원리를 간략히 정리한 후 예제를 들고 이에 대한 해설을 중심으로 원리를 구체적으로 설명하려고 시도한 책이다. 본장에서는 먼저 재무관리의 의의, 역할, 목표 등에 대하여 정리하고 재무학의 주된 관심사인 자산가치 평가와 관련하여 가치평가원칙을 설명하기로 한다. 또한 본장에서는 기업의 대리인관계를 설명한 후에 재무관리 전반을 이해하는데 필요한 기초 지식인 화폐의 시간가치에 대해서도 설명할 것이다.

1.1 재무관리의 의의

[그림 1]에서 볼 수 있는 바와 같이, 자본을 매개로 한 기업활동은 자본의 조달과 자본의 운용(투자)으로 나눌 수 있다. 자본의 조달이란 소요자본을 부채로 조달한다든지, 주식을 발행하여 조달한다든지 하는 등의 행위를 말한다. 그리고 자본의 운용이란 자산투자를 말하며, 시설자산을 구입하기 위해 자금을 지출한다든지 원재료를 구입하기 위해 자금을 지출하는 행위 등을 말한다.

[그림 1] 의사결정 과정단계

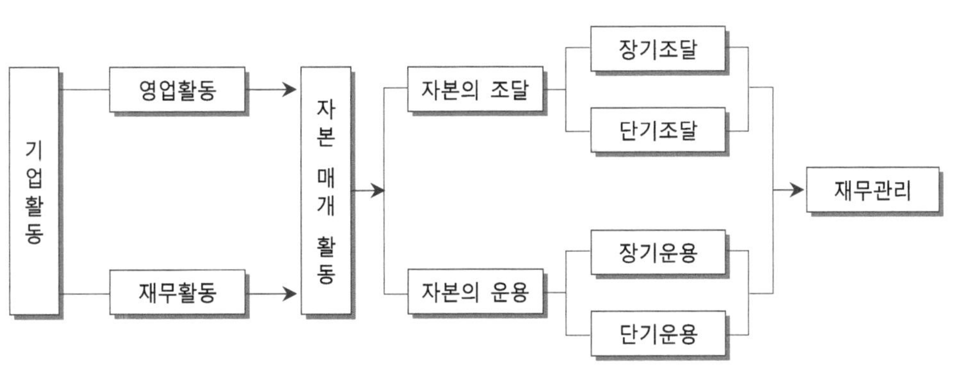

자본의 조달은 조달기간에 따라 장기조달과 단기조달로 구분할 수 있고, 자본의 운용 즉, 자산투자는 투자기간에 따라 장기운용(장기투자)과 단기운용(단기투자)으로 구분할 수 있다. 결국 재무관리란 자본의 조달과 운용(투자)과 관련된 기업활동을 계획하고 실행하며 통제하는 관리시스템으로 정의할 수 있다.

1.2 재무관리의 역할

[그림 2]에서 볼 수 있는 바와 같이, 기업은 자본시장에서 부채와 자기자본의 형태로 필요한 자본을 조달한다. 재무관리는 자본을 효율적으로 조달할 수 있도록 해주는 역할을 한다. 자본을 효율적으로 조달한다는 것은 자본의 조달비용과 사용위험이 적절히 배합되도록 조달하는 것을 의미한다. 재무관리의 주요 역할 중 하나는 자본구성의 최적화(optimal mix of financings)를 도모하는 데 있다.

[그림 2] 재무관리의 역할

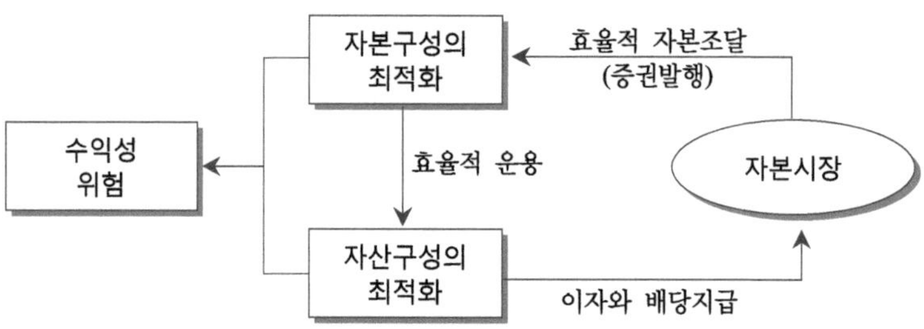

한편, 기업은 조달된 자본을 운용하여 자산을 구성한다. 재무관리는 조달된 자본을 효율적으로 운용할 수 있도록 해주는 역할을 한다. 자본을 효율적으로 운용한다는 것은 수익성과 위험을 적절히 배합하여 투자한다는 것을 의미한다. 자본을 효율적으로 운용하면 기업의 자산구성은 최적화를 이룬다. 결국 재무관리의 또 다른 주요 역할은 자산구성의 최적화(optimal mix of assets)를 도모하는 데 있다.

1.3 재무관리의 목표

재무관리의 목표를 말할 때 우리는 흔히 이익의 극대화(profit maximization)를 떠올린다. 그러나 이익의 극대화는 재무관리의 목표로 삼기엔 부족한 개념이다. 이익이란 기업의 수익성을 대표하는 개념이다. 이익을 극대화하려면 위험 역시 높아지기 마련이다. 수익성과 위험의 이런 관계를 서로 충돌하는 관계라 하며 상반관계(trade-off relationship)라고 한다. 따라서 수익성만을 고려하는 이익의 극대화는 재무관리의 목표로 사용하기에 적절치 못한 개념임을 쉽게 알 수 있다. 이익의 극대화는 다음과 같은 비판을 받고 있다.

첫째, 이익이라는 개념 자체가 모호하다. 장·단기 이익 중 어느 것인지, 그리고 영업이익, 세전순이익, 순이익 중 어느 것인지 모호하다.

둘째, 이익의 시간성을 무시하고 있다. 동일한 이익이라도 가까운 미래에 발생할수록 가치가 큰데, 이 부분이 무시되어 있다.

셋째, 미래이익의 위험을 무시하고 있다. 미래이익의 변동가능성이 작을수록 가치가 큰데, 이 부분이 무시되어 있다.

[그림 3]에서 보듯이 기업의 부(富)의 극대화 또는 가치의 극대화(value maximization)는 수익성과 위험을 함께 고려한 개념으로서 재무관리의 목표로 삼기에 적합한 개념이다. 자본시장이 효율적이라는 가정 하에서 기업가치의 극대화는 주주가치의 극대화로 연결되고, 이는 다시 궁극적으로 주가의 극대화로 나타난다.

[그림 3] 재무관리의 목표

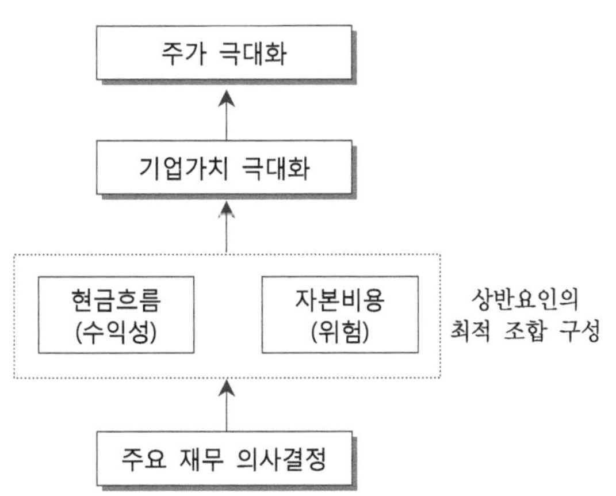

결국 재무관리는 자본의 조달과 운용(투자)에 따르는 수익성과 위험이라는 상반요인(trade-off factors)을 적절히 배합하여 기업가치(또는 기업의 富, 또는 주가)를 극대화 하는데 그 목표를 두고 있다.

1.4 가치평가원칙

가치평가원칙(valuation principle)은 "자산의 가치는 자산이 제공하는 미래 현금흐름을 현금흐름의 위험을 반영한 적정할인율(이자율 또는 요구수익률)로 할인하여 구한 현재가치"라는 원칙이다. 자산의 가치가 미래 현금흐름의 현재가치이므로, 자산의 가치는 다음 두 가지 요인에 의해 결정된다.

① 미래에 발생하는 현금흐름의 크기(magnitude)

② 현금흐름의 위험을 반영하는 적정할인율(discount rate) 또는 요구수익률

위험이 커지면 투자자의 요구수익률이 커지기 때문에 적정할인율도 증가하고 따라서 가치는 작아진다. 이와 같이 위험이 커질수록 요구수익률도 커지는 관계를 위험-수익률의 상반관계(risk-return trade-off relationship)라고 한다.

효율적 자본시장에서 위험과 수익률은 동시에 얻을 수 없는 두 마리의 토끼인 셈이다. 즉, 수익률을 더 얻으려면 반드시 위험을 더 부담해야 한다. 그리고 위험을 덜 부담하려면 일정 부분의 수익률도 포기해야 한다.

요구수익률과 적정할인율 간의 관계를 간략히 설명해보기로 하자. 만약 1년 후에 불확실한 현금흐름 110만원인 주식의 현재가치가 100만원이라면, 주식에 적용되는 적정할인율은 10%가 된다. 그리고 위험이 없는 은행예금의 이자율이 3%라면 현재 100만원을 은행에 예금하면 1년 후에 확실한 현금흐름은 103만원이 된다. 따라서 은행예금의 적정할인율은 3%이다. 주식 투자의 적정할인율 10%와 은행예금 투자의 적정할인율 3%는 각 자산의 투자에 대해 투자자가 요구하는 수익률이다. 따라서 우리는 다음과 같이 요구수익률이 적정할인율로 이용됨을 직관적으로 알 수 있다.

$$\text{요구수익률} = \text{적정할인율} = f(\text{위험})$$

미래 현금흐름의 현재가치를 구할 때 적용하는 적정할인율은 투자자들이 그 현금

흐름에 대해 요구하는 합의된 수익률이다. 은행예금에 대해 합의된 요구수익률이 은행예금 이자율이므로, 무위험이자율인 은행예금 이자율은 확실한 미래 현금흐름의 현재가치를 구할 때 적용하는 적정할인율이 된다.

그런데 미래 현금흐름에 내포된 위험이 클수록 요구수익률은 커지기 마련이다. 위의 예에서 주식투자에서 얻을 1년 후 110만원에는 위험이 내포되어 있다. 따라서 주식투자의 요구수익률 10%는 무위험이자율 3%에 위험프리미엄 7%가 가산된 것이다. 즉, 요구수익률은 위험이 커질수록 커진다.

요구수익률 = 무위험이자율 + 위험프리미엄
= 기다리는 대가 + 위험의 대가

위의 식에서 보듯이, 요구수익률은 기다리는 대가인 무위험이자율을 기본으로 하고 위험의 대가인 위험프리미엄을 추가하여 결정된다. 자산의 시장가치를 구할 때 적용되는 적정할인율은 기업이 부담하는 위험에 비례해서 결정된다. 즉, 기업이 부담하는 위험이 클수록 적용되는 적정할인율은 커지기 마련이다. 구체적으로 위험프리미엄을 어떻게 구하는가 하는 문제는 나중에 요구수익률(제7장 자본비용)을 공부할 때 자세히 설명하기로 한다.

요구수익률이란 자금을 빌려준 채권자(부채 조달) 또는 주주(자기자본 조달)들이 자금을 제공한 대가로 요구하는 수익률이라는 의미이다. 요구수익률은 기업의 입장에서 보면, 자금을 제공받은 대가로 채권자 또는 주주에게 지불하는 비용이기 때문에 자본조달비용 즉 자본비용이라고 부른다.

1.5 대리인관계

주주와 경영자간의 관계를 대리인관계(agency relationship)라고 한다. 이 관계는 주인(principal)인 주주가 대리인(agent)인 경영자를 고용할 때 성립하는 관계이다. 대리인관계 하에서 주주와 경영자간의 이해가 충돌할 수 있다. 예를 들면 경영자가 회사를 지배하는 경우, 경영자는 주주의 부의 극대화를 추구하는 것에 우선하여 자신의 부의 극대화를 꾀할 수 있다. 이것이 소유와 경영의 분리로부터 발생할 수 있는 대리인문제이다. 그리고 이로 인해 발생하는 비용을 대리인비용(agency costs)이라고 한다.

경영학의 그동안의 이론들은 경영자는 주주의 부의 극대화를 추구한다고 설명한다.

그러나 현실적으로 경영자들은 주주의 극대화를 위해 항상 최선을 다하는 것은 아니다. 예를 들어 경영자가 자신의 지위를 유지하기 위해 주주가치에 반하는 행위를 한다든지, 자신의 힘을 키우기 위해 과잉투자 또는 무리한 인수합병을 한다든지 할 수 있다. 이 때 기업가치는 하락하게 된다. 이와 같이 주주의 부의 극대화보다는 경영자의 편익(benefit)을 우선함으로 해서 발생하는 비용을 대리인비용이라 한다.

주주들은 경영자의 이런 행동을 방지하기 위하여 다음과 같이 경영자의 행동을 감시할 수 있는 제도적 장치를 마련할 필요성을 갖는다.

첫째, 경영자의 보상시스템을 주가에 연계시키는 것이다. 이런 연계제도의 대표적인 형태가 스톡옵션(stock option) 제도이다.

둘째, 경영자 또는 대주주의 독단을 막기 위하여 기업지배구조의 선진화를 통해 소액주주의 권리를 강화하는 것이다.

셋째, 보상시스템과 지배구조와 같은 내적 통제시스템이 작동되지 않는 경우 최종적으로 경영자에 대한 평가가 자본시장에서 시장 경제논리에 따라 이루어지도록 해야 한다.

1.6 단리계산에 의한 미래가치와 현재가치

화폐는 동일한 금액이라 할지라도 시점에 따라 그 가치가 다르다. 즉 오늘의 100만원과 한 달 후의 100만원은 그 가치가 다르다. 화폐의 시간가치(time value of money)를 고려하지 않는다면, 기업은 투자는 물론이고 자본조달, 배당정책 등 주요한 재무의사결정을 올바르게 수행하지 못할 것이다.

미래가치(future value)란 현재의 일정금액을 미래의 일정시점에서 계산한 가치를 말한다. 미래가치를 구하는 방법은 단리계산과 복리계산 방법이 있다. 먼저 단리계산에 대해 설명해 보기로 하자. 예를 들어 연간 이자율이 3%일 때, 단리계산으로 하면 현재 100만원은 1년 후에 103만원이 되고, 2년 후에는 106만원이 된다. [그림 4]는 이 과정을 보여준다.

[그림 4] 단리계산에 의한 미래가치

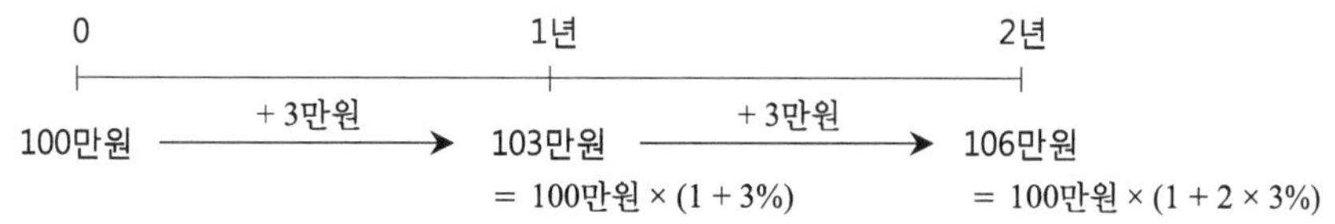

[그림 4]에서 보듯이, 현재 100만원을 단리계산으로 구한 1년 후 미래가치는 원금 100만원에 원금에 대한 이자 3만원을 더한 103만원이 된다. 그리고 2년 후 미래가치는 원금 100만원에 2년간 원금에 대한 이자 6만원을 더한 106만원이 된다.

단리계산에 의한 미래가치 계산방법을 일반화하면 식 (1)과 같다.

$$FV_n = PV \cdot (1 + n \cdot r) \tag{1}$$

FV_n : n년 후 미래가치
PV : 현재가치
n : 기간(년)
r : 연간이자율

식 (1)에서 $n \cdot r$은 원금에 대한 n년 동안의 이자율을 의미한다. 이와 같이 단리계산에 의한 미래가치는 원금+원금에 대한 이자로 구성된다. 다시 말해 단리계산이란 이자에 대한 이자를 고려하지 않는 계산이다.

다음에는 단리계산에 의한 현재가치를 구하는 방법을 설명해 보기로 하자.

[그림 5] 단리계산에 의한 현재가치

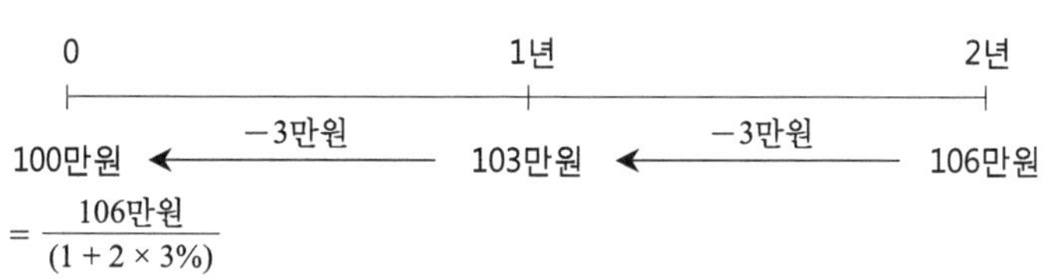

[그림 5]에서 보듯이, 2년 후 106만원을 단리계산으로 구한 1년 후 가치는 106만원에서 100만원에 대한 1년간 이자 3만원을 뺀 103만원이 된다. 마찬가지로 현재가치는 106만원에서 100만원에 대한 2년간 이자 6만원을 뺀 100만원이 된다. 단리계산

에 의한 현재가치 계산방법을 일반화하면 식 (2)와 같다.

$$PV = \frac{FV_n}{(1 + n \cdot r)} \tag{2}$$

식 (2)에서 $PV = FV_n - PV \cdot n \cdot r$이 된다. 이와 같이 단리계산에 의한 현재가치 = 미래가치 − 원금에 대한 n년간 이자로 구성된다.

1.7 복리계산에 의한 미래가치와 현재가치

현실적으로 재무관리에 있어서 단리계산 방법보다는 복리계산 방법이 널리 이용된다. 복리계산에 의한 미래가치와 현재가치를 구하는 방법을 설명하면 다음과 같다. 예를 들어 연간 이자율이 3%일 때, 현재 100만원은 복리계산으로 1년 후 103만원이 되고 2년 후에는 106.09만원이 된다. [그림 6]은 이 과정을 보여준다.

[그림 6] 복리계산에 의한 미래가치

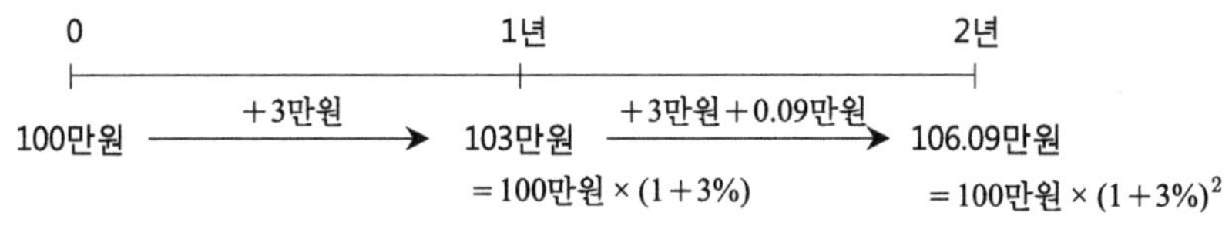

[그림 6]에서 보듯이, 현재 100만원을 복리계산으로 구한 1년 후 미래가치는 원금 100만원에 원금에 대한 이자 3만원을 더한 103만원이 된다. 이는 단리계산시와 동일한 금액이다. 그런데 2년 후 미래가치는 원금 100만원에 2년간 원금에 대한 이자 6만원과 1년 후 받는 이자 3만원에 대한 1년간 이자 0.09만원(= 3만원 × 3%)을 더한 106.09만원이 된다. 복리계산에 의한 미래가치 계산방법을 일반화하기로 하자.

현재금액을 PV, 연간 이자율을 r이라고 하면, n년 후의 복리로 계산한 미래가치 FV_n은 식 (3)과 같다. 식 (3)에서 PV에 $(1 + r)^n$을 곱하는 것은 원금 + 원금에 대한 이자 + 이자에 대한 이자를 의미한다.

$$FV_n = PV \cdot (1+r)^n \tag{3}$$

다음에는 복리계산법을 응용해서 현재가치를 구하는 방법을 설명해 보기로 하자.

[그림 7] 복리계산법을 응용한 현재가치

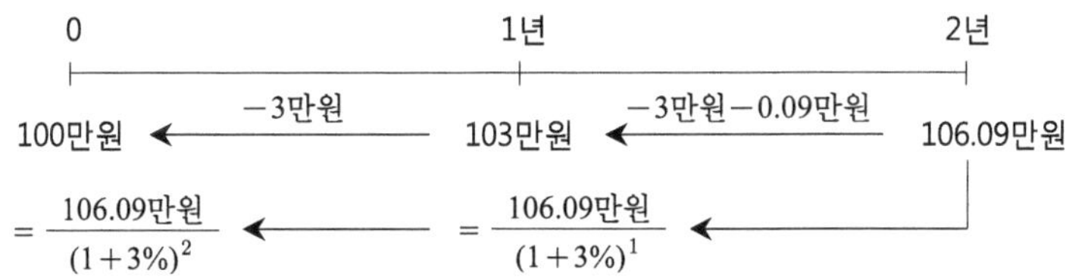

[그림 7]에서 보듯이, 2년 후 106.09만원을 복리계산으로 할인한 1년 후 가치는 106.09만원에서 100만원에 대한 1년간 이자 3만원과 3만원 이자에 대한 이자 0.09만원을 뺀 103만원이 된다. 마찬가지로 현재가치는 106.09만원에서 100만원에 대한 2년간 이자 6만원과 3만원 이자에 대한 이자 0.09만원을 뺀 100만원이 된다. 이와 같이 원금에 대한 이자와 이자에 대한 이자를 빼는 작업을 복리계산법을 응용한 할인이라고 한다.

n년 후의 미래가치를 FV_n, 연간 할인율을 r이라고 하면 복리계산법을 응용한 현재가치 PV는 다음과 같이 일반화 할 수 있다.

$$PV = \frac{FV_n}{(1+r)^n} \tag{4}$$

식 (4)에서 FV_n을 $(1+r)^n$으로 나누는 할인작업은 원금과 원금에 대한 이자 및 이자에 대한 이자를 차감하는 작업이다.

1.8 연금의 미래가치

일정기간 동안 일정금액을 계속적으로 지불하는 것을 연금(annuity)이라고 한다. 매년 말 수령액을 C, 연금의 기간을 n년, 연간 이자율을 r이라 하면, n년 후의 연금의 미래가치 FV_n은 [그림 8]과 같다.

[그림 8] 연금의 미래가치

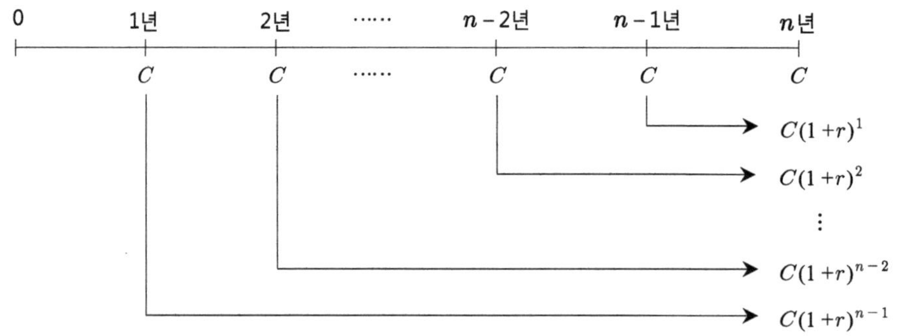

[그림 8]을 식으로 표현하면, n년 후의 연금의 미래가치 FV_n은 식 (5)와 같다. 식 (5)의 우변은 초항이 C이고 공비가 $(1+r)$인 등비수열이다. 식 (5)는 등비수열의 합을 구하는 공식에 대입해서 정리한 것이다.1)

$$
\begin{aligned}
FV_n &= C + C \cdot (1+r)^1 + \cdots + C \cdot (1+r)^{n-2} + C \cdot (1+r)^{n-1} \\
&= C \cdot \left[\frac{(1+r)^n - 1}{r} \right]
\end{aligned} \tag{5}
$$

식 (5)의 우변에 있는 $\left[\frac{(1+r)^n - 1}{r} \right]$을 편의상 $FVIFa(r,\ n)$으로 표시하기로 한다. $FVIFa(r,\ n)$은 연금복리요소(future value of interest factor for an annuity)를 의미하며, 이는 1원씩 n기 동안 발생하는 연금을 r%로 복리 계산한 n시점의 가치를 의미한다.

$FVIFa(r,\ n)$은 공식을 이용해서 구해도 좋지만 본서의 말미에 있는 부록을 이용하여 구할 수도 있다. r%의 이자율에 해당되는 열(column)과 n의 현금흐름의 수에 해당되는 행(row)이 만나는 셀(cell)의 숫자가 $FVIFa(r,\ n)$의 값이다.

1) 고등학교에서 배운 등비수열의 합을 구하는 공식은 다음과 같다.

$$
\text{초항} \times \frac{1-(\text{공비})^n}{1-\text{공비}} = C \times \frac{1-(1+r)^n}{1-(1+r)} = C \times \frac{1-(1+r)^n}{(-r)} = C \times \left[\frac{(1+r)^n - 1}{r} \right]
$$

[표 1] 연금복리요소표 : $FVIFa(r,\ n)$

기 간	이자율								
	1%	2%	3%	4%	5%	6%	7%	8%	9%
1	1.0000	1.0000	1.0000	1.0000	1.0000	1.0000	1.0000	1.0000	1.0000
2	2.0100	2.0200	2.0300	2.0400	2.0500	2.0600	2.0700	2.0800	2.0900
3	3.0301	3.0604	3.0909	3.1216	3.1525	3.1836	3.2149	3.2464	3.2781
4	4.0604	4.1216	4.1836	4.2465	4.3101	4.3746	4.4399	4.5061	4.5731
5	5.1010	5.2040	5.3091	5.4163	5.5256	5.6371	5.7507	5.8666	5.9847

예를 들어, [표 1]에 표시된 연금복리요소에서 5% 이자율의 3년 연금인 경우 $FVIF(0.05,\ 3)$은 3.1525이다. 다시 말해서 매년 1원씩 연금의 형태로 3년간 발생하는 현금흐름을 매년 5%의 이자율로 복리계산한 미래가치가 3.1525원이라는 뜻이다.

1.9 연금의 현재가치

연금의 현재가치는 매년 수령액을 현재가치로 환산한 금액의 합계이다. 매년 말 수령액을 C, 연금의 기간을 n년, 매년 할인율을 r이라 하면 연금의 현재가치 PV는 [그림 9]와 같이 각 연도 현금흐름의 현재가치의 합이다.

[그림 9] 연금의 현재가치

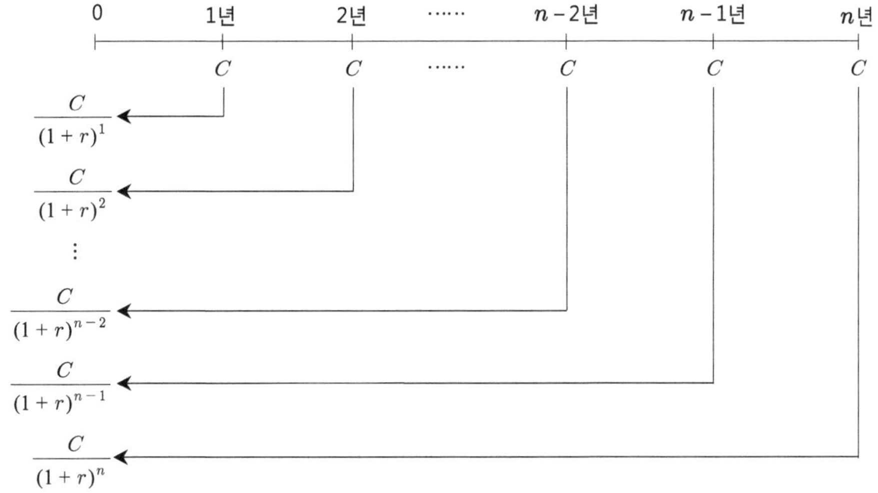

[그림 9]의 연금의 현재가치 PV를 식으로 나타내면 식 (6)과 같다. 식 (6)의 우변은 초항이 $C/(1+r)^1$이고 공비가 $1/(1+r)$인 등비수열이다. 식 (6)은 등비수열의 합을 구하는 공식에 대입해서 정리한 것이다.

$$
\begin{aligned}
PV &= \frac{C}{(1+r)^1} + \frac{C}{(1+r)^2} + \cdots + \frac{C}{(1+r)^n} \\
&= \frac{C}{1+r} \times \frac{1-\left(\frac{1}{1+r}\right)^n}{1-\frac{1}{1+r}} = \frac{C}{1+r} \times \frac{1-\left(\frac{1}{1+r}\right)^n}{\frac{r}{1+r}} \\
&= C \cdot \left[\frac{1-\left(\frac{1}{1+r}\right)^n}{r}\right] \qquad (6)
\end{aligned}
$$

식 (6)의 우변에 있는 $\left[\frac{1-\left(\frac{1}{1+r}\right)^n}{r}\right]$을 편의상 $PVIFa(r,\ n)$으로 표시하기로 한다. $PVIFa(r,\ n)$은 연금현가요소(present value of interest factor for an annuity)를 의미하며, 이는 매년 1원씩 n년 동안 발생하는 연금을 r%로 할인한 현재가치를 의미한다. $PVIFa(r,\ n)$은 공식을 이용해서 구해도 좋지만 본서의 말미에 있는 부록을 이용하여 구할 수도 있다. r%의 이자율에 해당되는 열(column)과 n의 현금흐름의 수에 해당되는 행(row)이 만나는 셀(cell)의 숫자가 $PVIFa(r,\ n)$의 값이다.

[표 2] 현금현가요소표 : $PVIFa(r,\ n)$

기 간	이자율								
	1%	2%	3%	4%	5%	6%	7%	8%	9%
1	0.9901	0.9804	0.9709	0.9615	0.9524	0.9434	0.9346	0.9259	0.9174
2	1.9704	1.9416	1.9135	1.8861	1.8594	1.8334	1.8080	1.7833	1.7591
3	2.9410	2.8839	2.8286	2.7751	2.7232	2.6730	2.6243	2.5771	2.5313
4	3.9020	3.8077	3.7171	3.6299	3.5460	3.4651	3.3872	3.3121	3.2397
5	4.8534	4.7135	4.5797	4.4518	4.3295	4.2124	4.1002	3.9927	3.8897

예를 들어, [표 2]에 제시된 연금현가요소표에서 5% 이자율(할인율)의 3년 연금인

경우 $PVIFa(0.05,\ 3)$는 2.7232이다. 다시 말해서 매년 1원씩 연금의 형태로 3년간 발생하는 현금흐름을 매년 5%로 할인한 현재가치가 2.7232원이라는 뜻이다.

1.10 영구연금

연금의 특수형태로 영구연금(perpetuity)이 있다. 영구연금이란 미래에 동일 금액이 계속해서 영원히 발생하는 현금흐름이다. 식 (6)에서 $n \rightarrow \infty$이면 영구연금의 현가(PV)를 구하는 공식이 되고 이는 식 (7)과 같다.

$$PV = \frac{C}{r} \tag{7}$$

여기서 C는 연금금액이고 r은 이자율(할인율)이다. 다시 말해서 식 (7)은 식 (6)에서 n이 무한대로 접근할 때 성립하는 식이다.

식 (7)과 관련하여, 매기 수령하는 이자금액이 g%씩 일정하게 성장하면서 영구히 지급된다면 다음과 같은 식을 얻을 수 있다(단, $r > g$).

$$PV = \frac{C}{(1+r)^1} + \frac{C(1+g)^1}{(1+r)^2} + \cdots + \frac{C(1+g)^{\infty-1}}{(1+r)^{\infty}} = \frac{C}{r-g} \tag{8}$$

식 (8)은 초항이 $\frac{C}{(1+r)^1}$이고 공비가 $\frac{1+g}{1+r}$인 무한등비수열의 합을 구하는 공식을 사용한 결과이다.[2)] 식 (8)은 나중에 설명하는 골든(Gordon)의 배당평가모형을 이해하는 데 유용하다.

1.11 선연금

현금흐름이 기초에 발생하는 연금을 선연금(annuity due)이라고 한다. n년 선연금

---

2) $초항 \times \frac{1-(공비)^{\infty}}{1-공비} = \frac{C}{1+r} \times \frac{1-\left(\frac{1+g}{1+r}\right)^{\infty}}{1-\frac{1+g}{1+r}} = \frac{C}{1+r} \times \frac{1-0}{1-\frac{r-g}{1+r}} = \frac{C}{r-g}$

(先年金)의 첫 번째 현금흐름은 현재에 발생하고 마지막 현금흐름은 $n-1$년 후에 발생하므로 n년 후 기준으로 미래가치를 계산하려면 보통연금의 미래가치에 $(1+r)$을 추가로 곱해서 구한다. 예를 들어, 3년 선연금($C = 100$, $r = 0.1$)의 3년 후 미래가치는 $100 \times \left[\frac{(1.1)^3 - 1}{0.1}\right] \times 1.1$로 계산된다.

선연금의 첫 번째 현금흐름이 현재 시점에서 발생하므로 선연금의 현재가치는 다음의 방법으로 계산이 가능하다. 즉, 선연금의 미래가치를 계산하듯이, n년 선연금의 현재가치는 n년 보통연금의 현재가치에 $(1+r)$을 곱해서 구한다. 예를 들어, 3년 선연금($C = 100$, $r = 0.1$)의 현재가치는 $\left[\frac{1-\left(\frac{1}{1.1}\right)^3}{0.1}\right] \times 1.1$로 계산된다.

1.12 실효이자율

실효이자율(effective annual rate: EAR)이란 이자가 연 1회 지급된다고 가정하는 경우 적용되는 이자율이다. 실효이자율의 정의에 의해 n년 후의 미래가치는 다음과 같다.

$$FV_n = PV\left(1 + \frac{r}{m}\right)^{m \times n} = PV(1 + EAR)^n \tag{12}$$

식 (12)를 정리하여 실효이자율(EAR)을 구하면 다음과 같다.

$$EAR = \left(1 + \frac{r}{m}\right)^m - 1 \tag{13}$$

식 (13)에서 $m=1$이면(즉, 1년에 이자를 한 번 지급하면), 명목이자율(annual percentage rate: APR) r과 실효이자율(EAR)은 동일하게 된다. 그러나 $m>1$이면 실효이자율(EAR)이 명목이자율(APR)보다 반드시 높다. 또한 다른 모든 조건이 동일할 때, m이 증가하면 EAR도 증가한다.

[표 3] 이자지급 횟수와 1년 후의 가치 및 EAR

(APR = 연 6%, 원금 = 10,000원 기준)

이자지급 횟수(연간)	1년 후의 가치(원)	EAR	비 고
1	10,600.00	6.0000%	연간 복리
2	10,609.00	6.0900%	반기 복리
4	10,613.64	6.1364%	분기 복리
12	10,616.78	6.1678%	월간 복리
52	10,618.00	6.1800%	주간 복리
365	10,618.31	6.1831%	일간 복리
무한대	10,618.37	6.1837%	연속 복리

[표 3]은 명목이자율이 연 6% 일 때, 이자지급횟수(연간)에 따라 1년 후의 가치와 EAR이 어떻게 변하는지 보여준다. 예를 들어 연간 이자지급횟수가 4회이면(즉, 분기별 지급), EAR은 APR보다 큰 6.1364%이다. 다시 말해서 연간 명목이자율이 6%인 경우, 3개월마다 이자를 지급하면 실효이자율은 6.1364%로 높아진다.

정리문제

01 재무관리를 정의하라.

02 재무관리의 역할을 설명하라.

03 재무관리의 목표를 설명하라.

04 가치평가원칙을 설명하라.

05 대리인비용을 설명하라.

06 원섭이는 부인과 함께 5년 후에 세계여행을 할 생각이다. 여행에 소요되는 비용은 총 1,800만원이다. 매년 말 얼마의 금액을 정기적으로 5년 동안 은행에 넣어 두어야 5년 후에 여행에 필요한 금액을 마련할 수 있을까? 단, 이자율은 연 10%이다(연간 복리).

07 수정이는 앞으로 5년간 매년 말에 각각 1,000만원, 2,000만원, 3,000만원, 4,000만원, 5,000만원의 현금수입이 있을 것으로 예상하고 있다.

(1) 매년 말에 들어오는 현금을 모두 연 5%의 복리로 계산되는 정기적금에 납입한다면, 5년도 말에 수정이가 받게 되는 원리금은 얼마인가?

(2) 매년 말에 들어오는 현금을 모두 연 5%의 복리로 계산되는 정기적금에 납입하고, 5년 후에 받게 될 정기예금의 원리금을 담보로 은행으로부터 차입한다고 하자. 수정이가 현재 은행으로부터 차입할 수 있는 금액은 얼마인가? 단, 차입이자율은 연 10%이다.

08 철수는 가격이 1억 5천만원인 집을 구입하고자 한다. 철수는 전액을 은행으로부터 융자받아 25년 동안 매년 말에 일정 금액씩 갚고자 한다.

(1) 이자율이 연 12%라고 가정하면 철수가 매년 말 갚아야 할 금액은 얼마인가?

(2) 매년 (1)번에서 계산한 금액만큼 갚는다면 5번째 상환 직후 은행에 빚진 금액은 얼마인가 (이자율 연 12%)?

(3) 만일 이자율이 연 12%이고 5년 동안 매월 말에 일정 금액을 갚는다면 매월 말 갚아야 할 금액은 얼마인가? 이 경우 실효이자율(EAR)은 얼마인가? (단, $PVIFa(1\%, 60) = 44.955$)

09 **성빈이는 주택을 구입하기 위하여 1,000만원을 차입하였는데, 이자율은 연 10%이고, 3년간 매년 말에 분할상환 하기로 하였다. 상환스케줄을 작성하고, 총 상환금액과 총이자금액을 구하라.**

10 **은용이는 정년퇴임을 한 후 연금을 지급받으려 한다. 이자율이 연 6%(월 0.5%)일 때 어떤 연금지급 방법을 선택하겠는가?**

1안 : 현재 1억을 받고 매월 말 100만원씩 영구히 지급 받음

2안 : 현재 5,000만원을 받고 매년 말 1,200만원씩 영구히 지급 받음

3안 : 매월 말 180만원씩 영구히 지급 받음

4안 : 매년 말 4,000만원씩 7년간 지급 받음

5안 : 3년 뒤 1억 5천만원을 지급받고 4년노 발부터 매년 연 1,800만원씩 영구히 지급 받음

6안 : 6개월마다 3,000만원씩 지급받고 이후 매년 말 1,000만원씩 영구히 지급 받음

11 **지훈이는 현재 홍익실업에 근무 중이나. 그는 20년 후 은퇴할 계획이며 은퇴 후 20년 동안 멋지게 살아 보리라 작정한다. 만일 그가 1년 후부터 20년 동안 매년 말에 500만원씩 정기예금에 저축한다면 은퇴 후 20년 동안 매년 말에 소비할 수 있는 금액(C)은 얼마인가? (이자율 연 5%, 원 미만 반올림)**

12 **철수는 6년 후에 1,500만원, 10년 후에 2,500만원이 필요하다.**

(1) 이자율이 연 9%인 경우, 10년 동안 매년 말에 저축해야 할 금액은 얼마인가?

(2) 만일 처음 6년 동안 이자율이 연 10%이고 이후 4년 동안의 이자율이 연 14%라고 한다면 매년 말에 저축해야 할 금액은 얼마인가?

13 **A회사에 다니던 길동이가 B회사로 이직을 하면서 연봉계약서를 작성하였다. 길동이의 오랜 경험과 능력을 높게 평가한 회사는 길동이에게 매년 말 앞으로 4년간 각각 100만원, 200만원, 300만원, 400만원의 성과금을 현금으로 지급할 것을 계약에 포함시켰다.**

(1) 매년 말에 받을 현금을 모두 연 10%의 복리로 계산되는 정기적금에 납입하면 5년도 말에 받는 원리금은 얼마인가?

(2) 5년도 말에 받는 원리금을 담보로 은행으로부터 차입한다면, 차입가능 금액은 얼마인가?

14 **홍익씨는 어느 사채업자에게 돈을 빌려서 사업을 했다. 돈을 갚아야 하는 날이 다가오자 사채업자는 홍익씨에게 돈을 갚는 다섯 가지 방법 중 하나를 택하라는 제안을 해왔다. 다음 제안 중 어느 제안의 현재가치가 가장 작은지를 판단하라. 단, 이자율은 연 10%이다.**

A안 : 현재 $90,000를 갚음

B안 : 매년도 말 $9,000씩 영구히 갚음

C안 : 4년도 말 $140,000를 갚음

D안 : 1년도 말에 $7,000를 갚고 그 후 매년도 말에 $8,000씩 영구히 갚음

E안 : 매년도 말 $15,000씩 10년간 갚음

정리문제에 대한 해설

01 재무관리를 정의하라.

해설 재무관리란 자본의 조달과 운용과 관련된 기업활동을 계획하고 실행하며 통제하는 관리시스템으로 정의할 수 있다. 기업활동은 영업활동과 재무활동으로 분류된다. 영업활동은 생산 및 판매 활동으로서 자본을 운용하는 것을 말하며, 재무활동은 소요자본을 부채 또는 자기자본으로 조달하는 것을 말한다.

02 재무관리의 역할을 설명하라.

해설 재무관리는 자본을 효율적으로 조달하여 자본구성을 최적화하고 이렇게 조달된 자본을 효율적으로 운용하여 자산구성을 최적화하도록 도와준다. 자산과 자본구성의 최적화는 수익성과 위험을 동시에 고려해서 이루어져야 한다.

03 재무관리의 목표를 설명하라.

해설 재무관리의 목표는 기업 부(富)의 극대화 또는 기업가치의 극대화이다. 기업가치의 극대화는 주주가치의 극대화로 연결되고 궁극적으로 주가의 극대화를 의미한다. 기업가치의 극대화는 수익성과 위험을 동시에 고려하고 있으므로 재무관리의 적절한 목표이다. 이익의 극대화는 수익성만을 고려한 개념이므로 재무관리의 목표로서 적절하지 않다.

04 가치평가원칙을 설명하라.

해설 가치평가원칙(valuation principle)은 "자산의 가치는 자산이 제공하는 미래 현금흐름을 현금흐름의 위험을 반영하는 적정 할인율(이자율 또는 요구수익률)로 할인하여 구한 현재가치"라는 원칙이다. 자산의 가치가 미래 현금흐름의 현재가치이므로, 자산의 가치는 다음 두 가지 요인에 의해 결정된다.

① 현금흐름의 크기(magnitude)
② 현금흐름의 위험을 반영하는 적정 할인율(discount rate) 또는 요구수익률

05 **대리인비용을 설명하라.**

해설 소유와 경영의 분리는 대리인문제를 야기 시킬 수 있다. 대리인관계는 주주가 경영자를 고용할 때 성립하는 관계이다. 주주와 경영자간의 갈등으로부터 발생하는 기업가치 감소비용을 대리인비용이라 한다. 주주는 경영자의 자기이익 추구행위를 방지하기 위하여 주가에 경영자의 보상을 연계시키는 스톡옵션시스템(stock option system)을 구축하거나 또는 기업지배구조를 개선하고자 한다.

06 **원섭이는 부인과 함께 5년 후에 세계여행을 할 생각이다. 여행에 소요되는 비용은 총 1,800만원이다. 매년 말 얼마의 금액을 정기적으로 5년 동안 은행에 넣어 두어야 5년 후에 여행에 필요한 금액을 마련할 수 있을까? 단, 이자율은 연 10%이다(연간 복리).**

해설 일정액 × $FVIFa(0.1,\ 5)$ = 일정액 × 6.1051 = 1,800만원

∴ 일정액 = 2,948,355원

07 **수정이는 앞으로 5년간 매년 말에 각각 1,000만원, 2,000만원, 3,000만원, 4,000만원, 5,000만원의 현금수입이 있을 것으로 예상하고 있다.**

(1) 매년 말에 들어오는 현금을 모두 연 5%의 복리로 계산되는 정기적금에 납입한다면, 5년도 말에 수정이가 받게 되는 원리금은 얼마인가?

해설 5년도 말에 받게 되는 원리금 FV_5는,

$$\begin{aligned} FV_5 &= 1{,}000\text{만원}(1.05)^4 + 2{,}000\text{만원}(1.05)^3 + 3{,}000\text{만원}(1.05)^2 \\ &\quad + 4{,}000\text{만원}(1.05)^1 + 5{,}000\text{만원} \\ &= 160{,}382{,}563\text{원} \end{aligned}$$

(2) 매년 말에 들어오는 현금을 모두 연 5%의 복리로 계산되는 정기적금에 납입하고, 5년 후에 받게 될 정기예금의 원리금을 담보로 은행으로부터 차입한다고 하자. 수정이가 현재 은행으로부터 차입할 수 있는 금액은 얼마인가? 단, 차입이자율은 연 10%이다.

해설 5년 후 받을 금액은 160,382,563원이다. 이를 담보로 현재 차입할 수 있는 금액은 차입이자율 10%로 할인한 값이 된다.

$$\text{차입금} = \frac{160{,}382{,}563\text{원}}{(1+0.1)^5} = 99{,}584{,}953\text{원}$$

08 철수는 가격이 1억 5천만원인 집을 구입하고자 한다. 철수는 전액을 은행으로부터 융자받아 25년 동안 매년 말에 일정 금액씩 갚고자 한다.

(1) 이자율이 연 12%라고 가정하면 철수가 매년 말 갚아야 할 금액은 얼마인가?

해설 매년 말 갚아야 할 금액을 C라 하면,

$$150{,}000{,}000\text{원} = C \cdot PVIFa(0.12,\ 25)$$
$$150{,}000{,}000\text{원} = C \cdot 7.8431$$
$$\therefore\ C = 19{,}125{,}091\text{원}$$

(2) 매년 (1)번에서 계산한 금액만큼 갚는다면 5번째 상환 직후 은행에 빚진 금액은 얼마인가(이자율 연 12%)?

해설

(단위 : 원)

연	차입금 기초잔액	총상환금액	이자금액	상환원금	차입금 기말잔액
1	150,000,000	19,125,091	18,000,000	1,125,091	148,874,909
2	148,874,909	19,125,091	17,864,989	1,260,102	147,614,807
3	147,614,807	19,125,091	17,713,777	1,411,314	146,203,493
4	146,203,493	19,125,091	17,544,419	1,580,672	144,622,821
5	144,622,821	19,125,091	17,354,739	1,770,352	142,852,469

또는, 6년말부터 25년말까지 20년간 지급해야 하는 원리금의 5년말 시점의 가치를 구해도 된다. 왜냐하면 5년말 현재 차입금의 원리금을 20년간 지급해야 하기 때문이다.

$$19{,}125{,}091\text{원} \times PVIFa(0.12,\ 20)$$
$$= 19{,}125{,}091\text{원} \times 7.4694$$
$$= 142{,}852{,}955\text{원} \approx 142{,}852{,}469\text{원(반올림 차이임)}$$

(3) 만일 이자율이 연 12%이고 5년 동안 매월 말에 일정 금액을 갚는다면 매월 말 갚아야 할 금액은 얼마인가? 이 경우 실효이자율(EAR)은 얼마인가? (단, $PVIFa(1\%,\ 60) = 44.955$)

해설 매월 말 갚아야 하는 금액을 C라 하면,

$$150{,}000{,}000\text{원} = C \cdot PVIFa\left(\frac{12\%}{12},\ 5 \times 12\right)$$
$$150{,}000{,}000\text{원} = C \times 44.955$$
$$\therefore\ C = 3{,}336{,}670\text{원}$$

$$EAR = \left(1 + \frac{0.12}{12}\right)^{12} - 1 = 12.68\%$$

09 **성빈이는 주택을 구입하기 위하여 1,000만원을 차입하였는데, 이자율은 연 10%이고, 3년간 매년 말에 분할상환 하기로 하였다. 상환스케줄을 작성하고, 총상환금액과 총이자금액을 구하라.**

해설 매년 말 상환하여야 할 금액을 C라 하면,

$$10{,}000{,}000\text{원} = C \cdot PVIFa(10\%,\ 3)$$
$$10{,}000{,}000\text{원} = C \cdot 2.48685$$
$$\therefore\ C = 4{,}021{,}151\text{원}$$

상환스케줄을 작성하면 다음과 같다.

(단위 : 원)

연	차입금 기초 잔액	상환금액	이자금액	상환원금	차입금 기말잔액
1	10,000,000	4,021,151	1,000,000	3,021,151	6,978,848
2	6,978,848	4,021,151	697,885	3,323,266	3,655,582
3	3,655,582	4,021,151	365,558	3,655,593	0
합 계		12,063,453	2,063,443	10,000,000	

∴ 총상환금액은 12,063,453원이고, 총이자금액은 2,063,443원이다.

10 **은용이는 정년퇴임을 한 후 연금을 지급받으려 한다. 이자율이 연 6%(월 0.5%)일 때 어떤 연금지급 방법을 선택하겠는가?**

1안 : 현재 1억을 받고 매월 말 100만원씩 영구히 지급 받음
2안 : 현재 5,000만원을 받고 매년 말 1,200만원씩 영구히 지급 받음
3안 : 매월 말 180만원씩 영구히 지급 받음
4안 : 매년 말 4,000만원씩 7년간 지급 받음
5안 : 3년 뒤 1억 5천만원을 지급받고 4년도 말부터 매년 연 1,800만원씩 영구히 지급 받음
6안 : 6개월마다 3,000만원씩 2년간 지급받고 이후 매년 말 1,000만원씩 영구히 지급 받음

해설 각 안의 현재가치는 다음과 같다.

$$1\text{안} : PV = 1\text{억원} + \frac{100\text{만원}}{0.5\%} = 3\text{억원}$$

$$2\text{안} : PV = 5{,}000\text{만원} + \frac{1{,}200\text{만원}}{6\%} = 2.5\text{억원}$$

$$3\text{안} : PV = \frac{180\text{만원}}{0.5\%} = 3.6\text{억원}$$

$$\begin{aligned}4\text{안} : PV &= 4{,}000\text{만원} \times PVIFa(6\%,\ 7\text{년}) \\ &= 4{,}000\text{만원} \times 5.5824 \\ &= 2.233\text{억원}\end{aligned}$$

$$\begin{aligned}5\text{안} : PV &= \frac{15{,}000\text{만원}}{(1+0.06)^3} + \frac{1{,}800\text{만원}/0.06}{(1+0.06)^3} \\ &= 3.7783\text{억원}\end{aligned}$$

$$6안 : PV = \frac{3,000만원}{\left(1+\frac{0.06}{2}\right)^1} + \frac{3,000만원}{\left(1+\frac{0.06}{2}\right)^2} + \frac{3,000만원}{\left(1+\frac{0.06}{2}\right)^3} + \frac{3,000만원}{\left(1+\frac{0.06}{2}\right)^4} + \left(\frac{1,000만원}{6\%}\right) \Big/ (1+0.06)^2$$

$$= 2.5985억원$$

∴ 따라서 5안의 지급방법을 선택한다.

11 지훈이는 현재 홍익실업에 근무 중이다. 그는 20년 후 은퇴할 계획이며 은퇴 후 20년 동안 멋지게 살아 보리라 작정한다. 만일 그가 1년 후부터 20년 동안 매년 말에 500만원씩 정기예금에 저축한다면 은퇴 후 20년 동안 매년 말에 소비할 수 있는 금액(C)은 얼마인가? (이자율 연 5%, 원 미만 반올림)

해설 20년 후 정기예금의 미래가치 $= 5,000,000원 \times FVIFa(0.05,\ 20)$

$= 5,000,000원 \times 33.066$

$= 165,330,000원$

$165,330,000원 =$ 은퇴 후 20년 동안 매년 말에 소비할 현금흐름의 현재가치

$= C \times PVIFa(0.05,\ 20)$

$= C \times 12.4622$

$C = 165,330,000원 / 12.4622$

$= 13,266,518원$

∴ 지훈이는 은퇴 후 20년 동안 매년 말에 13,266,518원을 소비할 수 있다.

12 철수는 6년 후에 1,500만원, 10년 후에 2,500만원이 필요하다.

(1) 이자율이 연 9%인 경우, 10년 동안 매년 말에 저축해야 할 금액은 얼마인가?

해설 매년 말에 저축해야 할 금액을 C라 하면,

$FV_{10} = C \times FVIFa(0.09,\ 10) = 15,000,000원 \times (1.09)^4 + 25,000,000원$

$FVIFa(0.09,\ 10) = 15.193$

∴ $C = 3,039,145원$

(2) 만일 처음 6년 동안 이자율이 연 10%이고 이후 4년 동안의 이자율이 연 14%라고 한다면 매년 말에 저축해야 할 금액은 얼마인가?

해설 연금의 미래가치 FV_n을 구해보면,

$$FV_n = C \times FVIFa(0.1,\ 6) \times (1.14)^4 + C \times FVIFa(0.14,\ 4)$$
$$= 15,000,000원 \times (1.14)^4 + 25,000,000원$$

$FVIFa(0.1,\ 6) = 7.7156$, $FVIFa(0.14,\ 4) = 4.9211$ 이므로 $C = 2,803,764$원

13 **A회사에 다니던 길동이가 B회사로 이직을 하면서 연봉계약서를 작성하였다. 길동이의 오랜 경험과 능력을 높게 평가한 회사는 길동이에게 매년 말 앞으로 4년간 각각 100만원, 200만원, 300만원, 400만원의 성과금을 현금으로 지급할 것을 계약에 포함시켰다.**

(1) 매년 말에 받을 현금을 모두 연 10%의 복리로 계산되는 정기적금에 납입하면 5년도 말에 받는 원리금은 얼마인가?

해설 5년도 말에 받는 원리금은

$$100만원(1.1)^4 + 200만원(1.1)^3 + 300만원(1.1)^2 + 400만원(1.1) = 1,215.61만원$$

(2) 5년도 말에 받는 원리금을 담보로 은행으로부터 차입한다면, 차입가능 금액은 얼마인가?

해설 차입가능 금액 $= \dfrac{1,215.61만원}{(1+0.1)^5} = 754.7981$만원

14 **홍익씨는 어느 사채업자에게 돈을 빌려서 사업을 했다. 돈을 갚아야 하는 날이 다가오자 사채업자는 홍익씨에게 돈을 갚는 다섯 가지 방법 중 하나를 택하라는 제안을 해왔다. 다음 제안 중 어느 제안의 현재가치가 가장 작은지를 판단하라. 단, 이자율은 연 10%이다.**

A안 : 현재 $90,000를 갚음
B안 : 매년도 말 $9,000씩 영구히 갚음
C안 : 4년도 말 $140,000를 갚음
D안 : 1년도 말에 $7,000를 갚고 그 후 매년도 말에 $8,000씩 영구히 갚음
E안 : 매년도 말 $15,000씩 10년간 갚음

해설 모두 현재가치로 계산하면,

A안 : $90,000

B안 : $\dfrac{\$9,000}{0.1} = \$90,000$

C안 : $\dfrac{\$140,000}{(1.1)^4} = \$95,622$

D안 : $\left[\$7,000 + \dfrac{\$8,000}{0.1}\right] \times \dfrac{1}{1.1} = \$79,091$

E안 : $15,000 \times \left[\frac{1 - \left(\frac{1}{1.1}\right)^{10}}{0.1} \right] = \$92,169$

∴ 홍익씨는 D안을 선택해 현재가치 기준으로 $79,091를 갚는 방법이 가장 유리하다.

CHAPTER 02 채권의 가치평가

기업이 성장하기 위해서는 시설자산에 대한 투자가 지속적으로 이루어져야 한다. 투자에 필요한 자금은 순이익의 일부를 유보하거나 또는 신주를 발행하여 조달하기도 하지만 외부에서 차입하기도 한다. 기업이 외부에서 차입할 때, 금융기관을 이용하기도 하고 자본시장을 이용하기도 한다. 일반적으로 기업이 단기적으로 자본차입이 필요한 경우 은행 등의 금융기관을 이용하지만, 장기적으로 자본차입이 필요한 경우에는 자본시장에서 채권을 발행한다. 기업이 채권을 발행하면 미래에 기업은 약속한 현금흐름을 지급해야 할 의무를 진다. 본 장에서는 앞에서 배운 현재가치 계산 기법을 이용하여 채권의 가치를 평가하기로 한다.

2.1 채권의 기초 개념

(1) 채권의 기초 개념

채권(bond, 債券)은 발행자(또는 차입자, 채무자)가 투자자(채권자)에게 차입한 금액과 일정 이자를 정해진 일자에 상환하기로 약속한 증서이다. 일반적으로 채권에는 상환 예정일인 만기일(maturity date)과 원금 및 액면이자(또는 액면이자율)가 명시된다.

원금(principal)은 액면가(face value 또는 par value), 만기가치(maturity value), 또는 상환가치(redemption value)라고도 불린다. 액면이자(coupon)는 원금에 대하여 지급하는 이자를 말하고, 액면이자율(coupon rate)은 표면이자율이라고도 하며 원금에 대한 액면이자의 비율을 의미한다. 즉, 액면이자는 원금에 액면이자율을 곱해서 계산된다.

(2) 채권시장

채권시장은 채권이 발행되고 유통되는 추상적인 시장으로서 크게 발행시장과 유통시장으로 구분된다. 발행시장(primary market)은 채권 발행기관(주로 정부 또는 기업)이 채권인수기관에게 처음으로 채권을 이전시키는 시장을 말한다. 일반적으로 개인 투자자들은 발행시장보다는 유통시장에서 채권을 매입한다. 유통시장(secondary market)은 발행시장을 통하여 발행된 채권이 투자자들간에 거래되는 시장을 말하며, 증권에 시장성(marketability)과 유동성(liquidity)을 부여하는 기능을 한다. 유통시장은 거래소시장과 장외시장(over the counter market : OTC시장)으로 구분된다.

거래소시장은 증권거래소를 통하여 거래되는 시장을 말하며 거래조건과 시간 등이 제한되어 있다. 그리고 거래소시장에서는 상장채권만이 거래된다. 반면에 장외시장은 증권거래소를 거치지 않고 증권회사 창구를 통하여 거래상대방이 합의하여 거래가 개별적으로 이루어지는 시장을 말한다. 채권거래의 경우 기관투자자간의 대량거래가 주를 이루므로 장외시장의 비중이 거래소시장의 비중보다 훨씬 크다. 장외시장에서는 상장채권뿐만 아니라 비상장채권도 거래될 수 있으며, 제약조건이 매우 약하거나 거의 없다.

2.2 채권가치 평가모형

채권의 가치는 채권이 제공하는 미래 현금흐름인 액면이자와 원금의 현재가치(present value : PV)이다.

$$\text{채권가치} = PV(\text{액면이자}) + PV(\text{원금}) \tag{1}$$

식 (1)을 연장하여 채권가치를 평가하는 모형을 수식으로 나타내 보기로 하자. 채권의 만기를 T, 액면이자율을 c, 원금을 F, 할인율(채권수익률)을 y로 정의하자. 연 1회 이자를 지급한다고 가정하면 채권의 가치(P_0)는 식 (2)와 같이 구할 수 있다. 여기서 액면이자 C는 $F \times c$이고 n은 현금흐름의 수로 만기와 동일하다($n = T$).

$$\begin{aligned} P_0 &= \frac{C}{(1+y)^1} + \frac{C}{(1+y)^2} + \cdots + \frac{C}{(1+y)^n} + \frac{F}{(1+y)^n} \\ &= C \cdot \left(\frac{1 - \frac{1}{(1+y)^n}}{y} \right) + \frac{F}{(1+y)^n} \end{aligned} \tag{2}$$

식 (2)를 달리 표현해 보기로 하자. 만기일까지 액면이자가 n번 지급되는 현금흐름은 앞장에서 설명했듯이 정상적인 영구연금과 n년 지연된 영구연금간의 차이로 표현된다. 따라서 $C\left[\dfrac{1-\dfrac{1}{(1+y)^n}}{y}\right]$은 $\dfrac{C}{y}-\dfrac{C}{y(1+y)^n}$으로 표현되므로 채권의 가치 P_0가 다음과 같이 된다.

$$P_0=\frac{C}{y}+\frac{F-\dfrac{C}{y}}{(1+y)^n} \tag{3}$$

식 (2)에서 채권으로부터 얻는 t기의 현금유입(이자와 원금)을 CF_t로 통일해서 표현하면 채권의 가치를 평가하는 기본모형은 다음과 같이 표현할 수 있다.

$$P_0=\sum_{t=1}^{n}\frac{CF_t}{(1+y)^t} \tag{4}$$

P_0 : 채권의 가치, CF_t : t 기의 현금유입
y : 채권수익률, n : 채권의 만기

식 (4)에서 보면 채권가치는 이자 및 만기상환액 등의 현금유입, 만기, 채권수익률에 의하여 결정됨을 알 수 있다. 이들 채권가격 결정요인 중에서 가장 큰 관심의 대상이 되는 것은 채권수익률이다.

2.3 채권수익률, 액면이자율, 액면가 및 채권가격간의 관계

채권수익률(시장이자율), 액면이자율(표면이자율), 액면가(원금) 및 채권가격 간에는 어떤 관계가 있을까? 예를 들어 설명해 보기로 하자. 예를 들어 액면가(F) 100,000원, 액면이자율(c) 연 10%, 만기(T) 2년 그리고 채권수익률(y) 연 10%인 이표채(coupon bond)가 있다. 이자는 매년 후급이다. 이 채권의 가격을 그림으로 설명해 보기로 하자.

[그림 1] 채권가격의 결정

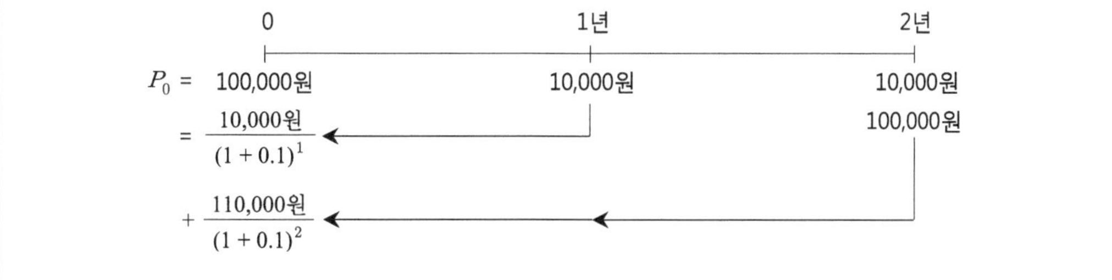

[그림 1]에서 보듯이, 채권의 1년 후 현금흐름은 이자 10,000원(= 원금 × 액면이자율)이고 2년 후 현금흐름은 이자 10,000원 + 원금 100,000원 = 110,000원이다. 이들 현금흐름을 요구수익률인 채권수익률 10%로 할인해서 구한 채권가격은 100,000원이 되고 이는 액면가와 일치한다. 이상으로부터 다음의 내용을 추론할 수 있다.

만약, ⓐ 채권수익률(y) = 액면이자율(c)이면, 채권가격(P_0) = 액면가(F)
ⓑ 채권수익률(y) > 액면이자율(c)이면, 채권가격(P_0) < 액면가(F)
ⓒ 채권수익률(y) < 액면이자율(c)이면, 채권가격(P_0) > 액면가(F)

ⓐ와 같은 상태의 채권을 액면가채권(par bond)이라 하고, ⓑ와 같은 상태의 채권을 할인채권(discount bond)이라 하며, ⓒ와 같은 상태의 채권을 할증채권(premium bond)이라 한다.

2.4 채권수익률의 결정요인

채권수익률을 결정하는 주요 요인으로는 자본의 한계생산력, 물가상승률, 채권의 위험, 채권의 만기 등을 들 수 있다. 이들 요인들을 좀 더 자세히 살펴보면 다음과 같다.

자본의 한계생산력

자본의 한계생산력이 높아지면 경제사회에서 자본의 수요가 많아지게 되므로 자본의 값이라 할 수 있는 이자율이 상승하게 되고, 따라서 채권수익률도 높아지게 된다.

물가상승률

물가가 오르면 실질수익률을 유지하기 위하여 시장이자율이 상승한다. 따라서 채권수익률이 높아지게 된다. 피셔(Fisher)는 명목수익률(y), 실질수익률(y^*), 물가상승률(h) 간에는 다음과 같은 관계가 있음을 증명한 바 있다. 이를 피셔항등식(Fisher identity)이라고 한다.

$$(1 + y) = (1 + y^*)(1 + h)$$

또는

$$h = (1 + y)/(1 + y^*) - 1$$

$$y = y^* + h + y^* \times h \approx y^* + h$$

채권의 만기

다른 모든 조건이 일정하다 하더라도 채권의 만기가 서로 상이함에 따라 채권수익률이 서로 다르게 나타나는데, 이러한 관계를 채권수익률의 기간구조라 한다. 이는 채권수익률의 위험구조와 함께 채권가치평가에 있어 중요한 분석대상이 되고 있다.

채권의 위험

채권의 위험이 커질수록 투자자들은 이에 대한 보상을 더 많이 요구하기 때문에 채권수익률은 높아지게 된다. 이와 같이 채권의 위험은 채권수익률에 중요한 영향을 미치게 되는데, 특히 채권의 위험과 채권수익률의 관계를 채권수익률의 위험구조라 한다.

참 고 **채권의 현행수익률**

현행수익률이란 실무에서 많이 사용하는 개념으로서 투자로부터 얻는 연간 수익률을 말한다. 채권의 현행수익률은 1년 동안 받는 이자금액을 채권의 현재 가격으로 나눈 것이다. 예를 들어, 8,000원에 거래되는 채권이 매년 800원의 이자를 지급하는 경우, 채권의 현행수익률은 연 10%(= 800원/8,000원)이다.

2.5 채권수익률의 위험구조

(1) 위험구조의 의의

채권수익률의 위험구조(risk structure of bond yield)란 채권 또는 채권발행 주체의 위험수준에 따라 채권수익률이 체계적으로 다르게 나타나는 것을 말한다. 일반적으로 채권의 이자와 원금상환액은 채권매매 계약 시에 미리 정하여져 있으므로 채권을 고정소득증권(fixed income security)이라 부르기도 한다.

그러나 이러한 계약은 항상 약속대로 완벽하게 이행되는 것은 아니며, 채권발행 주체의 신용상태가 악화되거나 또는 채권 자체가 갖는 수의상환 가능성 및 기타 제반 요인 때문에 당초에 기대했던 채권수익률이 달성되지 못할 가능성도 있게 된다. 이와 같이 다른 모든 조건이 동일할 때 채권의 위험에 따라 채권수익률이 체계적으로 변하는 것을 채권수익률의 위험구조라 한다. 이를 그림으로 설명하면 다음과 같다.

[그림 2] 채권수익률의 위험구조

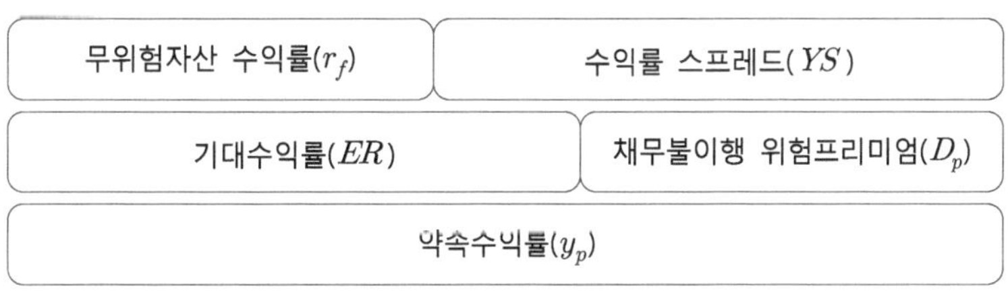

[그림 2]에서 보듯이, 채권의 위험이 다름에 따라 나타나는 채권수익률의 차이를 수익률 스프레드(yield spread : YS)라 한다. 수익률 스프레드는 만기까지 약속된 원리금이 완전히 지급될 때의 채권수익률인 약속수익률(y_p)에서 무위험자산 수익률의 차이이다. 그리고 약속수익률에서 기대수익률(ER)의 차이를 채무불이행 위험프리미엄(D_p)이라 부른다. 여기서 기대수익률이란 채권의 원리금이 지급될 가능성을 기초로 측정한 채권수익률의 기대치이다.

(2) 수익률 스프레드의 원인

수익률 스프레드의 원인으로는 다음과 같은 것을 들 수 있다.

채무불이행 위험(default risk)

채권위험의 가장 중요한 요인으로, 채권 발행주체가 채권의 이자와 원금을 당초 약속한 대로 지급하지 못하게 될 위험을 말한다.

인플레이션 위험(inflation risk)

물가상승으로 인하여 채권의 실질수익률이 하락하게 되는 위험을 말한다. 인플레이션 위험 중에서도 특히 중요한 것은 예상되지 않은 인플레이션(unanticipated inflation) 위험이다.

수의상환 위험(call risk)

채권발행자가 채권의 만기 이전에 필요할 때 언제든지 채권을 시장가격 또는 일정 금액으로 매입 · 소각할 수 있는 권리를 가질 때에 나타나는 위험이다.

이자율 위험(interest risk)

미래 시장이자율이 변동함으로써 채권가격 및 채권수익률이 예기치 못하게 변동할 위험을 말한다.

유동성 위험(liquidity risk)

채권의 유동성이 부족하여 채권투자자가 채권을 적절한 시기에 매각하지 못하거나, 헐값으로 처분함으로써 손실을 입게 될 위험을 말한다.

2.6 듀레이션

(1) 듀레이션의 의의

듀레이션(Duration)은 1938년 맥콜리(F.R. MaCaulay)에 의하여 제시된 개념으로 이는 채권의 이자와 액면금액의 현재가치 즉, 채권가격이 상환되는 평균상환기간을 말한다. 듀레이션(D)은 식 (5)와 같이 정의된다.

$$D=\sum_{t=1}^{n} t \cdot \left(\frac{\frac{CF_t}{(1+y)^t}}{\sum_{t=1}^{n} \frac{CF_t}{(1+y)^t}} \right) = \sum_{t=1}^{n} t \cdot \left(\frac{\frac{CF_t}{(1+y)^t}}{P_0} \right) \tag{5}$$

D : 듀레이션
t : 회수기간
CF_t : t 기의 현금유입
y : 채권수익률(시장이자율)
n : 채권의 만기
P_0 : 채권의 가치(채권가격)

식 (5)는 언뜻 보기에 복잡하게 보이나, 실제로는 아주 간단한 개념이다. 식 (5)에서 우변의 [ ]속의 분모인 $\sum_{t=1}^{n} \frac{CF_t}{(1+y)^t}$는 채권의 가치(현재가치)를 의미하고, 분자인 $\frac{CF_t}{(1+y)^t}$는 t기간에서 얻는 현금흐름의 현재가치(채권의 가치 P_0)를 의미한다. 즉, [ ] 속은 채권에 투자한 총금액 중에서 t기간에 회수하는 금액의 구성 비율을 의미한다 (현재가치 기준).

현금이 회수되는 기간은 t기간이므로 t에다 [ ]를 곱하고 이를 모두 더한다는 것은 가중평균회수기간을 구하는 것을 의미한다. 다시 말해서 [ ]는 가중치를 의미하며, 가중치의 합은 물론 1이다. 채권의 만기 중에 현금흐름이 발생하는 이표채(coupon bond)인 경우 듀레이션은 만기보다 짧아지고, 만기일에만 현금흐름이 발생하는 무이표채(zero coupon bond)인 경우 듀레이션은 만기와 일치한다.

(2) 듀레이션 측정

듀레이션을 구하는 예를 들어 보기로 하자. 앞에서 들었던 예를 정리하면 다음과 같다.

액면가(F) = 100,000원
액면이자율(c) = 연 10%
만기(T) = 2년
채권수익률(y) = 연 10%, 매년 말 이자후급

[그림 3] 듀레이션 측정

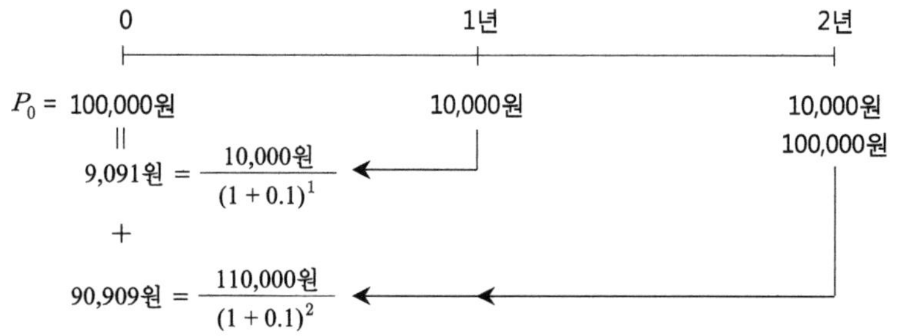

[그림 3]에서 보듯이, 채권가격 100,000원은 1년 후의 현금흐름의 현재가치 9,091원과 2년 후의 현금흐름의 현재가치 90,909원으로 상환된다. 따라서 가중평균회수기간인 듀레이션(D)은 다음과 같이 측정된다.

$$D = 1 \times \frac{9{,}091\text{원}}{100{,}000\text{원}} + 2 \times \frac{90{,}909\text{원}}{100{,}000\text{원}} = 1.91\text{년}$$

결국, 채권의 듀레이션은 1.91년이 된다. 다시 말해서 이 채권에 투자하면 현재가치 기준으로 1.91년만에 투자금액이 회수된다. 듀레이션이 길면 채권수익률(시장수익률) 변동에 따른 채권가격의 변동률이 커지기 마련이다. 따라서 듀레이션은 채권의 위험민감도 지표로 사용된다.

(3) 듀레이션 전략

듀레이션이 채권분석에서 중요시 되는 이유는 이를 이용하여 채권가격의 변화와 이자율 탄력성(interest rate elasticity)을 구할 수 있으며, 따라서 듀레이션을 채권의 이자율 위험을 나타내는 척도로 사용할 수 있기 때문이다. 듀레이션과 채권가격의 변화간의 관계는 다음과 같다.

$$\frac{dP_0}{P_0} = -D \cdot \frac{dy}{1+y} \tag{6}$$

$$\text{또는 } dP_0 = -D \cdot \frac{dy}{1+y} \cdot P_0 \qquad (7)$$

dP_0 : 채권가격 증가분
P_0 : 채권가격
D : 듀레이션
dy : 시장이자율 증가분
y : 시장이자율(채권수익률)

식 (7)은 듀레이션이 채권가격의 변화에 어떤 영향을 미치는지를 알려주는 관계식이다(이에 대한 증명은 생략). 채권수익률(시장이익률)이 변할 때, 채권의 가격이 어떻게 변하는지를 듀레이션으로 설명해 보기로 하자. 앞의 예에서 듀레이션이 1.91년이다. 만일 시장이자율이 현재 10%에서 0.5%포인트 하락한 9.5%가 되면, 채권의 가격은 얼마나 될까? 식 (7)을 이용하면,

$$dP_0 = -1.91\text{년} \times \frac{-0.005}{1+0.1} \times 100{,}000\text{원} = 868\text{원}$$

$$\therefore \text{ 새로운 채권의 가격 } P' = 100{,}000\text{원} + 868\text{원} = 100{,}868\text{원}$$

정리문제

01 만기가 5년이고 액면이자율이 연 8%이며, 채권수익률(시장이자율)은 연 12%이고 액면가는 10,000원이다.

(1) 연간 이자지급 횟수가 1회인 경우, 채권의 가치를 구하라.

(2) 연간 이자지급 횟수가 2회인 경우(반년마다 4% 지급), 채권의 가치를 구하라.

02 다음에 제시된 채권들은 연 단위 후급 이표채들이다(모든 채권의 액면가 = 10,000원).

채 권	표면이자율(%)	잔존기간(년)	시장이자율(%)
채권 A	5	4	5
채권 B	6	4	5
채권 C	6	4	6
채권 D	6	3	6

모든 채권의 듀레이션을 측정하라.

03 현재 X기업에서 발행한 2년짜리 무이표채가 'A'의 신용등급을 받고 있다. 지금으로부터 1년 후 이 채권이 'A'에 머무를 확률이 85%, 'AA'로 상향조정될 확률이 5%, 'BBB'로 하향조정될 확률이 10%라고 예상된다. 현재의 무위험수익률은 연 4%이다. 신용스프레드는 'AA'의 경우 20bp, 'A'의 경우 80bp, 'BBB'의 경우 150bp이며, 연간으로 복리계산한다. 지금부터 1년 후의 액면가 $100인 무이표채의 예상가치를 계산하라(1bp = 0.01%).

04 향후 3년 동안 매년 명목수익률이 각각 4%, 5%, 6%로 예상된다. 이 기간 동안 실질수익률이 연 2%로 일정하다면 물가상승률은 어떻게 변할 것으로 예측되는가?

05 **채권의 액면가가 100,000원이고 액면이자율이 연 7%이며 채권수익률(시장이자율)이 연 12%이며 만기가 5년이다(단, 이자는 매년 말에 지급된다).**

(1) 채권가격을 구하라.

(2) Duration(가중평균 회수기간)을 구하라.

(3) 한국은행의 금리 변동은 모든 채권에 동일한 영향을 준다고 하자. 만약 한국은행에서 금리를 50bp 인하하기로 한다면 이 채권의 적정가격은 얼마인가? (1bp = 0.01%)

06 **투자자 부여는 액면가가 100,000원, 액면이자율이 10%, 만기가 5년인 채권을 구입하려고 한다. 이 채권에 대한 이자는 1년마다 후급으로 지급된다. 이 채권과 동종의 채권에 대한 시장이자율이 다음과 같은 경우 투자자 부여는 채권구입을 위해 각각 얼마를 지급해야 하는가?**

(1) 시장이자율이 연 12%인 경우

(2) 시장이자율이 연 10%인 경우

(3) 시장이자율이 연 8%인 경우

07 **투자자 낙화암은 한라주식회사에서 발행한 무보증사채를 현재 시점에서 1개당 92,361원씩에 매입하였다. 이 사채의 액면가는 100,000원이며 앞으로 2년 후에 만기가 도래한다. 또한 이 사채의 액면이자율은 연 15%이며 이자는 연 1회씩 후급하고 만기에 액면가를 상환하도록 되어 있다. 그런데 신용평가전문기관에서는 이 사채의 원리금 지급 가능성에 대하여 다음과 같은 확률분포로 평가하고 있다.**

상 황	확 률
1년 이내에 완전파산(이자, 원금수령 불가능)	2%
2년 이내에 완전파산(1회 이자만 수령가능)	6%
2년 이내에 부분파산(2년째에는 액면가의 50%만 수령가능)	20%
완전약속 이행(이자, 원금수령 가능)	72%

(1) 약속수익률을 구하라.

(2) 기대수익률을 구하라.

(3) 채무불이행 위험프리미엄을 구하라.

정리문제에 대한 해설

01 **만기가 5년이고 액면이자율이 연 8%이며, 채권수익률(시장이자율)은 연 12%이고 액면가는 10,000원이다.**

(1) 연간 이자지급 횟수가 1회인 경우, 채권의 가치를 구하라.

해설

$$\frac{800원}{(1+0.12)} + \frac{800원}{(1+0.12)^2} + \cdots + \frac{10{,}800원}{(1+0.12)^5} = 8{,}558.09원$$

(2) 연간 이자지급 횟수가 2회인 경우(반년마다 4% 지급), 채권의 가치를 구하라.

해설

$$\frac{400원}{(1+0.06)} + \frac{400원}{(1+0.06)^2} + \cdots + \frac{10{,}400원}{(1+0.06)^{10}} = 8{,}527.98원$$

02 **다음에 제시된 채권들은 연 단위 후급 이표채들이다(모든 채권의 액면가 = 10,000원).**

채 권	표면이자율(%)	잔존기간(년)	시장이자율(%)
채권 A	5	4	5
채권 B	6	4	5
채권 C	6	4	6
채권 D	6	3	6

모든 채권의 듀레이션을 측정하라.

해설

$$듀레이션 = \sum_{t=1}^{n} t \cdot \left(\frac{\frac{CF_t}{(1+y)^t}}{\sum_{t=1}^{n} \frac{CF_t}{(1+y)^t}} \right) = \sum_{t=1}^{n} t \cdot \left(\frac{\frac{CF_t}{(1+y)^t}}{P_0} \right)$$

n = 만기까지 이자지급횟수, y = 시장이자율

t = 현금흐름 발생지점(= 1, 2, 3, ⋯, n), P_0 = 채권가격

CF_t = 채권에서 발생하는 각 기의 현금흐름

채권 A의 듀레이션

$$= \frac{1 \times \frac{500원}{1.05^1} + 2 \times \frac{500원}{1.05^2} + 3 \times \frac{500원}{1.05^3} + 4 \times \frac{10{,}500원}{1.05^4}}{\frac{500원}{1.05^1} + \frac{500원}{1.05^2} + \frac{500원}{1.05^3} + \frac{10{,}500원}{1.05^4}} = 3.7232년$$

채권 B의 듀레이션

$$= \frac{1 \times \frac{600원}{1.05^1} + 2 \times \frac{600원}{1.05^2} + 3 \times \frac{600원}{1.05^3} + 4 \times \frac{10,600원}{1.05^4}}{\frac{600원}{1.05^1} + \frac{600원}{1.05^2} + \frac{600원}{1.05^3} + \frac{10,600원}{1.05^4}} = 3.6793년$$

채권 C의 듀레이션

$$= \frac{1 \times \frac{600원}{1.06^1} + 2 \times \frac{600원}{1.06^2} + 3 \times \frac{600원}{1.06^3} + 4 \times \frac{10,600원}{1.06^4}}{\frac{600원}{1.06^1} + \frac{600원}{1.06^2} + \frac{600원}{1.06^3} + \frac{10,600원}{1.06^4}} = 3.6730년$$

채권 D의 듀레이션

$$= \frac{1 \times \frac{600원}{1.06^1} + 2 \times \frac{600원}{1.06^2} + 3 \times \frac{10,600원}{1.06^3}}{\frac{600원}{1.06^1} + \frac{600원}{1.06^2} + \frac{10,600원}{1.06^3}} = 2.8334년$$

03 현재 X기업에서 발행한 2년짜리 무이표채가 'A'의 신용등급을 받고 있다. 지금으로부터 1년 후 이 채권이 'A'에 머무를 확률이 85%, 'AA'로 상향조정될 확률이 5%, 'BBB'로 하향조정될 확률이 10%라고 예상된다. 현재의 무위험수익률은 연 4%이다. 신용스프레드는 'AA'의 경우 20bp, 'A'의 경우 80bp, 'BBB'의 경우 150bp이며, 연간으로 복리계산한다. 지금부터 1년 후의 액면가 $100인 무이표채의 예상가치를 계산하라(1bp = 0.01%).

해설 'AA'가 될 확률은 5%, 신용스프레드를 감안한 할인율이 4.2%
'A'가 될 확률은 85%, 신용스프레드를 감안한 할인율이 4.8%
'BBB'가 될 확률은 10%, 신용스프레드를 감안한 할인율이 5.5%,
따라서 액면가 $100인 무이표채의 예상가치는 다음과 같다.

$$\frac{\$100}{(1+0.042)} \times 0.05 + \frac{\$100}{(1+0.048)} \times 0.85 + \frac{\$100}{(1+0.055)} \times 0.1 = \$95.38$$

04 **향후 3년 동안 매년 명목수익률이 각각 4%, 5%, 6%로 예상된다. 이 기간 동안 실질수익률이 연 2%로 일정하다면 물가상승률은 어떻게 변할 것으로 예측되는가?**

해설 물가상승률 = (1 + 명목수익률) / (1 + 실질수익률) − 1 이므로 다음 식이 성립한다.

1차 연도의 물가상승률 = (1.04 / 1.02) − 1 = 1.96%
2차 연도의 물가상승률 = (1.05 / 1.02) − 1 = 2.94%
3차 연도의 물가상승률 = (1.06 / 1.02) − 1 = 3.92%

물가상승률이 점점 커질 것으로 예상된다.

05 **채권의 액면가가 100,000원이고 액면이자율이 연 7%이며 채권수익률(시장이자율)이 연 12%이며 만기가 5년이다(단, 이자는 매년 말에 지급된다).**

(1) 채권가격을 구하라.

해설 $$P_0 = \frac{7{,}000원}{1.12^1} + \frac{7{,}000원}{1.12^2} + \frac{7{,}000원}{1.12^3} + \frac{7{,}000원}{1.12^4} + \frac{107{,}000원}{1.12^5} = 81{,}976.12원$$

(2) Duration(가중평균 회수기간)을 구하라.

해설 $$D = \frac{1 \times \frac{7{,}000원}{1.12^1} + 2 \times \frac{7{,}000원}{1.12^2} + 3 \times \frac{7{,}000원}{1.12^3} + 4 \times \frac{7{,}000원}{1.12^4} + 5 \times \frac{107{,}000원}{1.12^5}}{81{,}976.12} = 4.31년$$

(3) 한국은행의 금리 변동은 모든 채권에 동일한 영향을 준다고 하자. 만약 한국은행에서 금리를 50bp 인하하기로 한다면 이 채권의 적정가격은 얼마인가? (1bp = 0.01%)

해설 ① $$P_0 = \frac{7{,}000원}{1.115^1} + \frac{7{,}000원}{1.115^2} + \frac{7{,}000원}{1.115^3} + \frac{7{,}000원}{1.115^4} + \frac{107{,}000원}{1.115^5} = 83{,}575.55원$$

또는

② $$dP = -D \cdot \frac{dy}{1+y} \cdot P_0$$

$$= -4.31 \times \frac{(-0.005)}{1+0.12} \times 81{,}976.12원$$

$$= 1{,}577.31원$$

∴ 채권의 적정가격은 현재가격 81,976.12원에서 1,577.31원 증가한 83,553.43원이 된다.

※ ①, ②의 계산 결과에 차이가 나는 이유는 채권의 볼록성(convexity) 때문이다.

06 투자자 부여는 액면가가 100,000원, 액면이자율이 10%, 만기가 5년인 채권을 구입하려고 한다. 이 채권에 대한 이자는 1년마다 후급으로 지급된다. 이 채권과 동종의 채권에 대한 시장이자율이 다음과 같은 경우 투자자 부여는 채권구입을 위해 각각 얼마를 지급해야 하는가?

(1) 시장이자율이 연 12%인 경우

해설 [시장이자율(12%) > 액면이자율(10%) → 할인채권]

$$P_0 = \frac{10{,}000\text{원}}{(1+0.12)^1} + \frac{10{,}000\text{원}}{(1+0.12)^2} + \frac{10{,}000\text{원}}{(1+0.12)^3} + \frac{10{,}000\text{원}}{(1+0.12)^4} + \frac{110{,}000\text{원}}{(1+0.12)^5} = 92{,}790\text{원}$$

(2) 시장이자율이 연 10%인 경우

해설 [시장이자율(10%) = 액면이자율(10%) → 액면가채권]

$$P_0 = \frac{10{,}000\text{원}}{(1+0.1)^1} + \frac{10{,}000\text{원}}{(1+0.1)^2} + \frac{10{,}000\text{원}}{(1+0.1)^3} + \frac{10{,}000\text{원}}{(1+0.1)^4} + \frac{110{,}000\text{원}}{(1+0.1)^5} = 100{,}000\text{원}$$

(3) 시장이자율이 연 8%인 경우

해설 [시장이자율(8%) < 액면이자율(10%) → 프리미엄채권]

$$P_0 = \frac{10{,}000\text{원}}{(1+0.08)^1} + \frac{10{,}000\text{원}}{(1+0.08)^2} + \frac{10{,}000\text{원}}{(1+0.08)^3} + \frac{10{,}000\text{원}}{(1+0.08)^4} + \frac{110{,}000\text{원}}{(1+0.08)^5} = 107{,}985\text{원}$$

07 투자자 낙화암은 한라주식회사에서 발행한 무보증사채를 현재 시점에서 1개당 92,361원씩에 매입하였다. 이 사채의 액면가는 100,000원이며 앞으로 2년 후에 만기가 도래한다. 또한 이 사채의 액면이자율은 연 15%이며 이자는 연 1회씩 후급하고 만기에 액면가를 상환하도록 되어 있다. 그런데 신용평가전문기관에서는 이 사채의 원리금 지급 가능성에 대하여 다음과 같은 확률분포로 평가하고 있다.

상 황	확 률
1년 이내에 완전파산(이자, 원금수령 불가능)	2%
2년 이내에 완전파산(1회 이자만 수령가능)	6%
2년 이내에 부분파산(2년째에는 액면가의 50%만 수령가능)	20%
완전약속 이행(이자, 원금수령 가능)	72%

(1) 약속수익률을 구하라.

해설 약속수익률(y_p)은 사채발행조건이 완전히 이행될 때의 만기수익률이므로 다음과 같이 계산된다.

$$92{,}361\text{원} = \frac{15{,}000}{(1+y_p)^1} \cdot \frac{115{,}000}{(1+y_p)^2}$$

$$\therefore \; y_p = 20\%$$

(2) 기대수익률을 구하라.

해설 기대수익률(y_E)은 확률분포를 기준으로 한 평균수익률이므로, 기대수익률을 계산하기 위해서는 우선 확률분포의 상황별 수익률을 계산하여야 한다.

상 황	수익률	확 률
1년 이내 완전파산	$92{,}361원 = \dfrac{0}{(1+y_1)^1} + \dfrac{0}{(1+y_1)^2}$, $y_1 = -100\%$	2%
2년 이내 완전파산	$92{,}361원 = \dfrac{15{,}000원}{(1+y_2)^1} + \dfrac{0}{(1+y_2)^2}$, $y_2 = -83.76\%$	6%
2년 이내 부분파산	$92{,}361원 = \dfrac{15{,}000원}{(1+y_3)^1} + \dfrac{50{,}000원}{(1+y_3)^2}$, $y_3 = -17.86\%$	20%
완전 약속이행	$92{,}361원 = \dfrac{15{,}000원}{(1+y_4)^1} + \dfrac{115{,}000원}{(1+y_4)^2}$, $y_4 = 20\%$	72%

따라서 이 채권의 기대수익률 y_E는 다음과 같이 계산된다.

$$y_E = (-100\%)0.02 + (-83.76\%)0.06 + (-17.86\%)0.2 + (20\%)0.72 = 3.8\%$$

(3) 채무불이행 위험프리미엄을 구하라.

해설 채무불이행 위험프리미엄(D_P)은 약속수익률과 기대수익률의 차이이다.

$$D_P = 20\% - 3.8\% = 16.2\%$$

CHAPTER 03 주식의 가치평가

기업은 투자에 필요한 자금을 차입하거나 회사채를 발행하여 조달할 수도 있지만 보통주를 발행하여 조달할 수도 있다. 기업이 은행에서 차입하거나 회사채를 발행하면 채권자에게 미리 약정한 현금흐름을 지급할 의무를 갖는다. 그러나 보통주를 발행하는 것은 마치 새로운 파트너(partner)를 얻는 것과 유사하다. 즉, 기업이 투자를 하여 많은 이익 즉, 현금흐름이 발생하면 주주들은 자기들이 소유한 지분에 따라 이익을 공유하게 된다. 따라서 주식의 가치는 주주가 얻게 될 미래 불확실한 현금흐름에 의해 결정된다. 본 장에서는 주식의 가치를 어떻게 평가하는지에 대하여 설명하기로 한다.

3.1 주식의 기초 개념

주식(stock, 株式)은 주식회사가 투자자(주주)로부터 자본을 제공받고 발행한 증서로서 주식회사의 자본을 이루는 단위이다. 주식회사는 자기자본을 조달하는 하나의 방법으로 주식을 발행한다. 주식에는 보통주(common stock)와 우선주(preferred stock) 등이 있다. 본 장에서는 주식을 보통주에 한하여 설명하기로 한다. 보통주의 소유자인 주주(common stockholder)는 주식회사의 구성원으로 주식회사에 대하여 법률상 주주로서의 권리를 갖는다.

보통주 주주는 기업의 재산 및 실현된 이익에 대한 잔여재산 분배청구권, 배당청구권, 의결권 등을 갖는다. 또한 주주는 원칙적으로 출자한 자본에 대하여만 경제적인 책임을 지는 유한책임(limited liability)을 갖는다. 우리나라에서 보통주는 주식의 액면금액이 표시된 액면주와 주권과 주주명부에 주주의 이름이 기재된 기명주의 형태로 발행된다.

3.2 주식의 가치평가

주식의 가치는 무한한 수의 미래 주당배당금의 현재가치(PV: present value)의 합으로 표현될 수 있다. 일반적인 배당할인모형(dividend discount model)은 다음과 같다.

주식의 가치 $= PV$(미래 주당배당금)

$$P_0 = \frac{DIV_1}{1+k} + \frac{DIV_2}{(1+k)^2} + \cdots + \frac{DIV_\infty}{(1+k)^\infty} \tag{1}$$

P_0 : 주식가치
DIV : 주당배당금
k : 주주 요구수익률(자기자본비용 $= r_E$)

식 (1)의 양변에 $\frac{1}{1+k}$을 곱한 후, 그 식을 식 (1)에서 차감하여 정리하면 다음의 간단한 식이 유도된다. 즉, 미래 주당배당금이 DIV_1으로 일정한 경우, 무성장기업의 주가는 일정한 주당배당금을 주주 요구수익률(자기자본비용)로 나누어 구한다.

$$P_0 = \frac{DIV_1}{k} \tag{2}$$

그런데 순이익 전체가 배당으로 지급되므로 무성장기업의 주가는 다음과 같이 주당순이익(EPS_1)으로 표현되기도 한다.

$$P_0 = \frac{EPS_1}{k} \tag{3}$$

3.3 안정성장모형

일반적으로 앞에서 가정한 0%의 성장률은 현실성이 약하다. 왜냐하면 기업의 수명이 지속되고 있다는 것은 기업 자체가 유지 발전되고 있음을 의미하기 때문이다. 일반적으로 기업은 순이익의 일부만을 배당으로 지급하고 남은 금액을 성장을 위해 재투자한다. 만일 기업의 순이익이 일정한 속도로 성장하고 또한 순이익의 일정한 비율만큼이 재투자되면 기업의 미래배당금도 일정한 속도로 성장하게 된다. 미래배당금이 매년 g%로 일정하게 성장한다고 가정하면, 식 (1)은 다음과 같이 표현된다.

$$P_0 = \frac{DIV_0(1+g)}{1+k} + \frac{DIV_0(1+g)^2}{(1+k)^2} + \cdots + \frac{DIV_0(1+g)^\infty}{(1+k)^\infty} \tag{4}$$

식 (4)의 양변에 $\frac{1+g}{1+k}$를 곱한 후, 그 식을 식 (4)에서 차감하여 정리하면 다음의 간단한 식이 유도된다. 식 (5)와 같은 안정성장모형은 골든(Myron Gordon)이 유도하였기 때문에 골든모형(Gordon model)이라고도 불린다.1)

$$P_0 = \frac{DIV_0(1+g)}{k-g} = \frac{DIV_1}{k-g} \tag{5}$$

주가는 음(−)의 값을 가질 수 없으므로 골든모형을 적용하기 위해서는 주주 요구수익률(k 또는 r_E)이 성장률보다 커야 한다($k > g$). 빠르게 성장하는 기업의 경우에는 대체로 $g > k$이므로 골든모형을 적용할 수 없다.

예를 들어 A기업의 1년 후 주당순이익이 2,000원이고 이중에서 1,200원이 배당금으로 지급될 것으로 기대된다. 그리고 배당금은 매년 8%로 성장할 것으로 예상된다. 주식의 기대수익률 즉, 주주 요구수익률이 연 16%이면, 식 (5)에 의한 적정주가는 다음과 같이 15,000원으로 추정된다.

$$P_0 = \frac{DIV_1}{k-g} = \frac{1,200원}{0.16-0.08} = 15,000원$$

1) 이 모형은 DIV_0이 방금 지급되었으며 DIV_1이 1년 후에 지급됨을 가정하고 있다. 그리고 식 (4)에서 g가 k보다 작으면, 식 (4)는 등비$\left(\frac{1+g}{1+k}\right)$가 1보다 작은 무한 등비수열이 되므로 공식을 이용해서도 식 (5)를 유도할 수 있다.

3.4 성장률과 PVGO

순이익의 일부만이 재투자된다면 기업의 성장률은 유보율에 비례하게 된다. 즉, 순이익의 40%가 재투자되고 재투자수익률이 연 20%이면 성장률은 20% × 0.4 = 8%가 된다. 이 논리에 의해 배당금성장률은 유보비율과 재투자수익률의 곱으로 표현된다. 재투자수익률은 일반적으로 자기자본순이익률(return on equity : ROE)에 의해 측정된다. 이렇게 추정한 성장률은 투자의 양과 질에 기초하여 유지가 가능한 성장률이라는 의미로 해석되므로 지속가능성장률(sustainable growth rate) 또는 잠재성장률(potential growth rate)이라고 불린다.

$$\text{배당금성장률}(g) = \text{자기자본순이익률} \times \text{유보비율} \tag{6}$$

앞에서 든 예에서, A기업의 1년 후 기대 주당순이익이 2,000원으로 예상되며, 순이익의 60%를 배당으로 지급한다고 하자. 배당성향(dividend payout ratio)이 60%라는 것은 순이익의 40%가 재투자를 위하여 유보됨을 의미한다. 이 40%를 유보비율(retention ratio 또는 plowback ratio)이라고 한다. 만일 재투자수익률이 연 20%이면 A기업은 연 8%로 성장할 것이다. 그러나 A기업이 순이익을 전부 배당으로 지급한다면 DIV_1 = 2,000원, g = 0%이므로 A기업은 무성장기업이 되며 이때 주가는 골든모형에 의해 12,500원이 될 것이다.

$$P_0 = \frac{2{,}000\text{원}}{0.16 - 0} = 12{,}500\text{원}$$

그렇다면 무성장기업의 주가 12,500원과 40%를 유보하여 8%로 성장하는 경우의 주가 15,000원과의 차이는 무엇인가? A기업은 순이익의 40%를 연 20%의 수익률로 재투자하는데 이 20%의 수익률은 주주들이 요구하는 수익률 16%보다 높다. 투자의 수익률이 요구되는 수익률 16%보다 높으므로 투자의 순현가는 양(+)이고 투자는 가치를 창출하여 주가를 상승시키게 된다.

따라서 두 가격의 차이인 2,500원을 성장기회의 현가(present value of growth opportunities : $PVGO$)라고 부를 수 있다. 즉, 성장기업의 주가는 식 (7)과 같이 무성장기업의 주가에 $PVGO$를 가산한 금액으로 표현된다.

$$P_0 = \frac{EPS_1}{k} + PVGO \tag{7}$$

식 (7)을 이용하여 A기업의 주가를 구하면 다음과 같다.

$$P_0 = \frac{EPS_1}{k} + PVGO = \frac{2{,}000\text{원}}{0.16} + 2{,}500\text{원} = 15{,}000\text{원}$$

3.5 배당할인모형과 PER

골든(M.Gordon)은 안정성장모형에서 기업의 이익성장률(또는 배당금성장률)이 매년 g%로 일정하다고 가정하고 식 (5)를 유도하였다.

$$P_0 = \frac{DIV_1}{k - g} \tag{5}$$

골든이 모형을 조금 변형하면 주가수이비율(price earnings ratio : PER)을 결정하는 요인을 알 수 있다.

$$P_0 = \frac{DIV_1}{k - g} = \frac{DIV_0(1 + g)^1}{k - g} = \frac{EPS_0 \times (1 - b)(1 + g)^1}{k - g} \tag{8}$$

식 (8)에서 EPS_0는 금기의 주당순이익(EPS)을, b는 유보비율을, 그리고 $(1 - b)$는 배당성향을 의미한다. 식 (8)의 좌우변을 EPS_0로 나누어 주면 다음 식이 성립한다.

$$\frac{P_0}{EPS_0} = \frac{(1-b)(1+g)}{k-g} = PER \qquad (9)$$

식 (9)에서 P_0/EPS_0는 주가수익비율 또는 주가이익비율을 의미하는데, 이는 실제 PER과 구별하여 정상PER(normal PER)이라 부른다. 실제PER은 실제주가를 기초로 구한 주가수익비율인데 반해서 정상PER은 이론주가를 기초로 구한 주가수익비율이다. 식 (9)에서 알 수 있듯이 정상PER은 다음과 같이 배당성향$(1-b)$, 성장률(g)의 증가함수이고 위험(k)의 감소함수이다.

$$\text{정상}PER = f\,(\underset{(+)}{\text{배당성향}},\ \underset{(+)}{\text{성장률}},\ \underset{(-)}{\text{위험}}) \qquad (10)$$

앞에서 든 A기업의 예에서 현재 주당순이익이 2,000원이고 배당성향이 60%(유보비율 40%임), 자기자본비용(k 또는 r_E)이 16%, 현재 주가가 12,000원 그리고 배당금성장률이 8%로 일정하다. A기업의 정상PER은 다음과 같이 8.1이 될 것이다.

$$\text{정상}PER = \frac{(1-0.4)(1+0.08)}{0.16-0.08} = 8.1$$

A기업의 실제PER, 즉 우리가 일반적으로 시장에서 관찰할 수 있는 PER은 다음과 같다.

$$PER = \frac{\text{시가총액}}{\text{순이익}} = \frac{\text{주가}}{\text{주당순이익}}$$

$$= \frac{12{,}000\text{원}}{2{,}000\text{원}} = 6$$

A기업의 실제PER 6은 정상PER 8.1보다 낮으므로, A기업의 주가는 시장에서 저평가되어 있음을 알 수 있다.

3.6 배당할인모형과 PBR

앞에서 골든의 모형을 조금 변형해서 다음의 식 (8)을 구한 바 있다.

$$P_0 = \frac{EPS_0 \times (1 - b)(1 + g)}{k - g} \tag{8}$$

이를 조금 더 변형하면 주가순자산비율(price book value ratio : PBR)을 결정하는 요인을 알 수 있다. 먼저 자기자본순이익률(ROE)을 EPS_0/BV_0로 정의하면 (BV_0는 주당자기자본임),

$$P_0 = \frac{BV_0 \times ROE \times (1 - b)(1 + g)}{k - g} \tag{11}$$

식 (11)에서 양변을 BV_0으로 나누면 정상PBR을 구할 수 있다.

$$\frac{P_0}{BV_0} = \frac{ROE \times (1 - b)(1 + g)}{k - g} = PBR = ROE \times PER \tag{12}$$

식 (12)에서 P_0/BV_0는 주가순자산비율을 의미하는데, 이는 실제PBR과 구별하여 정상PBR(normal PBR)이라 부른다. 실제PBR은 실제주가를 기초로 구한 주가순자산비율인데 반해서 정상PBR은 이론주가를 기초로 구한 주가순자산비율이다. 식 (12)에서 알 수 있듯이 정상PBR은 다음과 같이 자기자본순이익률(ROE), 배당성향, 성장률의 증가함수이고 위험(k)의 감소함수이다.

$$\text{정상}PBR = f(\underset{(+)}{\text{자기자본순이익률}},\ \underset{(+)}{\text{배당성향}},\ \underset{(+)}{\text{성장률}},\ \underset{(-)}{\text{위험}}) \tag{13}$$

앞에서 든 A기업의 예에서 주당순이익 2,000원, 배당성향 60%(유보비율 40%), 자기자본비용(주주요구수익률) 16%, 현재 주가가 12,000원, 배당금성장률 8%, 주당자기자본 10,000원이다. A기업의 정상PBR은 다음과 같이 1.62가 될 것이다.

$$\text{정상}PBR = \frac{0.2 \times (1 - 0.4) \times (1 + 0.08)}{0.16 - 0.08} = 1.62$$

A기업의 실제PBR, 즉 우리가 일반적으로 시장에서 관찰할 수 있는 PBR은 다음과 같다.

$$PBR = \frac{\text{시가총액}}{\text{자기자본}} = \frac{\text{주가}}{\text{주당자기자본}} = \frac{12{,}000\text{원}}{10{,}000\text{원}} = 1.2$$

A기업의 실제PBR 1.2는 정상PBR 1.62보다 낮으므로, A기업의 주가는 시장에서 저평가되어 있음을 알 수 있다.

3.7 배당할인모형과 PSR

앞에서 골든의 모형을 조금 변형해서 다음의 식 (8)을 구한 바 있다.

$$P_0 = \frac{EPS_0 \times (1 - b)(1 + g)}{k - g} \qquad (8)$$

이를 조금 더 변형하면 주가매출액비율(price sales ratio : PSR)을 결정하는 요인을 알 수 있다. 먼저 매출액순이익률(ROS)을 $EPS_0/Sales_0$로 정의하면($Sales_0$은 주당매출액임),

$$P_0 = \frac{Sales_0 \times ROS \times (1 - b)(1 + g)}{k - g} \qquad (14)$$

식 (14)에서 양변을 $Sales_0$으로 나누면 정상PSR(normal PSR)을 구할 수 있다.

$$\frac{P_0}{Sales_0} = \frac{ROS \times (1-b)(1+g)}{k-g} = PSR = ROS \times PER \tag{15}$$

식 (15)에서 $P_0/Sales_0$는 주가매출액비율을 의미하는데 실제PSR과 구별하여 정상PSR이라 한다. 식 (15)에서 알 수 있듯이 PSR은 다음과 같이 매출순이익률, 배당성향, 성장률의 증가함수이고 위험(k)의 감소함수이다.

$$\text{정상}PSR = f(\underset{(+)}{\text{매출순이익률}}, \underset{(+)}{\text{배당성향}}, \underset{(+)}{\text{성장률}}, \underset{(-)}{\text{위험}}) \tag{16}$$

앞에서 든 A기업의 예에서 주당순이익 2,000원, 배당성향 60%(유보비율 40%), 자기자본비용(주주 요구수익률) 16%, 현재 주가가 12,000원, 배당금성장률 8%, 주당매출액 20,000원이다. A기업의 정상PSR은 다음과 같이 0.81이 될 것이다.

$$\text{정상}PSR = \frac{0.1 \times (1-0.4) \times (1+0.08)}{0.16-0.08} = 0.81$$

A기업의 실제PSR, 즉 우리가 시장에서 관찰할 수 있는 PSR은 다음과 같다.

$$PSR = \frac{\text{시가총액}}{\text{매출액}} = \frac{\text{주가}}{\text{주당매출액}} = \frac{12{,}000\text{원}}{20{,}000\text{원}} = 0.6$$

A기업의 실제PSR 0.6은 정상PSR 0.81 보다 낮으므로, A기업의 주가는 시장에서 저평가되어 있음을 알 수 있다.

정리문제

01 뉴서울기업은 지난 20년간 총자산순이익률을 5%로 유지해 왔으며, 앞으로 배당성향을 20%로 유지하고 부채비율을 100%로 유지할 계획이다. 총자산이 2조원, 총 발행주식수는 2,000만주이며 주식은 현재 4만원에 거래된다(단, 자기자본순이익률 = 총자산순이익률 × (1 + 부채비율)).

(1) 지속가능성장률은 얼마인가?

(2) 주식투자로부터 기대되는 수익률은 얼마인가?

02 창영기업의 현재 주당순이익(EPS_0)은 5,000원이고, 주당배당금은 1,000원이다. 그리고 향후 5년 동안 유보비율은 70%이며 배당은 매년 30%씩 성장하리라고 예상된다. 그러나 6년째에는 배당성향을 60%로 늘려 그 결과 6년 후부터는 연 10%의 성장률로 성장할 것으로 예상된다. 할인율을 연 14%라고 할 때 창영기업의 주식가치를 계산하라.

03 금곡기업은 1년 후 2,000원의 주당순이익이 발생할 것으로 예상한다. 배당성향이 60%, 자기자본순이익률은 20%이다. 할인율이 연 12%일 때, 금곡기업 주가와 성장기회의 현재가치($PVGO$)를 구하라.

04 배다리기업은 1년 후 주당순이익이 4,000원으로 예상되며 유보비율은 40%이고 재투자수익률과 주주의 요구수익률이 각각 연 15%, 연 10%이다. 이러한 유보비율, 재투자수익률 그리고 요구수익률은 계속해서 일정하게 유지된다고 하자.

(1) 성장기회가 없다고 가정하는 경우 배다리기업의 주식가격을 구하라.

(2) 안정성장모형을 이용하여 배다리기업의 주식가격을 구하라.

(3) (1), (2)번을 이용해서 성장기회의 현가($PVGO$)를 구하라.

05 동인회사의 주주 요구수익률은 연 12%이고 현재 주당순이익(EPS)은 5,636원이고, 주당 5,000원의 배당을 지급하였다. 주당배당금은 앞으로 2년간은 연간 10%씩 성장하고 그 후로는 매년 4%씩 영구히 성장할 것으로 기대된다.

(1) 주식가치를 구하라.

(2) 성장기회의 현가($PVGO$)는 얼마인가?

06 경윤기업은 2,000원의 주식배당금을 오늘 지급했다. 만일 주당배당금이 앞으로 매년 5%씩 증가하고 주주 요구수익률이 연 20%이면 주식의 적정가격은 얼마인가? 만일 이 주식이 현재 18,000원에 거래되고 있다면 이 가격을 정당화할 수 있는 배당성장률(g)은 얼마인가?

07 송림기업은 오늘 450원의 주당배당금을 지급하였다. 수익성 악화로 연간 주당순이익이 10%씩 감소할 것으로 예상된다. 송림기업의 유보비율은 55%이고, 할인율이 연 20%일 때 송림기업의 적정주가는 얼마인가?

08 율목기업은 오늘 주당 150원씩 배당금을 지급하였다. 재투자수익률이 연 20%, 유보비율이 25%, 할인율이 연 15%일 때, 1년간 자본이득률(성장률)과 배당수익률은 얼마인가?

09 유동기업은 내년에 주당 $8.46의 순이익을 벌어들일 것으로 기대된다. 지금까지는 모두 현금배당 했지만, 새로운 투자안에 투자하기 위하여 CEO는 기존의 배당정책을 바꾸어서 순이익 중 40%만 배당하고 60%는 유보하기로 했다. 새로운 투자안은 연 20%의 수익률을 가져다 줄 것으로 기대된다. 주주 요구수익률은 연 15%이다. 유동기업이 정책을 바꾼다면 주가는 어떻게 변화될 것인가? 그리고 새로운 정책의 $PVGO$는 얼마인가?

10 만리기업의 현재 주가는 20,000원이고 주당순이익은 3,000원이며, 주주 요구수익률은 연 20%이다. 그리고 만리기업은 순이익의 50%를 유보하고 있으며, 재투자수익률은 연 20%이다. 만리기업의 정상PER과 정상주식가격은 얼마인가? 현재 주가는 적정한가?

11 A은행의 현재 주가는 31,500원이고 주당순이익은 3,500원이며 A은행은 이 중에서 1,750원을 배당금으로 지급했다. 장기적으로 주당순이익과 배당은 연 5%씩 성장할 것으로 예측된다. A은행의 자기자본비용은 16.4%이다. A은행의 정상PER을 추정하고 주식이 과대 또는 과소평가되었는지를 판단하라.

12 [문제 11]에서 든 A은행의 예에서 주당순이익 3,500원, 배당성향 50%(유보비율 50%), 자기자본비용(주주 요구수익률) 16.4%, 배당금성장률 5%, 주가 31,500원, 주당자기자본 35,000원이다. 이 은행의 정상PBR을 추정하고 주식이 과대 또는 과소평가되었는지를 판단하라.

13 [문제 11]에서 든 A은행의 예에서 주당순이익 3,500원, 배당성향 50%(유보비율 50%), 자기자본비용(주주 요구수익률) 16.4%, 배당금성장률 5%, 주가 31,500원, 주당자기자본 35,000원, 주당매출액 43,750원이다. 이 은행의 정상PSR을 추정하고 주식이 과대 또는 과소평가되었는지를 판단하라.

정리문제에 대한 해설

01 뉴서울기업은 지난 20년간 총자산순이익률을 5%로 유지해 왔으며, 앞으로 배당성향을 20%로 유지하고 부채비율을 100%로 유지할 계획이다. 총자산이 2조원, 총 발행주식수는 2,000만주이며 주식은 현재 4만원에 거래된다(단, 자기자본순이익률 = 총자산순이익률 × (1 + 부채비율)).

(1) 지속가능성장률은 얼마인가?

해설 자기자본순이익률 = 총자산순이익률 × (1 + 부채비율)
= 5% × (1 + 1) = 10%

지속가능성장률 = 유보비율 × 자기자본순이익률
= (1 − 0.2) × 10% = 8%

(2) 주식투자로부터 기대되는 수익률은 얼마인가?

해설 총자산순이익률이 5%이므로 당기순이익 = 2조원 × 5% = 1,000억원

주당이익 = 1,000억원 / 2,000만주 = 5,000원

당기 주당배당금 = 주당순이익 × 배당성향 = 5,000원 × 20% = 1,000원

차기 주당배당금 = 당기 주당배당금 × (1 + 성장률)
= 1,000원 × (1 + 8%) = 1,080원

$$\text{주식투자수익률} = \frac{\text{차기 주당배당금}}{\text{주가}} + \text{성장률}$$

$$= \frac{1{,}080\text{원}}{40{,}000\text{원}} + 8\% = 10.7\%$$

02 창영기업의 현재 주당순이익(EPS_0)은 5,000원이고, 주당배당금은 1,000원이다. 그리고 향후 5년 동안 유보비율은 70%이며 배당은 매년 30%씩 성장하리라고 예상된다. 그러나 6년째에는 배당성향을 60%로 늘려 그 결과 6년 후부터는 연 10%의 성장률로 성장할 것으로 예상된다. 할인율을 연 14%라고 할 때 창영기업의 주식가치를 계산하라.

해설 $DIV_0 = 1{,}000\text{원},\ DIV_1 = 1{,}000\text{원} \times (1+0.3)^1,\ \cdots,$

$DIV_5 = 1{,}000\text{원} \times (1+0.3)^5,\ DIV_6 = 1{,}000\text{원} \times (1+0.3)^5(1+0.1)$

$DIV_7 = 1{,}000\text{원} \times (1+0.3)^5(1+0.1)^2,\ \cdots$

그러므로 창영기업의 주식가치는 다음과 같다.

$$P_0 = \frac{1{,}000\text{원} \times (1+0.3)}{(1+0.14)^1} + \frac{1{,}000\text{원} \times (1+0.3)^2}{(1+0.14)^2} + \frac{1{,}000\text{원} \times (1+0.3)^3}{(1+0.14)^3}$$

$$+ \frac{1{,}000\text{원} \times (1+0.3)^4}{(1+0.14)^4} + \frac{1{,}000\text{원} \times (1+0.3)^5}{(1+0.14)^5}$$

$$+ \frac{\dfrac{1{,}000\text{원}(1+0.3)^5 \times (1+0.1)}{(0.14-0.1)}}{(1+0.14)^5}$$

$$= 60{,}574\text{원}$$

03 **금곡기업은 1년 후 2,000원의 주당순이익이 발생할 것으로 예상한다. 배당성향이 60%, 자기자본순이익률은 20%이다. 할인율이 연 12%일 때, 금곡기업 주가와 성장기회의 현재가치($PVGO$)를 구하라.**

해설 g = 유보비율 × 자기자본순이익률 = (1 − 0.6) × 20% = 8%

$$P_0 = \frac{DIV_1}{k-g} = \frac{2{,}000\text{원} \times 0.6}{0.12 - 0.08} = 30{,}000\text{원}$$

$$PVGO = P_0 - \text{무성장기업 주가} = P_0 - \frac{EPS_1}{k}$$

$$= 30{,}000\text{원} - \frac{2{,}000\text{원}}{0.12} = 13{,}333\text{원}$$

04 **배다리기업은 1년 후 주당순이익이 4,000원으로 예상되며 유보비율은 40%이고 재투자수익률과 주주의 요구수익률이 각각 연 15%, 연 10%이다. 이러한 유보비율, 재투자수익률 그리고 요구수익률은 계속해서 일정하게 유지된다고 하자.**

(1) 성장기회가 없다고 가정하는 경우 배다리기업의 주식가격을 구하라.

해설 g = 유보비율 × 자기자본순이익률 = (1 − 0.6) × 20% = 8%

$$P_0 = \frac{EPS_1}{k} = \frac{4{,}000\text{원}}{0.1} = 40{,}000\text{원}$$

(2) 안정성장모형을 이용하여 배다리기업의 주식가격을 구하라.

해설 배다리기업의 성장률 g는 유보비율 × 재투자수익률(자기자본순이익률)이므로, 성장률(g)은 다음과 같이 6%이다.

g = 0.4 × 0.15 = 6%

안정성장모형을 이용한 주식가격은 다음과 같이 60,000원이다.

$$P_0 = \frac{DIV_1}{k-g} = \frac{0.6 \times 4,000\text{원}}{0.1-0.06} = \frac{2,400\text{원}}{0.04} = 60,000\text{원}$$

(3) (1), (2)번을 이용해서 성장기회의 현가($PVGO$)를 구하라.

해설 $PVGO$는 안정성장모형에서의 주식가격에서 무성장모형의 주식가격을 차감하여 구할 수 있다.

$$PVGO = \frac{DIV_1}{k-g} - \frac{EPS_1}{k} = 60,000\text{원} - 40,000\text{원} = 20,000\text{원}$$

05 동인회사의 주주 요구수익률은 연 12%이고 현재 주당순이익(EPS)은 5,636원이고, 주당 5,000원의 배당을 지급하였다. 주당배당금은 앞으로 2년간은 연간 10%씩 성장하고 그 후로는 매년 4%씩 영구히 성장할 것으로 기대된다.

(1) 주식가치를 구하라.

해설 $$P_0 = \frac{5,000\text{원} \times (1+0.1)}{(1+0.12)^1} + \frac{5,000\text{원} \times (1+0.1)^2}{(1+0.12)^2}$$

$$+ \frac{\dfrac{5,000\text{원}(1+0.1)^2 \times (1+0.04)}{(0.12-0.04)}}{(1+0.12)^2} = 72,433\text{원}$$

(2) 성장기회의 현가($PVGO$)는 얼마인가?

해설 $$P_0 = \frac{EPS_1}{k} + PVGO = \frac{5,636\text{원}}{0.12} + PVGO = 72,433\text{원}$$

(무성장 시 $EPS_1 = EPS_0$)

$PVGO = 25,466$원

06 경윤기업은 2,000원의 주식배당금을 오늘 지급했다. 만일 주당배당금이 앞으로 매년 5%씩 증가하고 주주 요구수익률이 연 20%이면 주식의 적정가격은 얼마인가? 만일 이 주식이 현재 18,000원에 거래되고 있다면 이 가격을 정당화할 수 있는 배당성장률(g)은 얼마인가?

해설 $$P_0 = \frac{DIV_0(1+g)}{k-g} = \frac{2,000\text{원} \times (1.05)}{0.2-0.05} = 14,000\text{원}$$

18,000원에 거래될 때 정당화 할 수 있는 배당성장률 :

$$18,000\text{원} = \frac{2,000\text{원}(1+g)}{0.2-g}$$

$\therefore g = 8\%$

07 송림기업은 오늘 450원의 주당배당금을 지급하였다. 수익성 악화로 연간 주당순이익이 10%씩 감소할 것으로 예상된다. 송림기업의 유보비율은 55%이고, 할인율이 연 20%일 때 송림기업의 적정주가는 얼마인가?

해설 $DIV_1 = 450\text{원} \times (1-0.1) = 405\text{원}$

$$P_0 = \frac{405\text{원}}{0.2-(-0.1)} = 1{,}350\text{원}$$

08 율목기업은 오늘 주당 150원씩 배당금을 지급하였다. 재투자수익률이 연 20%, 유보비율이 25%, 할인율이 연 15%일 때, 1년간 자본이득률(성장률)과 배당수익률은 얼마인가?

해설 $g = 0.2 \times 25\% = 5\%$(성장률 = 자본이득률)

$DIV_1 = 150\text{원} \times 1.05 = 157.5\text{원}$

$$P_0 = \frac{157.5\text{원}}{0.15-0.05} = 1{,}575\text{원}$$

$$\text{배당수익률} = \frac{157.5\text{원}}{1{,}575\text{원}} = 10\%$$

09 유동기업은 내년에 주당 \$8.46의 순이익을 벌어들일 것으로 기대된다. 지금까지는 모두 현금배당 했지만, 새로운 투자안에 투자하기 위하여 CEO는 기존의 배당정책을 바꾸어서 순이익 중 40%만 배당하고 60%는 유보하기로 했다. 새로운 투자안은 연 20%의 수익률을 가져다 줄 것으로 기대된다. 주주 요구수익률은 연 15%이다. 유동기업이 정책을 바꾼다면 주가는 어떻게 변화될 것인가? 그리고 새로운 정책의 *PVGO*는 얼마인가?

해설 기존 정책 시 :

$$P_0 = \frac{\$8.46}{0.15} = \$56.4$$

새로운 정책 시 :

60% 유보 시 성장률은 다음과 같이 12%이다.

$g = 0.6 \times 20\% = 12\%$

그리고 주가는 다음과 같다.

$$P_0 = \frac{\$8.46 \times (1-0.6)}{0.15-0.12} = \$112.8$$

한편, *PVGO*는 다음과 같다.

$PVGO = \$112.8 - \$56.4 = \$56.4$

10 만리기업의 현재 주가는 20,000원이고 주당순이익은 3,000원이며, 주주 요구수익률은 연 20%이다. 그리고 만리기업은 순이익의 50%를 유보하고 있으며, 재투자수익률은 연 20%이다. 만리기업의 정상 PER과 정상주식가격은 얼마인가? 현재 주가는 적정한가?

해설 성장률 g를 구하면 다음과 같다.

$$g = \text{유보비율} \times \text{자기자본순이익률} = 0.5 \times 20\% = 10\%$$

$$\text{정상}PER = \frac{(1 - \text{유보율})(1 + \text{성장률})}{k - g} = \frac{(1 - 0.5)(1 + 0.1)}{0.2 - 0.1} = 5.5$$

$$\text{정상}P_0 = \text{정상}PER \times EPS_0 = 5.5 \times 3{,}000\text{원} = 16{,}500\text{원} = \text{이론주가}$$

∴ 현재 주가 20,000원은 과대평가되어 있다.

11 A은행의 현재 주가는 31,500원이고 주당순이익은 3,500원이며, A은행은 이 중에서 1,750원을 배당금으로 지급했다. 장기적으로 주당순이익과 배당은 연 5%씩 성장할 것으로 예측된다. A은행의 자기자본비용은 16.4%이다. A은행의 정상PER을 추정하고 주식이 과대 또는 과소평가되었는지를 판단하라.

해설 먼저 배당성향을 측정하면 다음과 같다.

$$\text{배당성향} = \frac{1{,}750\text{원}}{3{,}500\text{원}} = 50\%$$

그리고 정상PER을 추정하면 다음과 같다.

$$\text{정상}PER = \frac{(1 - b)(1 + g)}{k - g} = \frac{(1 - 0.5)(1 + 0.05)}{0.164 - 0.05} = 4.61$$

분석시점에서 A은행의 실제PER은 다음과 같이 9이다.

$$PER = \frac{31{,}500\text{원}}{3{,}500\text{원}} = 9$$

따라서 A은행의 주가는 과대평가된 것으로 판단된다. 다시 말해서 A은행의 정상 주가는 16,135원(= 3,500원 × 4.61)인데, 현재 주가는 31,500원이므로 현재 A은행의 주식은 과대평가되었다.

12 [문제 11]에서 든 A은행의 예에서 주당순이익 3,500원, 배당성향 50%(유보비율 50%), 자기자본비용(주주 요구수익률) 16.4%, 배당금성장률 5%, 주가 31,500원, 주당자기자본 35,000원이다. 이 은행의 정상PBR을 추정하고 주식이 과대 또는 과소평가되었는지를 판단하라.

해설 A은행의 정상PBR은 다음과 같이 0.461이 될 것이다.

$$\text{정상}PBR = \frac{0.1 \times (1 - 0.5) \times (1 + 0.05)}{0.164 - 0.05} = 0.461$$

A은행의 실제PBR은 다음과 같다.

$$PBR = \frac{\text{시가총액}}{\text{자기자본}} = \frac{\text{주가}}{\text{주당자기자본}} = \frac{31{,}500\text{원}}{35{,}000\text{원}} = 0.9$$

A은행의 실제PBR 0.9는 정상PBR 0.461보다 높으므로, A은행의 주가는 시장에서 과대평가된 것으로 판단된다. 다시 말해서 A은행의 정상 주가는 16,135원(= 35,000원 × 0.461)인데, 현재 주가는 31,500원이므로 A은행의 주식은 과대평가되었다.

13 [문제 11]에서 든 A은행의 예에서 주당순이익 3,500원, 배당성향 50%(유보비율 50%), 자기자본비용(주주 요구수익률) 16.4%, 배당금성장률 5%, 주가 31,500원, 주당자기자본 35,000원, 주당매출액 43,750원이다. 이 은행의 정상PSR을 추정하고 주식이 과대 또는 과소평가되었는지를 판단하라.

해설 A은행의 정상PSR은 다음과 같이 0.369가 될 것이다.

$$\text{정상}PSR = \frac{0.08 \times (1 - 0.5) \times (1 + 0.05)}{0.164 - 0.05} = 0.369$$

A은행의 실제PSR은 다음과 같다.

$$PSR = \frac{\text{시가총액}}{\text{매출액}} = \frac{\text{주가}}{\text{주당매출액}} = \frac{31{,}500\text{원}}{43{,}750\text{원}} = 0.72$$

A은행의 실제PSR 0.72는 정상PSR 0.369보다 높으므로, A은행의 주가는 시장에서 과대평가된 것으로 판단된다. 다시 말해서 A은행의 정상 주가는 16,144원(= 43,750원 × 0.369)인데, 현재 주가는 31,500원이므로 A은행의 주식은 과대평가되었다.

PART 2

The Practice of Financial Management

투자안의 경제성 평가와 프로젝트 분석

CHAPTER 04 투자안의 경제성 평가

재무관리의 목표는 주가의 극대화 또는 기업가치의 극대화이다. 주가를 극대화하기 위해서는 기업은 좋은 투자만을 선택하여 시행하여야 한다. 본 장은 기업가치를 극대화하기 위하여 자본예산(capital budgeting), 즉 장기투자를 어떻게 해야 하는가에 대한 답을 제공하는데 필요한 경제성 평가기법을 소개하기로 한다.

투자안의 경제성을 평가하기 위해서는 투자안의 현금흐름과 적정 할인율(자본비용)을 알아야 한다. 본 장에서는 우선 투자안의 현금흐름을 추정하는 방법에 대해 소개하기로 한다. 그리고 여기서는 적정 할인율이 이미 추정되었다는 가정 하에서 투자안의 경제성을 분석하는 기법에 대하여 살펴볼 것이다.

4.1 현금흐름의 의의와 현금흐름의 추정

(1) 현금흐름의 의의

현금흐름(cash flow)이란 투자로부터 발생하는 모든 현금의 움직임을 의미한다. 투자로 인하여 들어오는 현금을 현금유입(cash inflow)이라 하며, 나가는 현금을 현금유출(cash outflow)이라 한다. 현금흐름을 각 기간별로 현금유입과 현금유출로 구분하여 측정하는 것보다는 각 기간마다 현금유입과 현금유출의 차이를 계산하여 측정하는 것이 편리하다. 현금유입과 현금유출의 차이를 순현금흐름(net cash flow)이라 하며, 이를 간단히 현금흐름이라고 한다.

(2) 영업현금흐름의 추정원칙

영업현금흐름(operating cash flows : OCF)을 추정할 때 지켜야 할 기본원칙은 다음과 같다.

첫째, 모든 영업현금흐름은 법인세 납세 후 기준(after-tax basis)으로 추정하여야 한다.

둘째, 모든 영업현금흐름은 증분 기준(incremental basis)으로 추정하여야 한다.

셋째, 이자비용과 배당금은 현금유출에 포함시켜서는 안 된다.

넷째, 감가상각비는 현금유출에 포함시켜서는 안 된다.

이상의 원칙을 기초로 투자가치 평가를 위한 영업현금흐름을 추정해 보기로 하자. 투자가치를 평가하는 데 사용되는 영업현금흐름(OCF)을 자본조달로 인해 지급해야 하는 자본비용으로 할인하여 투자가치가 평가된다. 따라서 영업활동에서 얻는 현금흐름인 영업현금흐름에는 재무활동으로 인해 지급해야 하는 자본비용이 포함되어 있어야 한다. 투자가치 평가는 자본비용이 포함된 상태에서의 영업현금흐름을 포함한 현금흐름(기업잉여현금흐름)에서 자본비용을 차감(할인)하는 절차를 밟게 된다.

4.2 영업현금흐름과 기업잉여현금흐름의 추정

(1) 영업현금흐름의 추정

투자안에 투자해서 얻는 영업현금흐름은 미래 추정 손익계산서를 통해 추정할 수 있다.

[표 1] 추정 손익계산서

	추정 손익계산서
영업활동	매출액(S)
영업활동	- 현금영업비용(C)
영업활동	- 감가상각비(Dep)
영업활동	영업이익($EBIT$)
	- 법인세(T)
	당기순이익(NI)

* 현금영업비용에는 매출원가 및 판매비와 관리비가 포함되어 있고 감가상각비는 제외됨.

[표 1]에서 볼 수 있듯이, 영업활동에서 얻는 현금흐름 즉, 영업현금흐름(OCF)은 영업이익(earnings before interest and tax : $EBIT$)을 기준으로 측정한다. 이를 좀 더 구체적으로 설명해 보기로 하자. 영업활동에서 얻는 영업현금흐름(OCF)을 단순히 당기순이익(net income : NI)기준으로 측정한다면, 다음과 같이 몇 가지 문제가 발생한다.

첫째, 감가상각비 처리문제이다. 즉, 감가상각비는 현금유출이 수반되지 않는 비용으로서 단순히 당기순이익을 감소시킨다. 따라서 현금흐름은 당기순이익에 감가상각비를 가산해서 측정해야 한다.

둘째, 자본비용 처리문제이다. 이미 설명했듯이, 투자가치의 평가는 현금흐름을 자본비용으로 할인하는 과정을 거친다. 자본비용으로 할인한다는 것은 자본비용(금액기준)을 차감한다는 의미이다. 따라서 현금흐름에는 자본비용이 포함되어 있어야 한다. 이는 자본비용을 포함시킨 상태에서 자본비용을 차감해야 하기 때문이다. 따라서 영업현금흐름(operating cash flows : OCF)은 자본비용이 차감되기 전인 영업이익을 기준으로 측정해야 한다. 즉, OCF는 이자비용과 배당금을 차감하기 전인 영업이익을 기준으로 측정해야 한다. 다시 말해서 이자비용과 배당금은 OCF를 구할 때 현금유출로 처리하지 않는다. 물론 법인세는 OCF를 구할 때 영업이익에서 차감한다.

이상의 두 가지 문제를 해결해야 영업현금흐름(OCF)이 올바르게 추정된다. 영업현금흐름은 다음과 같이 추정된다.

$$\begin{aligned}\text{영업현금흐름}(OCF) &= \text{영업활동으로 얻는 현금흐름}\\ &= NI + Dep\\ &= EBIT(1-t) + Dep \qquad (1)\\ &= (S - C - Dep)(1-t) + Dep\\ &= (S - C)(1-t) - Dep + Dep \cdot t + Dep\\ &= (S - C)(1-t) + Dep \cdot t \qquad (1')\end{aligned}$$

NI : 당기순이익, Dep : 감가상각비
t : 법인세율, $EBIT$: 영업이익
S : 매출액, C : 현금영업비용(감가상각비 제외)

(2) 기업잉여현금흐름의 추정

기업잉여현금흐름(Free Cash Flows to the Firm : $FCFF$)은 영업활동에서 얻는 영업현금흐름(OCF)에서 추가 시설투자액인 자본적 지출(capital expenditure : $CAPEX$)과 추가운영자금인 추가운전자본(working capital change : WCC)을 차감해서 다음과 같이 구한다.

$$\begin{aligned} FCFF &= EBIT(1-t) + Dep - CAPEX - WCC \\ &= (S - C)(1-t) + Dep \cdot t - CAPEX - WCC \end{aligned} \qquad (2)$$

$FCFF$: 기업잉여현금흐름	$EBIT$: 영업이익
t : 법인세율	Dep : 감가상각비
$CAPEX$: 자본적 지출	WCC : 추가운전자본
S : 매출액	C : 현금영업비용(감가상각비 제외)

자본적 지출($CAPEX$)은 시설자산의 추가투자액을 말하며, 이는 기업잉여현금흐름을 구할 때 차감된다. $CAPEX$가 많으면, 당기 기업잉여현금흐름은 작아지지만 미래 영업활동에서 얻는 현금흐름은 늘어나게 된다. 한편, 추가운전자본은 운전자본(= 유동자산 − 유동부채)의 증가분을 말하며, 이는 기업잉여현금흐름을 구할 때 차감된다. 추가운전자본은 기업규모가 커질수록 늘어나기 마련이고, 통상 투자안의 내용연수 말에 회수되는 것으로 본다.

4.3 대체투자안의 현금흐름 추정

투자안 중에는 기존시설을 대체하는 대체투자안도 많이 있다. 대체투자안의 현금흐름은 다음과 같이 대체시설의 현금흐름(첨자 2로 표시)과 기존시설의 현금흐름(첨자 1로 표시)의 차이, 즉 증분현금흐름으로 추정한다.

$$\begin{array}{rl} & FCFF_2 = EBIT_2(1-t) + Dep_2 - CAPEX_2 - WCC_2 \\ - & FCFF_1 = EBIT_1(1-t) + Dep_1 - CAPEX_1 - WCC_1 \\ \hline & \Delta FCFF = \Delta EBIT(1-t) + \Delta Dep - \Delta CAPEX - \Delta WCC \end{array} \qquad (3)$$

식 (3)은 다음과 같이 나타낼 수도 있다.

$$
\begin{array}{rl}
 & FCFF_2 = (S_2 - C_2)(1-t) + Dep_2 \cdot t - CAPEX_2 - WCC_2 \\
- & FCFF_1 = (S_1 - C_1)(1-t) + Dep_1 \cdot t - CAPEX_1 - WCC_1 \\
\hline
 & \Delta FCFF = (\Delta S - \Delta C)(1-t) + \Delta Dep \cdot t - \Delta CAPEX - \Delta WCC
\end{array} \qquad (4)
$$

대체투자안의 최초 투자시점의 현금유출은 신규투자안의 그것과 상이하다. 신규투자안의 최초 투자시점 현금유출은 단순히 투자지출 금액이 된다. 그러나 대체투자안의 최초 투자시점 현금유출은 다소 복잡하다. 즉, 대체투자안의 최초 투자시점 현금유출은 대체투자 시 자본지출액에서 기존자산 처분 현금흐름(after-tax salvage value : $ATSV$)을 차감해서 구한다. 대체투자 시 기존시설은 처분되는 것이 보통이므로, 기존자산 처분 현금흐름은 대체투자 시 자본지출액에서 차감해야 한다.

4.4 기존자산 처분 현금흐름

기존자산 처분 현금흐름을 구할 때 조심해야 할 점이 있다. 기존자산을 장부가치대로 처분하는 경우는 드물기 때문에, 장부가치와 처분가치가 다를 때 발생하는 세금효과를 감안해야 한다. 처분가치가 장부가치보다 작을 때에는 법인세 절약액을 가산해야 하고, 처분가치가 장부가치보다 클 때에는 법인세 추가납부액을 차감해야 한다. 이상의 내용을 고려하여 기존자산 처분 현금흐름($ATSV$)을 구하는 공식을 정리하면 다음과 같다.

$$ATSV = MV - (MV - BV) \times t \qquad (5)$$

MV: 시장가치 또는 처분가치
BV: 장부가치
t: 법인세율

예를 들어 A기업이 3년 전에 5,000만원을 주고 기계를 구입하여 운영하고 있으며 현재 이 기계의 장부가치가 2,000만원이고 법인세율이 15%이다. 이 기계의 현재 시장가치가 1,000만원으로 장부가치보다 작은 경우의 $ATSV$를 추정해보자.

$$ATSV = 1{,}000\text{만원} - (1{,}000\text{만원} - 2{,}000\text{만원}) \times 0.15 = 1{,}150\text{만원}$$

기존자산 처분으로부터 실제로 유입되는 현금은 1,000만원이지만 $ATSV$는 여기에 법인세 절약액 150만원을 추가한 1,150만원이 된다.

한편, A기업의 예에서 이 기계의 현재 시장가치가 3,000만원으로 장부가치보다 큰 경우의 $ATSV$를 추정해보자.

$$ATSV = 3{,}000\text{만원} - (3{,}000\text{만원} - 2{,}000\text{만원}) \times 0.15 = 2{,}850\text{만원}$$

기존자산 처분으로부터 실제로 유입되는 현금은 3,000만원이지만, $ATSV$는 여기에 법인세 추가납부액 150만원을 차감한 2,850만원이 된다.

4.5 투자가치의 평가방법

투자안의 가치를 평가하는 데 사용되는 방법들을 자본예산기법이라 한다. 자본예산기법으로는 회계이익률법(accounting rate of return method), 회수기간법(payback period method), 내부수익률법(internal rate of return method)과 순현가법(net present value method)의 네 가지 방법이 널리 사용되고 있다. 이 중에서 내부수익률법과 순현가법이 가장 많이 이용되고 있다.

(1) 회계이익률법

회계이익률법은 평균이익률법(average rate of return method)이라고도 하는데, 회계이익률은 다음과 같이 정의된다.

$$\text{회계이익률} = \frac{\text{연평균 순이익}}{\text{연평균 투자액}} = \frac{\text{연평균 순이익}}{\text{총투자액} / 2} \quad (6)$$

회계이익률법의 투자의사결정 기준은 다음과 같다. 단일투자안의 경우에는 투자안의 회계이익률이 기업이 미리 설정해 놓은 목표이익률(target accounting rate of return)보다 크면 투자가치가 있는 것으로 평가한다. 상호배타적인 여러 투자안들이 고려되는 경우에는 산출된 회계이익률이 목표이익률보다 큰 투자안 중에서 회계이익률이 가장 큰 투자안을 선택한다. 회계이익률법은 화폐의 시간가치가 무시되고, 현금흐름이 아닌 회계순이익을 기준으로 한다는 점에서 한계를 갖고 있다.

회계이익률법에 의한 투자안의 경제성 평가를 예를 들어 설명해 보기로 하자. 신규 S투자안에 현재 100억원을 시설투자하면 향후 5년간 매년 순이익이 6억원으로 동일할 것으로 예상된다. 시설투자에 대한 감가상각은 정액법으로 하며, 내용연수 말에 잔존가치는 없다. 자본비용이 연 8%이다. 목표 회계이익률은 연 15%이다(단, 투자에 소요되는 자본은 모두 자기자본으로 한다).

투자금액과 투자로부터 얻는 순이익은 다음과 같다.

현재 투자금액과 매년도 순이익	
현재 투자금액	－100억원
1년도	6억원
2년도	6억원
3년도	6억원
4년도	6억원
5년도	6억원

이상의 자료로부터 회계이익률 $= \dfrac{6\text{억원}}{100\text{억원} / 2} = 12\%$이고, 이는 목표 회계이익률 15%보다 낮다. 따라서 S투자안은 경제성이 없다.

(2) 회수기간법

회수기간 또는 자본회수기간이란 투자에 소요되는 자금이 그 투자안의 현금흐름으로부터 회수되는 데 걸리는 연수(年數)를 말한다. 회수기간법은 투자안의 회수기간을 계산하여 이를 기초로 투자안을 평가하는 기법이다. 회수기간법의 투자의사결정 기준은 다음과 같다. 단일투자안의 경우에는 산출된 회수기간이 기업이 미리 설정한 최장의 회수기간(maximum acceptable payback period)보다 짧으면 그 투자안을 채택하고 그렇지 않으면 기각한다.

그리고 상호 배타적인 투자안들의 경우에는 산출된 회수기간이 기업이 미리 설정해 놓은 최장의 회수기간보다 짧은 투자안들 가운데 회수기간이 가장 짧은 투자안을 선택한다. 회수기간법은 회계순이익이 아닌 현금흐름을 이용한다는 점에서 회계이익률법보다는 진일보한 방법이나, 화폐의 시간가치를 무시한다는 점에서 한계를 갖고 있다.

한편, 화폐의 시간가치를 무시한다는 단점을 보완하기 위해서 조정회수기간법이 사용되기도 한다. 조정회수기간은 미래 현금흐름의 현가를 요구수익률인 자본비용, 즉 가중평균자본비용(weighted average cost of capital : $WACC$)으로 할인한 현가 기준으로 투자금액이 회수되는 기간을 의미한다.

회수기간법에 의한 투자안의 경제성 평가를 예를 들어 설명해보기로 하자. 신규 S 투자안에 현재 100억원을 시설투자하면 향후 5년간 매년 순이익이 6억원으로 동일하게 예상된다. 시설투자에 대한 감가상각은 정액법으로 하며, 내용연수 말에 잔존가치는 없다. 자본비용이 연 8%이다. 신규투자안의 목표 회수기간은 3.5년이다(단, 투자에 소요되는 자본은 모두 자기자본으로 한다).

투자에 소요되는 자본은 모두 자기자본으로 하므로 이자비용이 없다. 따라서 $EBIT(1-t)$ = 순이익이 되고 영업현금흐름은 다음과 같이 된다.

$$
\begin{aligned}
\text{매년의 영업현금흐름} &= EBIT(1-t) + Dep \\
&= \text{순이익} + Dep \\
&= 6\text{억원} + 20\text{억원} \\
&= 26\text{억원}
\end{aligned}
$$

$$\text{감가상각비}(Dep) = \frac{100\text{억원}}{5\text{년}} = 20\text{억원}$$

현금흐름표	
현 재	-100억원
1년도	26억원
2년도	26억원
3년도	26억원
4년도	26억원
5년도	26억원

이상의 자료로부터 회수기간 $= 3 + \dfrac{22억원}{26억원} = 3.85$년이고, 이는 목표 회수기간 3.5년보다 길다. 따라서 S투자안은 경제성이 없다.

이 투자안을 조정회수기간 기준으로 평가하면 다음과 같다.

1년도 현금흐름의 현가 $= 26억원/(1+0.08)^1 = 24.07억원$
2년도 현금흐름의 현가 $= 26억원/(1+0.08)^2 = 22.29억원$
3년도 현금흐름의 현가 $= 26억원/(1+0.08)^3 = 20.64억원$
4년도 현금흐름의 현가 $= 26억원/(1+0.08)^4 = 19.11억원$
5년도 현금흐름의 현가 $= 26억원/(1+0.08)^5 = 17.70억원$

이상의 자료로부터 조정회수기간 $= 4 + \dfrac{13.89억원}{17.70억원} = 4.78$년 이고, 이는 목표 회수기간 3.5년보다 길다. 따라서 S투자안은 경제성이 없다.

(3) 내부수익률법

내부수익률(internal rate of return : *IRR*)이란 투자로부터 기대되는 미래 현금흐름의 현가와 현재 투자지출액을 같게 하는 할인율이다. 현재 투자금액이 I이고 매년 C_1, C_2, ⋯, C_n의 현금흐름이 있는 경우 *IRR*은 식 (7)을 만족시키는 r이다. *IRR*은 투자안의 내부수익률이며 동시에 평균투자수익률이다. 그리고 *IRR*은 *NPV*가 영(0)이 되는 할인율이다.

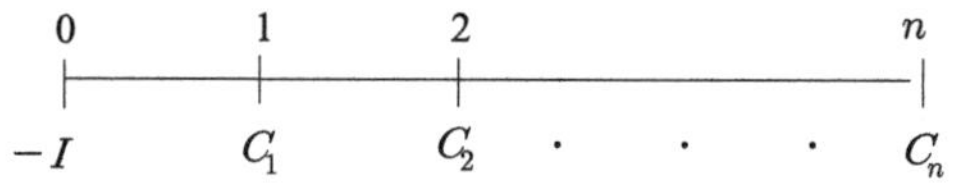

$$I = \frac{C_1}{(1+r)^1} + \frac{C_2}{(1+r)^2} + \cdots + \frac{C_n}{(1+r)^n} = \sum_{t=1}^{n} \frac{C_t}{(1+r)^t} \quad (7)$$

I: 현재 투자지출액 C_t : 매기 현금흐름 r : 내부수익률(*IRR*)

내부수익률법(IRR법)의 투자의사결정 기준은 다음과 같다. 단일투자안의 경우에는 투자안의 IRR이 자본비용(cost of capital), 즉 가중평균자본비용($WACC$)보다 크면 그 투자안을 채택하고 그렇지 않으면 기각한다. 그리고 상호배타적인 복수의 투자안들의 경우에는 투자안의 IRR이 자본비용보다 큰 투자안 중에서 IRR이 가장 큰 투자안을 선택한다.

자본비용이란 이론적으로 기업가치를 하락시키지 않기 위하여 새로운 투자로부터 벌어들여야 할 최소한의 수익률로서 정의되며 가중평균자본비용을 의미한다.[1] 따라서 어떤 투자안의 수익률을 나타내는 IRR이 자본비용보다 크다는 것은 이 투자안이 기업가치를 증가시키는 투자안이 된다는 것을 의미한다.

내부수익률법에 의한 투자안의 경제성 평가를 예를 들어 설명해보기로 하자. 신규 S 투자안에 현재 100억원을 시설투자하면 향후 5년간 매년 순이익이 6억원으로 동일하게 예상된다. 시설투자에 대한 감가상각은 정액법으로 하며, 내용연수 말에 잔존가치는 없다. 자본비용이 연 8%이다(단, 투자에 소요되는 자본은 모두 자기자본으로 한다).

투자안의 영업현금흐름은 앞에서와 동일하다.

현금흐름표	
현 재	-100억원
1년도	26억원
2년도	26억원
3년도	26억원
4년도	26억원
5년도	26억원

내부수익률은 다음을 만족시키는 r이다.

$$100\text{억원} = \frac{26\text{억원}}{(1+r)^1} + \frac{26\text{억원}}{(1+r)^2} + \frac{26\text{억원}}{(1+r)^3} + \frac{26\text{억원}}{(1+r)^4} + \frac{26\text{억원}}{(1+r)^5}$$

이상의 자료로부터 $r = IRR = 9.43\%$이고, 이는 자본비용 8%보다 높다. 따라서 S투자안은 경제성이 있다.

1) 자세한 내용은 제7장 자본비용에서 설명할 것임.

(4) 순현가법

순현가 또는 순현재가치(net present value : *NPV*)란 투자로부터 기대되는 미래의 현금흐름을 자본비용(가중평균자본비용)으로 할인한 현가에서 현재 투자지출액을 차감한 값이다. 다시 말해서 *NPV*는 기업가치의 증가분을 의미한다. 현재 투자지출액이 I이고 매기 현금흐름이 C_1, C_2, ⋯, C_n인 경우 *NPV*는 다음과 같다.

$$NPV = \sum_{t=1}^{n} \frac{C_t}{(1+k)^t} - I \tag{8}$$

I : 현재 투자지출액
C_t : 매기 현금흐름
k : 가중평균자본비용(*WACC*)

순현가법(*NPV*법)의 투자의사결정 기준은 다음과 같다. 단일투자안의 경우 투자안의 *NPV*가 0보다 크면 그 투자안을 채택하고 0보다 작으면 기각한다. 그리고 상호배타적인 여러 투자안들의 경우에는 *NPV*값이 0보다 큰 투자안 중에서 *NPV*가 가장 큰 투자안을 선택한다. 이는 *NPV*가 0보다 큰 투자안을 채택하면 기업가치가 *NPV* 만큼 증가한다는 데 이론적 근거를 둔 것이다.

순현가법에 의한 투자안의 경제성 평가를 예를 들어 설명해보기로 하자. 신규 S투자안에 현재 100억원을 시설투자하면 향후 5년간 매년 순이익이 6억원으로 동일하게 예상된다. 시설투자에 대한 감가상각은 정액법으로 하며, 내용연수 말에 잔존가치는 없다. 자본비용이 연 8%이다(단, 투자에 소요되는 자본은 모두 자기자본으로 한다).

투자안의 영업현금흐름은 앞에서와 동일하다.

현금흐름표	
현 재	-100억원
1년도	26억원
2년도	26억원
3년도	26억원
4년도	26억원
5년도	26억원

이상의 자료로부터,

$$NPV = \frac{26억원}{(1+0.08)^1} + \frac{26억원}{(1+0.08)^2} + \frac{26억원}{(1+0.08)^3} + \frac{26억원}{(1+0.08)^4} + \frac{26억원}{(1+0.08)^5} - 100억원$$
$$= 3.81억원$$

NPV는 3.81억원이고, 이는 0보다 크다. 따라서 S투자안은 $NPV > 0$이므로, 경제성이 있다.

4.6 수익성지수법

수익성지수(profitability index : PI)는 현금유입의 현가(PV)를 현금유출의 현가(PV)로 나누어 구한다.

$$수익성지수 = \frac{PV(현금유입)}{PV(현금유출)} = \frac{투자안의\ 가치}{투자금액} = \frac{\sum_{t=1}^{n} \frac{C_t}{(1+WACC)^t}}{I} \quad (9)$$

수익성지수는 현금유입의 현가(투자안의 가치)를 현금유출의 현가(투자금액)으로 나눈 비율로서, 자본의 효율적 이용도를 평가하는 지표이다. PI가 1.2라는 것은 현재가치 기준으로 1원 투자 당 1.2원의 현금이 유입됨을 의미한다. 직관적으로, 수익성지수는 앞에서 설명한 순현가와 내부수익률과 밀접한 관계를 갖는다는 것을 알 수 있다. 즉, 자본비용이 내부수익률과 같으면 순현가는 0이 되고 수익성지수는 1이 된다.

수익성지수법(PI법)의 투자의사결정 기준은 다음과 같다. 독립적인 투자안의 경우에는 수익성지수가 1보다 크면 투자안이 채택되고, 그렇지 않으면 기각된다. 그리고 상호배타적인 투자안의 경우에는 수익성지수가 1보다 큰 투자안 중에서 수익성지수가 가장 큰 투자안이 채택된다.

수익성지수법에 의한 투자안의 경제성 평가를 예를 들어 설명해 보기로 하자. 신규S투자안에 현재 100억원을 시설투자하면 향후 5년간 매년 순이익이 6억원으로 동일하게 예상된다. 시설투자에 대한 감가상각은 정액법으로 하며, 내용연수 말에 잔존가치는 없다. 자본비용이 연 8%이다(단, 투자에 소요되는 자본은 모두 자기자본으로 한다).

투자안의 영업현금흐름은 앞에서와 동일하다.

현금흐름표	
현 재	-100억원
1년도	26억원
2년도	26억원
3년도	26억원
4년도	26억원
5년도	26억원

$$
\begin{aligned}
PV(\text{현금유입}) &= \text{투자안의 가치} \\
&= \frac{26\text{억원}}{(1+0.08)^1} + \frac{26\text{억원}}{(1+0.08)^2} + \frac{26\text{억원}}{(1+0.08)^3} + \frac{26\text{억원}}{(1+0.08)^4} + \frac{26\text{억원}}{(1+0.08)^5} \\
&= 103.81\text{억원}
\end{aligned}
$$

$$PV(\text{현금유출}) = \text{투자금액} = 100\text{억원}$$

이상의 자료로부터 $PI = \frac{103.81\text{억원}}{100\text{억원}} = 1.0381$이고, 이는 1보다 크다. 따라서 S투자안은 경제성이 있다.

수익성지수법은 순현가법과 밀접하게 연관되어 있으며 이해하기 쉽다는 장점을 갖는다. 특히 수익성지수법은 자본조달에 한계가 있는 경우 매우 유용한 평가기법이다. 그러나 내부수익률법과 마찬가지로 상호배타적인 투자안의 경우 규모문제가 존재한다.

[표 2]에 제시된 G, H 두 투자안의 현금흐름을 이용하여 규모문제를 설명해 보자.

[표 2] 수익성지수법의 규모문제 예시

투자안	PV(현금유입)	PV(현금유출)	NPV	PI
G	1,200	800	400	1.50
H	2,000	1,400	600	1.43

두 투자안의 순현가가 0보다 크고 PI가 1보다 크므로, 순현가법이나 수익성지수법 중 어떤 기준법을 적용하든 두 투자안은 좋은 투자안으로 평가된다. 그러나 두 투자안이 상호배타적인 경우, 순현가법을 적용하면 H투자안이 채택되지만 수익성지수법을 적용하면 G투자안이 채택된다. 자본조달의 한계가 없다면 옳은 결정은 H투자안을 채

택하는 것이다.

만일 조달할 수 있는 자본에 제한이 있어 자본배분 또는 자본할당이 불가피하면 기업은 순현가가 양수(+)라고 해서 모든 투자안을 채택할 수는 없다. 따라서 자본할당이 필요한 경우에는 투자규모를 감안해서 투자의 질을 평가하는 수익성지수법을 이용하는 것이 바람직하다.

기업이 최대한 조달할 수 있는 금액이 20억원이라고 하자. [표 3]에서와 같이, 먼저 수익성지수(PI)에 근거하여 투자안의 순위를 정하고 그 순위를 기준으로 하되 20억원의 범위 내에서 투자안을 채택한다. 본 예에서 T투자안, S투자안, U투자안을 차례로 채택하여 20억원을 모두 투자하면 순현가는 7억원으로 극대화된다.

[표 3] 자본할당이 존재하는 경우의 투자안 채택

(단위 : 억원)

투자안	투자금액	PV(현금유입)	순현가	수익성지수	순위(PI 기준)
R	20	26	6	1.30	3
S	5	7	2	1.40	2
T	7	10	3	1.43	1
U	8	10	2	1.25	4

정리문제

01 투자안의 연도별 순이익이 각각 다음과 같다.

1년도 : 3억원,	2년도 : 2억원	3년도 : 2억원,
4년도 : 1억원,	5년도 : 5억원	

(1) 현재 투자금액이 15억원일 때 회계이익률(AAR)을 구하라.

(2) AAR법의 단점을 설명하라.

02 (주)백두대간은 다음과 같은 설비투자를 고려하고 있다. 설비투자에는 투자원년 시설투자가 140억원과 설치비용으로 10억원이 소요되며 이 투자의 내용연수는 3년이고 3년후의 잔존가치는 30억원이다. 이 투자를 수행하면 3년 동안 매년 90억원의 매출이 예상되며, 매출액의 40%는 현금영업비용(감가상각비 제외)으로 지출된다. 그리고 영업활동과 관련하여 (주)백두대간의 추가운전자본은 1년 후에 3억원, 2년 후에 5억원이 될 것으로 예상된다. 감가상각은 정액법을 사용하며 법인세율은 20%이고 자본비용은 연 10%이다.

(1) 추가운전자본을 제외한 현금흐름을 추정하라.
  ① 기초현금흐름
  ② 매년 영업현금흐름
  ③ 3년도 현금흐름

(2) 추가운전자본을 고려한 현금흐름표를 작성하라.

(3) 투자안의 NPV를 평가하라.

03 서울기업은 5년 전 내용연수 10년인 절삭기를 5,000만원에 구입하여 현재 가동 중이다. 앞으로 5년 후에 이 절삭기의 잔존가치는 없으며 지금 처분하면 2,000만원을 받을 수 있다. 서울기업은 새 기계로 대체할 것을 고려하고 있는데 새 기계 구입비용은 10,000만원이 소요되며 내용연수는 5년이다. 5년후 잔존가치는 4,000만원이다. 새 절삭기를 구입하면 매년 매출액이 8,000만원에서 10,000만원으로 증가하고 매년 현금영업비용이 3,000만원에서 2,500만원으로 줄어들 것으로 예상된다. 두 기계에 대한 감가상각은 정액법을 사용한다. 법인세율은 20%이다.

(1) 다음의 현금흐름을 추정하라.
  ① 기초현금흐름
  ② 매년 영업현금흐름
  ③ 5년도 현금흐름

(2) 연도별 현금흐름표를 작성하라.

04 속리산기업은 10년 전 10,000만원을 들여 설치한 기존시설(내용연수 15년, 잔존가치 1,000만원)을 30,000만원이 소요되는 새로운 설비로 대체할 것을 고려하고 있다. 속리산기업이 이 대체투자에 투자하면 매년 매출액이 3,000만원에서 8,000만원으로 증가하고, 매년 현금영업비용은 1,000만원에서 2,000만원으로 증가할 것으로 예상된다. 새로운 설비의 내용연수는 10년이고 10년 후 잔존가치는 없다. 기존시설은 현재 처분하면 3,000만원을 받을 수 있다. 또한 속리산기업은 설비대체에 따라 1년 후 1,000만원의 운전자본이 추가로 필요하다. 국가에서는 신규시설에 대한 투자를 장려하기 위하여 10,000만원 이상의 투자에는 1,000만원의 투자세액공제를 시행하고 있다. 속리산기업에 적용되는 법인세율은 40%이다. 감가상각은 정액법으로 하고, 가중평균자본비용은 연 10%이다.

(1) 설비투자로부터 기대되는 현금흐름을 추정하라.
  ① 기초현금흐름
  ② 매년 영업현금흐름의 증분
  ③ 추가운전자본
  ④ 기말현금흐름
  ⑤ 연도별 현금흐름표를 작성하라.

(2) 투자안의 순현가(NPV)는 얼마인가?

(3) 투자안의 내부수익률(IRR)은 얼마인가?

05 통일기업은 설비자산 투자를 위하여 200억원의 현금을 현재 지출하고자 한다. 설비투자의 효과는 향후 5년간 지속되며, 5년 후 설비자산의 잔존가치는 없고, 감가상각은 정액법에 의한다. 그리고 설비투자로부터 5년간 매년 얻게 될 영업성과는 아래 표와 같고, 법인세율은 20%이다. 가동시점에서 재고자산이 10억원 증가하고, 1년도에 매출채권이 2억원 증가한다. 추가운전자본은 5년도에 진액 회수한다. 추가적인 자본적 지출은 없는 것으로 한다. 통일기업의 현금흐름을 추정하라. 자본비용은 연 10%이다.

추정 손익계산서

(단위 : 억원)

매출액(S)	800
현금영업비용(C)	722.5
감가상각비(Dep)	40
영업이익($EBIT$)	37.5
법인세(T)	7.5
당기순이익(NI)	30

(1) 설비투자로부터 기대되는 현금흐름을 추정하라.
   ① 기초현금흐름
   ② 1년 ~ 5년의 매년 영업현금흐름
   ③ 1년 ~ 5년 중 추가운전자본
   ④ 기말현금흐름
   ⑤ 투자안의 연도별 현금흐름표를 작성하라.

(2) 투자안의 회수기간은 얼마인가? 조정회수기간은 얼마인가?

(3) 투자안을 NPV법으로 평가하고 투자안의 가치를 추정하라.

(4) 투자안의 IRR을 구하는 방정식과 IRR이 자본비용보다 큰 이유를 설명하라.

(5) 투자안의 수익성지수(PI)를 추정하라.

06 **신형장치의 구입에는 $450,000의 비용이 들며, 이 장치에 대한 감가상각은 이 장치의 수명인 4년에 걸쳐 정액법으로 이루어진다. 그리고 신형장치의 4년 후 장부상의 잔존가치는 0이 된다. 그러나 4년 후에 이 장치는 철거비용을 빼고 나서도 $250,000의 가치를 가질 것으로 예상된다. 신형장치는 구형장치와 비교해서 세금 전 기준으로 연간 $125,000의 현금영업비용을 절약할 것으로 기대된다. 법인세율은 34%이고 요구수익률은 연 10%이다.**

(1) 현금흐름을 추정하라.
   ① 기초현금흐름
   ② 1년 ~ 4년간 매년 영업현금흐름의 증분
   ③ 기말현금흐름
   ④ 투자안의 연도별 현금흐름표를 작성하라.

(2) 이 투자안의 가치는 얼마인가?

(3) 투자안을 NPV법으로 평가하고 그 의미를 설명하라.

(4) 투자안을 IRR법으로 평가하고 그 의미를 설명하라.

(5) 투자안을 PI법으로 평가하고 그 의미를 설명하라.

07 다음과 같은 2개의 상호배타적인 투자안이 있다. 적정 할인율은 연 13%이다.

연 도	A투자안	B투자안
0	−200,000	−13,000
1	15,000	9,000
2	30,000	3,000
3	35,000	2,000
4	400,000	1,000

(1) 회수기간법을 적용하면 어떤 투자안이 더 경제성이 있는가?

(2) 순현가법을 적용하면 어떤 투자안이 더 경제성이 있는가?

(3) 수익성지수법을 적용하면 어떤 투자안이 더 경제성이 있는가?

(4) 각 투자안의 IRR을 구하는 방정식을 구축하고 각 투자안의 IRR이 자본비용보다 크겠는가를 논리적으로 설명하라.

정리문제에 대한 해설

01 **투자안의 연도별 순이익이 각각 다음과 같다.**

1년도 : 3억원, 2년도 : 2억원, 3년도 : 2억원,
4년도 : 1억원, 5년도 : 5억원

(1) 현재 투자금액이 15억원일 때 회계이익률(AAR)을 구하라.

해설 회계이익률(AAR)은 다음과 같다.

$$AAR = \frac{\dfrac{3억원 + 2억원 + 2억원 + 1억원 + 5억원}{5}}{\dfrac{15억원}{2}} = 34.67\%이다.$$

(2) AAR법의 단점을 설명하라.

해설 AAR법의 단점은 현금흐름을 고려하지 않고 회계상의 순이익을 이용한다는 점, 화폐의 시간가치를 무시한다는 점, 그리고 목표이익률 설정이 자의적인 점 등이 지적된다.

02 **(주)백두대간은 다음과 같은 설비투자를 고려하고 있다. 설비투자에는 투자원년 시설투자가 140억원과 설치비용으로 10억원이 소요되며 이 투자의 내용연수는 3년이고 3년후의 잔존가치는 30억원이다. 이 투자를 수행하면 3년 동안 매년 90억원의 매출이 예상되며, 매출액의 40%는 현금영업비용(감가상각비 제외)으로 지출된다. 그리고 영업활동과 관련하여 (주)백두대간의 추가운전자본은 1년 후에 3억원, 2년 후에 5억원이 될 것으로 예상된다. 감가상각은 정액법을 사용하며 법인세율은 20%이고 자본비용은 연 10%이다.**

(1) 추가운전자본을 제외한 현금흐름을 추정하라.

해설 ① 기초현금흐름

$$\begin{aligned} 기초현금흐름 &= 신규투자액 + 설치비용 \\ &= -140억원 + (-10억원) \\ &= -150억원 \end{aligned}$$

② 매년 영업현금흐름

$$\begin{aligned} 영업현금흐름 &= EBIT(1-t) + Dep \\ &= [90억원 - 36억원 - 40억원](1-0.2) + 40억원 \\ &= 51.2억원 \end{aligned}$$

매출액 = 90억원

현금영업비용 = 90억원 × 40% = 36억원

감가상각비(Dep) = (150억원 − 30억원) / 3년 = 40억원

③ 3년도 현금흐름

3년도 현금흐름 = 영업현금흐름 + 잔존가치
= 51.2억원 + 30억원 = 81.2억원

영업현금흐름 = 51.2억원

잔존가치 = 30억원

(2) 추가운전자본을 고려한 현금흐름표를 작성하라.

해설 현금흐름표

(단위 : 억원)

연 도	0년도	1년도	2년도	3년도
운전자본 제외 현금흐름	−150	51.2	51.2	81.2
추 가 운 전 자 본		−3	−5	8
현 금 흐 름	−150	48.2	46.2	89.2

(3) 두자안의 NPV를 평가하라.

해설
$$NPV = \frac{48.2억원}{(1+0.1)^1} + \frac{46.2억원}{(1+0.1)^2} + \frac{89.2억원}{(1+0.1)^3} - 150억원$$
$$= -0.98억원$$

따라서 이 투자안은 경제성이 없다.

03 서울기업은 5년 전 내용연수 10년인 절삭기를 5,000만원에 구입하여 현재 가동 중이다. 앞으로 5년 후에 이 절삭기의 잔존가치는 없으며 지금 처분하면 2,000만원을 받을 수 있다. 서울기업은 새 기계로 대체할 것을 고려하고 있는데 새 기계 구입비용은 10,000만원이 소요되며 내용연수는 5년이다. 5년후 잔존가치는 4,000만원이다. 새 절삭기를 구입하면 매년 매출액이 8,000만원에서 10,000만원으로 증가하고 매년 현금영업비용이 3,000만원에서 2,500만원으로 줄어들 것으로 예상된다. 두 기계에 대한 감가상각은 정액법을 사용한다. 법인세율은 20%이다.

(1) 다음의 현금흐름을 추정하라.

해설 ① 기초현금흐름

신규투자액 = 10,000만원

기존자산 처분 현금흐름($ATSV$) = 2,000만원 − (2,000만원 − 2,500만원) × 0.2
= 2,100만원

* 기존자산 장부가치 : 5,000만원 − 5 × [5,000만원 / 10] = 2,500만원

기초현금흐름 = −10,000만원 + 2,100만원 = −7,900만원

② 매년 영업현금흐름

$\Delta OCF = (\Delta S - \Delta C)(1 - t) + \Delta Dep \times t$
$= \Delta EBIT(1 - t) + \Delta Dep$
= [2,000만원 − (−500만원) − 700만원](1 − 0.2) + 700만원
= 2,140만원

Dep(기존시설) = (5,000만원 − 0)/10 = 500만원

Dep(신시설) = (10,000만원 − 4,000만원) / 5 = 1,200만원

ΔDep = 1,200만원 − 500만원 = 700만원

③ 5년도 현금흐름

시설 처분가치 = 4,000만원

5년도 현금흐름 = OCF + 신시설 처분가치 = 2,140만원 + 4,000만원
= 6,140만원

(2) 연도별 현금흐름표를 작성하라.

해설 연도별 현금흐름표

(단위 : 만원)

연 도	0년도	1년도	2년도	3년도	4년도	5년도
현금흐름	−7,900	2,140	2,140	2,140	2,140	6,140

04 속리산기업은 10년 전 10,000만원을 들여 설치한 기존시설(내용연수 15년, 잔존가치 1,000만원)을 30,000만원이 소요되는 새로운 설비로 대체할 것을 고려하고 있다. 속리산기업이 이 대체투자에 투자하면 매년 매출액이 3,000만원에서 8,000만원으로 증가하고, 매년 현금영업비용은 1,000만원에서 2,000만원으로 증가할 것으로 예상된다. 새로운 설비의 내용연수는 10년이고 10년 후 잔존가치는 없다. 기존시설은 현재 처분하면 3,000만원을 받을 수 있다. 또한 속리산기업은 설비대체에 따라 1년 후 1,000만원의 운전자본이 추가로 필요하다. 국가에서는 신규시설에 대한 투자를 장려하기 위하여 10,000만원 이상의 투자에는 1,000만원의 투자세액공제를 시행하고 있다. 속리산기업에 적용되는 법인세율은 40%이다. 감가상각은 정액법으로 하고, 가중평균자본비용은 연 10%이다.

(1) 설비투자로부터 기대되는 현금흐름을 추정하라.

해설 ① 기초현금흐름

대체투자액 = −30,000만원

기존자산 처분 현금흐름($ATSV$) = $MV-(MV-BV)\times t$
= 3,000만원 − (3,000만원 − 4,000만원) × 0.4
= 3,400만원

장부가치(BV) = 10,000만원 − [(10,000만원 − 1,000만원) / 15] × 10
= 4,000만원

투자세액공제 : 1,000만원

기초현금흐름 = −30,000만원 + 3,400만원 + 1,000만원 = −25,600만원

② 매년 영업현금흐름의 증분

1년 ~ 5년 :

매년 $\Delta OCF = \Delta EBIT(1-t)+\Delta Dep$
= [(8,000만원 − 3,000만원) − (2,000만원 − 1,000만원) − (3,000만원 − 600만원)] × (1 − 0.4) + (3,000만원 − 600만원)
= 3,360만원

Dep(기존시설) = (10,000만원 − 1,000만원) / 15 = 600만원

Dep(신시설) = (30,000만원 − 0) / 10 = 3,000만원

ΔDep = 3,000만원 − 600만원 = 2,400만원

6년 ~ 10년 :

매년 $\Delta OCF = \Delta EBIT(1-t)+\Delta Dep$
= [8,000만원 − 2,000만원 − 3,000만원](1 − 0.4) + 3,000만원
= 4,800만원

③ 추가운전자본

운전자본 증가(1년 후 발생) : −1,000만원

④ 기말현금흐름

운전자본 회수액 : 1,000만원

영업현금흐름증분 : 4,800만원

기말현금흐름 = 1,000만원 + 4,800만원 = 5,800만원

⑥ 연도별 현금흐름표를 작성하라.

현금흐름표

(단위 : 만원)

구 분	0	1년	2년	3년	4년	5년	6년	7년	8년	9년	10년
자본적지출	−30,000										
자산처분	3,400					−1,000*					
투자세액공제	1,000										
추가운전자본		−1,000									1,000
영업현금흐름증분		3,360	3,360	3,360	3,360	3,360	4,800	4,800	4,800	4,800	4,800
현금흐름	−25,600	2,360	3,360	3,360	3,360	2,360	4,800	4,800	4,800	4,800	5,800

* 기존자산 계속 사용시 얻을 수 있는 처분 현금흐름이므로 대체투자의 증분현금흐름에는 차감한다.

(2) 투자안의 순현가(NPV)는 얼마인가?

해설

$$NPV = \frac{2,360}{1.1^1} + \frac{3,360}{1.1^2} + \frac{3,360}{1.1^3} + \frac{3,360}{1.1^4} + \frac{2,360}{1.1^5} + \frac{4,800}{1.1^6} + \frac{4,800}{1.1^7} + \frac{4,800}{1.1^8} + \frac{4,800}{1.1^9} + \frac{5,800}{1.1^{10}} - 25,600$$

$= -2,709.28$만원 < 0

순현가(NPV)가 음수가 나왔으므로 이 투자안은 경제성이 없다. 즉, 투자자가 요구하는 요구수익률(10%)을 달성하지 못한다.

(3) 투자안의 내부수익률(IRR)은 얼마인가?

해설 IRR은 다음식을 만족시키는 r이다.

$$\frac{2,360}{(1+r)^1} + \frac{3,360}{(1+r)^2} + \frac{3,360}{(1+r)^3} + \frac{3,360}{(1+r)^4} + \frac{2,360}{(1+r)^5} + \frac{4,800}{(1+r)^6} + \frac{4,800}{(1+r)^7} + \frac{4,800}{(1+r)^8} + \frac{4,800}{(1+r)^9} + \frac{5,800}{(1+r)^{10}} = 25,600$$

∴ 내부수익률(IRR) $= r = 7.8\%$

실제 투자자가 시장에서 이 투자안에 투자하여 달성할 수 있는 수익률은 7.8%이다. 투자자가 요구하는 수익률(10%)보다 낮으므로 이 투자안은 경제성이 없다.

05 통일기업은 설비자산 투자를 위하여 200억원의 현금을 현재 지출하고자 한다. 설비투자의 효과는 향후 5년간 지속되며, 5년 후 설비자산의 잔존가치는 없고, 감가상각은 정액법에 의한다. 그리고 설비투자로부터 5년간 매년 얻게 될 영업성과는 아래 표와 같고, 법인세율은 20%이다. 가동시점에서 재고자산이 10억원 증가하고, 1년도에 매출채권이 2억원 증가한다. 추가운전자본은 5년도에 전액 회수한다. 추가적인 자본적 지출은 없는 것으로 한다. 통일기업의 현금흐름을 추정하라. 자본비용은 연 10%이다.

추정 손익계산서

(단위 : 억원)

매출액(S)	800
현금영업비용(C)	722.5
감가상각비(Dep)	40
영업이익($EBIT$)	37.5
법인세(T)	7.5
당기순이익(NI)	30

(1) 설비투자로부터 기대되는 현금흐름을 추정하라.

해설 ① 기초현금흐름

신규투자액 = −200억원

추가운전자본 = −10억원

기초현금흐름 = −200억원 − 10억원 = −210억원

② 1년 ~ 5년의 매년 영업현금흐름

$$OCF = EBIT(1 - t) + Dep$$
$$= 37.5억원(1 - 0.2) + 40억원 = 70억원$$

$$Dep = \frac{200억원}{5} = 40억원$$

③ 1년 ~ 5년 중 추가운전자본

1년도 : −2억원

④ 기말현금흐름

운전자본회수액 = 12억원

영업현금흐름 = 70억원

기말현금흐름 = 12억원 + 70억원 − 82억원

⑤ 투자안의 연도별 현금흐름표를 작성하라.

현금흐름표

(단위 : 억원)

구 분	0년도	1년도	2년도	3년도	4년도	5년도
자본적 지출	−200					
추가운전자본	−10	−2				12
영업현금흐름		70	70	70	70	70
현 금 흐 름	−210	68	70	70	70	82

(2) 투자안의 회수기간은 얼마인가? 조정회수기간은 얼마인가?

해설 회수기간 $= 3 + \dfrac{200 - 208}{70} = 3.03$년

조정회수기간을 구하기 위해서는 미래 현금흐름의 현가(할인율 = 자본비용)를 구해야 한다.

1년도 현금흐름의 현가 $= \dfrac{68\text{억원}}{(1+0.1)^1} = 61.82$억원

2년도 현금흐름의 현가 $= \dfrac{70\text{억원}}{(1+0.1)^2} = 57.85$억원

3년도 현금흐름의 현가 $= \dfrac{70\text{억원}}{(1+0.1)^3} = 52.59$억원

4년도 현금흐름의 현가 $= \dfrac{70\text{억원}}{(1+0.1)^4} = 47.81$억원

$\therefore$ 조정회수기간 $= 3 + \dfrac{210 - 172.26}{47.81} = 3.79$년

(3) 투자안을 NPV법으로 평가하고 투자안의 가치를 추정하라.

해설

$$NPV = \frac{68\text{억원}}{(1+0.1)^1} + \frac{70\text{억원}}{(1+0.1)^2} + \frac{70\text{억원}}{(1+0.1)^3} + \frac{70\text{억원}}{(1+0.1)^4} + \frac{82\text{억원}}{(1+0.1)^5} - 210\text{억원}$$
$$= 60.99\text{억원} > 0$$

$NPV > 0$이므로 경제성이 있다. 이 투자안의 가치는 270.99억원이다.

(4) 투자안의 IRR을 구하는 방정식과 IRR이 자본비용보다 큰 이유를 설명하라.

해설 IRR은 다음 식을 만족시키는 r이다.

$$\frac{68\text{억원}}{(1+r)^1} + \frac{70\text{억원}}{(1+r)^2} + \frac{70\text{억원}}{(1+r)^3} + \frac{70\text{억원}}{(1+r)^4} + \frac{82\text{억원}}{(1+r)^5} = 210\text{억원}$$

이 투자안에 270.99억원을 투자하면 수익률은 자본비용과 동일한 10%이다. 그런데 210억원에 투자할 수 있는 기회가 있으므로 투자수익률, 즉 IRR은 10%보다 크게 된다.

(5) 투자안의 수익성지수(PI)를 추정하라.

해설

$$PI = \frac{PV(\text{현금유입})}{PV(\text{현금유출})} = \frac{270.99\text{억원}}{210\text{억원}} = 1.29 > 1$$

$PI > 1$이므로 경제성이 있다.

06 신형장치의 구입에는 $450,000의 비용이 들며, 이 장치에 대한 감가상각은 이 장치의 수명인 4년에 걸쳐 정액법으로 이루어진다. 그리고 신형장치의 4년 후 장부상의 잔존가치는 0이 된다. 그러나 4년 후에 이 장치는 철거비용을 빼고 나서도 $250,000의 가치를 가질 것으로 예상된다. 신형장치는 구형장치와 비교해서 세금 전 기준으로 연간 $125,000의 현금영업비용을 절약할 것으로 기대된다. 법인세율은 34%이고 요구수익률은 연 10%이다.

(1) 현금흐름을 추정하라.

해설 ① 기초현금흐름

자본적 지출 = $450,000

기초현금흐름 = −$450,000

② 1년 ~ 4년간 매년 영업현금흐름의 증분

$$\Delta OCF = \Delta EBIT(1 - t) + \Delta Dep$$
$$= [0 - (-\$125{,}000) - \$112{,}500](1 - 0.34) + \$112{,}500$$
$$= \$120{,}750$$

$$\Delta Dep = \frac{\$450{,}000}{4} = \$112{,}500$$

③ 기말현금흐름

$$\Delta TSV = MV - (MV - BV) \times t$$
$$= \$250{,}000 - (\$250{,}000 - 0) \times 0.34$$
$$= \$165{,}000$$

영업현금흐름증분 = $120,750

기말현금흐름 = $165,000 + $120,750 = $285,750

④ 투자안의 연도별 현금흐름표를 작성하라.

연도별 현금흐름표

(단위 : $)

구 분	0	1년	2년	3년	4년
자본적 지출	−450,000				
자 산 처 분					165,000
영업현금흐름		120,750	120,750	120,750	120,750
현 금 흐 름	−450,000	120,750	120,750	120,750	285,750

(2) 이 투자안이 가치는 얼마인가?

해설 투자안의 가치 $= \frac{\$120,750}{(1+0.1)^1} + \frac{\$120,750}{(1+0.1)^2} + \frac{\$120,750}{(1+0.1)^3} + \frac{\$285,750}{(1+0.1)^4}$
$= \$495,458$

(3) 투자안을 *NPV*법으로 평가하고 그 의미를 설명하라.

해설 $NPV = \frac{\$120,750}{(1+0.1)^1} + \frac{\$120,750}{(1+0.1)^2} + \frac{\$120,750}{(1+0.1)^3} + \frac{\$285,750}{(1+0.1)^4} - \$450,000$
$= \$45,458 > 0$

투자안의 $NPV > 0$이므로 경제성이 있다. 즉, 투자안의 가치는 \$495,458인데 \$450,000에 투자할 수 있으므로, 이 투자를 실행에 옮기면 현재가치 기준으로 \$45,458의 가치증가를 기대할 수 있다.

(4) 투자안을 *IRR*법으로 평가하고 그 의미를 설명하라.

해설 *IRR*은 다음 식을 만족시키는 r이다.

$$\frac{\$120,750}{(1+r)^1} + \frac{\$120,750}{(1+r)^2} + \frac{\$120,750}{(1+r)^3} + \frac{\$285,750}{(1+r)^4} = \$450,000$$

$\therefore\ r = IRR = 13.96\%$이다.

$IRR >$ 자본비용이므로 경제성이 있다. 즉, 투자안으로부터 기대되는 평균 투자수익률인 *IRR* 13.96%는 최소요구수익률 10%보다 높으므로 경제성이 있다.

(5) 투자안을 *PI*법으로 평가하고 그 의미를 설명하라.

해설 $PI = \frac{PV(\text{현금유입})}{PV(\text{현금유출})} = \frac{\$495,458}{\$450,000} = 1.1 > 1$

$PI > 1$이므로 경제성이 있다. 즉, 이 투자안의 현금유입의 현가가 현금유출의 현가보다 크므로 경제성이 있다.

07 다음과 같은 2개의 상호배타적인 투자안이 있다. 적정 할인율은 연 13%이다.

(단위 : 억원)

연 도	A투자안	B투자안
0	−200,000	−13,000
1	15,000	9,000
2	30,000	3,000
3	35,000	2,000
4	400,000	1,000

(1) 회수기간법을 적용하면 어떤 투자안이 더 경제성이 있는가?

해설 A투자안의 회수기간 $= 3 + \dfrac{120,000}{400,000} = 3 + 0.3 = 3.3$년

B투자안의 회수기간 $= 2 + \dfrac{1,000}{2,000} = 2 + 0.5 = 2.5$년

∴ 더 빨리 회수할 수 있는 B투자안의 경제성이 더 있다.

(2) 순현가법을 적용하면 어떤 투자안이 더 경제성이 있는가?

해설 $$NPV_A = \frac{15,000}{1.13} + \frac{30,000}{1.13^2} + \frac{35,000}{1.13^3} + \frac{400,000}{1.13^4} - 200,000 = 106,353 > 0$$

$$NPV_B = \frac{9,000}{1.13} + \frac{3,000}{1.13^2} + \frac{2,000}{1.13^3} + \frac{1,000}{1.13^4} - 13,000 = -687 < 0$$

∴ 순현가가 높은 A투자안을 선택한다.

(3) 수익성지수법을 적용하면 어떤 투자안이 더 경제성이 있는가?

해설 수익성지수 $PI = \dfrac{PV(\text{현금유입})}{PV(\text{현금유출})}$

$$PI_A = \frac{306,353}{200,000} = 1.53 > 1$$

$$PI_B = \frac{12,313}{13,000} = 0.95 < 1$$

∴ 수익성 지수가 높은 A투자안을 선택한다.

(4) 각 투자안의 IRR을 구하는 방정식을 구축하고 각 투자안의 IRR이 자본비용보다 크겠는가를 논리적으로 설명하라.

해설 A투자안의 내부수익률 : $\frac{15,000}{(1+r)^1}+\frac{30,000}{(1+r)^2}+\frac{35,000}{(1+r)^3}+\frac{400,000}{(1+r)^4}=200,000$

A투자안의 경우 306,353을 투자해도 연 13%의 최소요구수익률을 얻을 수 있는데, 실제 투자비용이 200,000에 불과하므로 A투자안의 *IRR*은 자본비용보다 높다.

B투자안의 내부수익률 : $\frac{9,000}{(1+r)^1}+\frac{3,000}{(1+r)^2}+\frac{2,000}{(1+r)^3}+\frac{1,000}{(1+r)^4}=13,000$

B투자안의 경우 연 13%의 최소요구수익률을 얻기 위해서는 투자비용이 12,313을 초과하지 말아야하는데 실제 투자비용이 13,000이므로 B투자안의 *IRR*은 자본비용보다 낮다.

PART 3

The Practice of Financial Management

위험의 측정과 요구수익률의 결정

CHAPTER 05 위험과 수익률

자산의 가치는 자산으로부터 얻는 현금흐름을 적정 할인율로 할인한 현재가치이다. 지금까지는 할인율이 주어진 상황에서 주식, 채권, 투자안의 현금흐름을 추정하여 가치를 평가하였다. 지금부터는 적정 할인율을 어떻게 추정할 수 있는지 설명하기로 한다. 본 장은 이를 위한 첫 번째 장이다. 적정 할인율은 투자의 위험에 의해 결정된다. 따라서 본 장에서는 개별자산과 포트폴리오의 위험을 어떻게 측정하는가에 초점을 맞추기로 한다.

5.1 개별주식의 기대수익률과 위험

(1) 개별주식의 기대수익률

수익률이란 보유기간 수익률을 말한다. 주식의 t기간의 수익률 r_t는 다음 식으로 나타낼 수 있다.

$$r_t = \frac{P_{t+1} - P_t + DIV_t}{P_t} \tag{1}$$

P_t : t시점의 주가
P_{t+1} : $t+1$시점의 주가
DIV_t : t시점과 $t+1$시점 사이의 배당

개별주식의 기대수익률 $[E(r)]$은 미래의 가능한 수익률을 각각의 수익률이 발생할 확률로 가중평균하여 계산하며, 이를 수식으로 나타내면 다음과 같다.

$$E(r) = \sum_{t=1}^{n} r_i \times p_i \tag{2}$$

r_i : i상황에서의 수익률
p_i : r_i가 발생할 확률
n : 상황의 수

(2) 개별주식의 위험

개별주식의 위험의 크기는 수익률 확률분포의 분산 정도에 달려 있다. 따라서 개별주식의 위험은 다음과 같이 수익률 확률분포의 분산 [$V(r)$] 또는 표준편차 [$\sigma(r)$]로 측정된다.

$$V(r) = \sum_{t=1}^{n}[r_i - E(r)]^2 \times p_i = E[(r_i - E(r))^2]$$
$$\sigma = \sigma(r) = \sqrt{V(r)} \quad (3)$$

(3) 개별주식의 기대수익률과 위험의 측정

미래에 가능한 상황은 상승, 보통, 침체의 3가지이고 현재 가격이 10,000원인 A주식의 각 상황별 발생확률과 가격이 다음과 같다. 미래 기간 동안의 주당배당금이 100원이다. 기대수익률과 표준편차는 얼마인가?

[표 1] A주식의 각 상황별 예상수익률

상 황	확 률	가 격	수익률
상승	20%	12,900원	30%
보통	60%	10,900원	10%
침체	20%	6,900원	-30%

공식에 의해 다음과 같이 기대수익률은 6%이고 표준편차는 19.6%이다.

$$E(r_A) = 0.2 \times 30\% + 0.6 \times 10\% + 0.2 \times (-30\%) = 6\%$$

$$V(r_A) = \sigma^2 = 0.2(30\% - 6\%)^2 + 0.6(10\% - 6\%)^2 + 0.2(-30\% - 6\%)^2 = 384.0\%^2$$

$$\sigma_A = \sqrt{384.0\%^2} = 19.6\%(\text{단, }\%^2 = 1/10{,}000\text{임})$$

(4) 개별주식의 선택

개별주식의 선택은 먼저 지배원리(dominance principle)에 의하여 투자대상을 찾아내는 단계를 거친다. 지배원리란 위험수준이 같은 투자대상 중에서 기대수익률이 가장 높은 투자대상에 투자하고, 기대수익률이 같은 투자대상 중에서는 위험이 가장 작은 투자대상을 찾으려 하는 이성적인 투자자의 투자원칙을 의미한다.

지배원리에 의해 효율적 투자대상들을 선택한 후, 투자자는 이중에서 자신의 효용을 극대화시키는 투자대상 1개를 최종선택하게 된다. 이와 같이 최종 투자대상을 선택하는 과정은 두 단계로 나누어진다. 이를 분리정리(separation theorem)라 한다.

지배원리와 분리정리에 의해 투자자가 개별주식을 선택하는 과정을 설명해 보기로 하자. 예를 들어 시장에는 A, B, C주식만 존재하고, A, B, C주식의 기대수익률과 표준편차(위험)가 다음과 같다고 하자.

[표 2] A, B, C주식의 기대수익률과 표준편차(위험)

주 식	기대수익률	표준편차(위험)
A	6%	19.6%
B	6%	13.2%
C	9%	19.6%

지배원리에 따르면 기대수익률은 같은데 위험이 작으므로 B주식이 A주식을 지배한다. 그리고 위험은 같은데 기대수익률이 크므로 C주식이 A주식을 지배한다. 결국 지배원리에 의해 남는 효율적 투자대상은 B주식과 C주식이다. 이 중에서 상대적으로 위험을 더 회피하는 방어적 투자자는 기대수익률은 작지만 위험도 작은 B주식을 최종 선택한다. 반면에 상대적으로 위험을 덜 회피하는 공격적 투자자는 위험은 크지만 기대수익률도 큰 C주식을 최종 선택한다.

5.2 위험에 대한 투자자의 태도

(1) 위험회피형

위험회피형(risk averse)은 위험을 기피하는 이성적인 인간형으로, 위험을 부담하는 경우에는 반드시 이에 상응하는 보상을 바라는 형이다. 위험회피형의 효용함수(무차별 효용곡선)는 위험이 증가함에 따라 요구하는 수익률(기대수익률)이 더욱 커지는 특징을 가지고 있다. 위험회피형의 위험과 기대수익률에 대한 태도, 즉 위험선호함수(risk preference function)를 위험-기대수익률 평면(risk-return space)에 그림으로 나타내면 [그림 1]의 (a)와 같다.

[그림 1] 위험선호함수

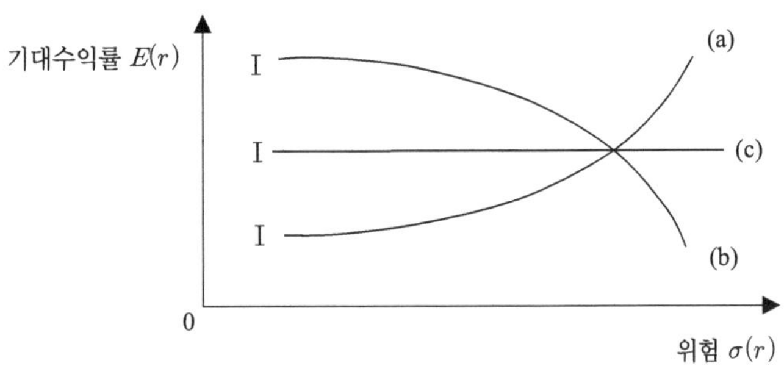

(2) 위험추구형

위험추구형(risk seeking)은 위험을 선호하는 인간형으로, 위험을 추가로 부담하면 기대수익률을 포기할 수 있는 형이다. 위험추구형의 효용함수(무차별 효용곡선)는 위험이 증가함에 따라 줄어드는 기대수익률이 더욱 커지는 특징을 가지고 있다. 위험추구형의 위험선호함수를 위험-기대수익률 평면에 그림으로 나타내면 [그림 1]의 (b)와 같다.

(3) 위험중립형

위험중립형(risk neutral)은 위험의 크기에 관계없이 기대수익률의 크기에만 따라 행동하는 형을 말한다. 위험중립형의 효용함수(무차별 효용곡선)는 수익률의 선형함수(linear function)이다. 위험중립형의 위험선호함수를 위험-기대수익률 평면에 그림으로 나타내면 [그림 1]의 (c)와 같다.

5.3 포트폴리오의 기대수익률과 위험

(1) 포트폴리오의 기대수익률

개별주식의 수익률을 r_i, 그리고 각각의 투자비율을 w_i라 하면 n개의 주식으로 구성된 포트폴리오의 수익률(r_P)은 다음과 같다.

$$\begin{aligned} r_P &= w_1 r_1 + w_2 r_2 + \cdots + w_n r_n \\ &= \sum_{i=1}^{n} w_i r_i \\ \sum_{i=1}^{n} w_i &= 1 \end{aligned} \tag{4}$$

그리고 n개의 주식으로 구성된 포트폴리오의 기대수익률 $E(r_p)$를 구하는 공식을 유도하기 위하여 식 (4)의 양변에 기대치를 취해보자.

$$E(r_P) = E(w_1 r_1 + w_2 r_2 + \cdots + w_n r_n) \tag{5}$$

기대치의 특성에 따르면, 식 (5)에서 상수 w_i는 밖으로 나올 수 있고 변량 r_i에만 기대치가 붙여지므로, 식 (5)는 식 (6)과 같이 정리된다.

$$\begin{aligned} E(r_P) &= w_1 E(r_1) + w_2 E(r_2) + \cdots + w_n E(r_n) \\ &= \sum_{i=1}^{n} w_i E(r_i) \end{aligned} \tag{6}$$

$E(r_i)$: i주식의 기대수익률

w_i : i주식의 투자비율

식 (6)에서 볼 수 있는 바와 같이, 포트폴리오의 기대수익률은 포트폴리오를 구성하고 있는 개별주식의 기대수익률에 각각의 투자비율을 기준으로 가중평균한 값이다.

(2) 포트폴리오의 위험

포트폴리오의 위험을 측정하는 공식을 유도하기 전에 단순히 상황별 포트폴리오의 수익률과 기대수익률을 이용하여 포트폴리오의 위험을 측정해 보기로 하자. 분산의 정의에 의해 포트폴리오의 위험은 다음과 같다.

$$V(r_P) = \sum_{i=1}^{n}[r_P - E(r_P)] \times P_i = \sigma_P^2$$

$$\sigma(r_P) = \sqrt{V(r_P)} = \sigma_P$$

$V(r_P)$: 포트폴리오의 분산(σ_P^2)
r_P : 상황별 포트폴리오의 수익률
$E(r_P)$: 포트폴리오의 기대수익률
P_i : 상황별 확률

(3) 포트폴리오의 기대수익률과 위험 측정

[표 3]의 자료를 이용하여 포트폴리오의 기대수익률과 위험을 측정해 보기로 하자.

[표 3] 두 주식 수익률의 확률분포(투자비율 : w_1 = 0.5, w_2 = 0.5)

미래상황	확 률	1번 주식 수익률(r_1)	2번 주식 수익률(r_2)	포트폴리오 수익률(r_P)
a	0.3	0%	0%	0%
b	0.4	10%	15%	12.5%*
c	0.3	20%	20%	20%

* 12.5% = 0.5 × 10% + 0.5 × 15%

[표 3]은 1번 주식과 2번 주식에 절반씩 투자하여 구성한 포트폴리오의 상황별 수익률을 보여준다. [표 3]의 자료로부터 개별주식과 포트폴리오의 기대수익률과 위험을 구하면 다음과 같다. 먼저 개별주식의 기대수익률과 위험을 구해보기로 하자.

$$E(r_1) = 0 \times 0.3 + 0.1 \times 0.4 + 0.2 \times 0.3 = 10\%$$

$$V(r_1) = (0 - 0.1)^2 \times 0.3 + (0.1 - 0.1)^2 \times 0.4 + (0.2 - 0.1)^2 \times 0.3$$
$$= 0.6\%(= \sigma_1^2)$$

$$\sigma(r_1) = \sqrt{V(r_1)} = 7.746\%(= \sigma_1)$$
$$E(r_2) = 0 \times 0.3 + 0.15 \times 0.4 + 0.2 \times 0.3 = 12\%$$
$$V(r_2) = (0-0.12)^2 \times 0.3 + (0.15-0.12)^2 \times 0.4 + (0.2-0.12)^2 \times 0.3$$
$$= 0.66\%(= \sigma_2^2)$$
$$\sigma(r_2) = \sqrt{V(r_2)} = 8.124\%(= \sigma_2)$$

다음에는 포트폴리오의 기대수익률과 위험을 구해보기로 하자. 먼저 포트폴리오의 기대수익률 $E(r_P)$를 구하면 다음과 같다.

$$E(r_P) = 0 \times 0.3 + 0.125 \times 0.4 + 0.2 \times 0.3 = 11\%$$

식 (6)을 이용하여 $E(r_P)$를 구해도 다음과 같이 동일한 결과를 얻을 수 있다.

$$E(r_P) = 0.5 \times 0.1 + 0.5 \times 0.12 = 11\%$$

그리고 포트폴리오의 위험을 구하면 다음과 같다.

$$V(r_P) = (0 - 0.11)^2 \times 0.3 + (0.125 - 0.11)^2 \times 0.4 + (0.2 - 0.11)^2 \times 0.3$$
$$= 0.62\%(= \sigma_P^2)$$
$$\sigma(r_P) = \sqrt{V(r_P)} = 7.842\%(= \sigma_P)$$

(4) 2종류 주식으로 구성된 포트폴리오의 위험

포트폴리오의 기대수익률을 구하는 공식은 기대치의 특성에 따라 쉽게 도출된다. 그러나 포트폴리오의 위험을 나타내는 분산(또는 표준편차)을 구하는 공식은 도출이 쉽지 않다. 포트폴리오의 위험을 측정하기 위해서는 먼저 공분산(covariance)을 이해하는 것이 필수적이다. 다음에는 공분산의 개념을 쉽게 설명해 보기로 하자. 예를 들어서 1번 주식과 2번 주식의 수익률을 각각 r_1, r_2라고 하자. 1번 주식 수익률과 2번 주식 수익률간의 공분산($Cov(r_1, r_2)$)은 다음과 같이 정의된다.

$$
\begin{aligned}
Cov(r_1,\ r_2) &= \sum_{i=1}^{n}[r_1 - E(r_1)][r_2 - E(r_2)] \times p_i \\
&= E\{[r_1 - E(r_1)][r_2 - E(r_2)]\} \qquad (7)
\end{aligned}
$$

식 (7)과 위의 [표 3]을 사용하여 1번 주식 수익률과 2번 주식 수익률의 공분산을 구해 보기로 하자. 1번 주식의 기대수익률($E(r_1)$)은 10%이고, 2번 주식의 기대수익률($E(r_2)$)은 12%이다. 이들 자료를 이용해서 두 주식 수익률간의 공분산 $Cov(r_1,\ r_2)$를 구하면 다음과 같다.

$$
\begin{aligned}
Cov(r_1,\ r_2) &= (0 - 0.1)(0 - 0.12) \times 0.3 + (0.1 - 0.1)(0.15 - 0.12) \times 0.4 \\
&\quad + (0.2 - 0.1)(0.2 - 0.12) \times 0.3 = 0.6\%(= \sigma_{1,2})
\end{aligned}
$$

이제 1번 주식과 2번 주식으로 구성된 포트폴리오의 위험(분산)을 공식으로 구해 보기로 하자. 1번 주식과 2번 주식으로 구성된 포트폴리오의 수익률의 분산 $V(r_P)$또는 σ_p^2은 다음과 같이 정의된다.

$$
\begin{aligned}
V(r_P) &= \sum_{i=1}^{n}[r_P - E(r_P)]^2 \times p_i \\
&= E[(r_P - E(r_P))^2] \\
&= E[(w_1 r_1 + w_2 r_2 - E(w_1 r_1 + w_2 r_2))^2] \\
&= E[(w_1 r_1 + w_2 r_2 - w_1 E(r_1) - w_2 E(r_2))^2] \\
&= E[(w_1(r_1 - E(r_1)) + w_2(r_2 - E(r_2)))^2] \\
&= E[w_1^2(r_1 - E(r_1))^2 + w_2^2(r_2 - E(r_2))^2 \\
&\quad + 2w_1 w_2(r_1 - E(r_1))(r_2 - E(r_2))] \\
&= w_1^2 E[(r_1 - E(r_1))^2] + w_2^2 E[(r_2 - E(r_2))^2] \\
&\quad + 2w_1 w_2 E[(r_1 - E(r_1))(r_2 - E(r_2))] \\
&= w_1^2\, V(r_1) + w_2^2\, V(r_2) + 2w_1 w_2\, Cov(r_1,\ r_2) \\
&= w_1^2\sigma_1^2 + w_2^2\sigma_2^2 + 2w_1 w_2 \sigma_{1,2} \qquad (8)
\end{aligned}
$$

또는

$$V(r_P) = w_1^2\sigma_1^2 + w_2^2\sigma_2^2 + 2w_1w_2\rho_{1,2}\sigma_1\sigma_2 = \sigma_P^2 \quad (8')$$

r_P : 포트폴리오 수익률($= w_1r_1 + w_2r_2$)

σ_1^2 : 1번 주식 수익률의 분산($= V(r_1)$)

σ_2^2 : 2번 주식 수익률의 분산($= V(r_2)$)

$\sigma_{1,2}$: 1번 주식 수익률과 2번 주식 수익률간의 공분산($= Cov(r_1,\ r_2)$)

$\rho_{1,2}$: $\dfrac{\sigma_{1,2}}{\sigma_1 \times \sigma_2}$, 1번 주식 수익률과 2번 주식 수익률간의 상관계수

식 (8)을 이용하여 포트폴리오 수익률의 분산($V(r_P)$)을 구해보고, 이것이 [표 3]에서 구했던 $V(r_P)$와 일치하는지를 살펴보기로 하자.

지금까지의 자료를 종합해 보면, $w_1 = 0.5$, $w_2 = 0.5$, $\sigma_1 = 0.07746$, $\sigma_2 = 0.08124$ 및 $\sigma_{1,2} = 0.006$이다. 이들 자료를 식 (8)에 대입해서 $V(r_P)$와 $\sigma(r_P)$를 구해보면 다음과 같다.

$$\begin{aligned} V(r_P) &= (0.5)^2(0.07746)^2 + (0.5)^2(0.08124)^2 + 2(0.5)(0.5)(0.006) \\ &= 0.62\% \\ \sigma(r_P) &= \sqrt{0.0062} = 7.842\%(=\sigma_P) \end{aligned}$$

결국 식 (8)을 이용해서 구한 포트폴리오 수익률의 분산과 표준편차는 [표 3]의 자료를 가지고 직접 구한 포트폴리오 수익률의 분산과 표준편차와 일치한다.

(5) 상관계수와 위험

상관계수는 공분산과 동일한 부호를 가지므로 방향성에 대한 정보를 제공한다. 그런데 상관계수는 −1과 +1 사이의 값을 가지므로 추가적으로 연관성의 강도(strength)에 대한 정보까지도 제공한다. 일반적으로 주식간의 상관계수는 양수(+)로 0과 1사이의 값을 갖는다. 예를 들어, 삼성전자 주식수익률은 포항제철 주식수익률과 +0.63의 상관계수를 갖고, 한전 주식수익률과는 +0.52의 상관계수를 갖는다. [표 3]에서 1번 주식과 2번 주식의 수익률간의 상관계수는 다음과 같이 +0.953이다.

$$\rho_{1,2} = \frac{\sigma_{1,2}}{\sigma_1 \times \sigma_2} = \frac{0.006}{0.07746 \times 0.08124} = +0.953$$

여기서는 식 (8′)에서 1번, 2번 주식 수익률간의 상관계수가 −1, 0, +1인 경우 포트폴리오의 표준편차가 어떻게 계산되는지 살펴보기로 하자.

① 상관계수가 +1인 경우

$\rho_{1,2}$가 +1이면 $\sigma_P^2 = w_1^2\sigma_1^2 + w_2^2\sigma_2^2 + 2w_1w_2\sigma_{1,2}$는 다음과 같이 다시 쓸 수 있다.

$$\sigma_P^2 = w_1^2\sigma_1^2 + w_2^2\sigma_2^2 + \mathbf{2}w_1w_2\sigma_1\sigma_2 = (w_1\sigma_1 + w_2\sigma_2)^2$$

따라서 포트폴리오의 표준편차는 개별주식의 표준편차를 단순히 가중평균하여 계산된다.

$$\sigma_P = w_1\sigma_1 + w_2\sigma_2$$

포트폴리오 표준편차가 단순히 개별자산의 표준편차를 가중평균해서 계산된다는 것은 분산효과가 전혀 없음을 의미한다. 예를 들어, 1번 주식의 표준편차가 7.746%이고 2번 주식의 표준편차가 8.124%이므로, 상관계수가 +1이라면 동일가중으로 구성된 포트폴리오의 표준편차는 $0.5 \times 7.746\% + 0.5 \times 8.124\% = 7.935\%$가 될 것이다. 이는 분산효과가 전혀 없는 경우이다.

그런데 [표 3]에서 1번 주식과 2번 주식의 수익률간의 상관계수가 +0.953이므로 두 주식에 각각 50%씩 투자한 포트폴리오의 표준편차는 7.842%이다. 이 때 표준편차 기준 분산효과는 0.093%(= 7.935% − 7.842%)이다.

② 상관계수가 0인 경우

$\rho_{1,2}$가 0이면 포트폴리오의 표준편차는 다음과 같다.

$$\sigma_P = \sqrt{w_1^2\sigma_1^2 + w_2^2\sigma_2^2} < w_1\sigma_1 + w_2\sigma_2$$

이 경우의 표준편차는 상관계수가 +1인 경우의 표준편차보다 작다. 따라서 $\rho_{1,2}$가 0이면 분산효과가 발생한다. 만일 1번 주식과 2번 주식의 상관계수가 0이라면, 포트폴리오의 표준편차는 5.612%[= $0.5^2 \times (7.746\%)^2 + 0.5^2 \times (8.124\%)^2$]이고, 이 때 분산효과는 2.323%(= 7.935% − 5.612%)이다.

③ 상관계수가 −1인 경우

$\rho_{1,2}$가 −1이면 포트폴리오의 표준편차는 투자비율로 가중된 개별 표준편차의 차이로 계산된다.

$$\sigma_p^2 = w_1^2\sigma_1^2 + w_2^2\sigma_2^2 - 2w_1w_2\sigma_1\sigma_2 = (w_1\sigma_1 - w_2\sigma_2)^2$$

$$\sigma_P = |w_1\sigma_1 - w_2\sigma_2|$$

상관계수가 −1일 때 분산효과가 가장 크다. 만일 1번 주식과 2번 주식의 수익률 간의 상관계수가 −1이라면, 포트폴리오의 표준편차는 0.189%(= |0.5 × 7.746% − 0.5 × 8.124%|)이고, 이 때 분산효과는 7.746%(= 7.935% − 0.189%)로 매우 크다. $\rho_{1,2} = -1$일 때, w_1와 w_2의 값을 조정하면 포트폴리오의 표준편차를 0으로 만드는 무위험포트폴리오의 구성도 가능하다. 무위험포트폴리오를 구성할 수 있는 w_1^*의 값은 다음과 같다.

$$w_1^*\sigma_1 - w_2^*\sigma_2 = 0\text{이고, } w_2^* = 1 - w_1^*\text{이다.}$$

$$\therefore\ w_1^* = \frac{\sigma_2}{\sigma_1 + \sigma_2} \tag{9}$$

$\sigma_1 = 7.746\%$, $\sigma_2 = 8.124\%$이고 만일 $\rho_{1,2} = -1$이라면, w_1^*는 다음과 같이 51.19%이다.

$$w_1^* = \frac{8.124\%}{7.746\% + 8.124\%} = 51.19\%$$

즉, $\rho_{1,2} = -1$일 때 1번 주식에 51.19% 투자하고 2번 주식에 48.81% 투자하여 구성한 포트폴리오의 위험은 다음과 같이 0이 된다(반올림차이 무시).

$$\sigma_P = |0.5119 \times 7.746\% - 0.4881 \times 8.124\%| = 0$$

5.4 최적 포트폴리오의 선택

두 개 이상의 개별주식으로 구성된 포트폴리오의 기대수익률과 위험을 측정하여 위험-기대수익률 평면에 표시하면 [그림 2]와 같은 투자 가능한 투자기회 집합(opportunity set)을 얻을 수 있다. 투자기회 집합내의 수많은 포트폴리오 모두가 투자대상이 되는 것은 아니다. 합리적인 투자자(위험회피형 투자자)라면 위험수준이 같은 투자대상 중에서는 기대수익률이 가장 높은 투자대상에 투자하고, 기대수익률이 같은 투자대상 중에서는 위험이 가장 작은 투자대상을 찾으려 할 것이다. 이와 같은 투자원칙을 지배원리라 한다.

[그림 2] 투자기회 집합, 효율적 포트폴리오 및 최적 포트폴리오

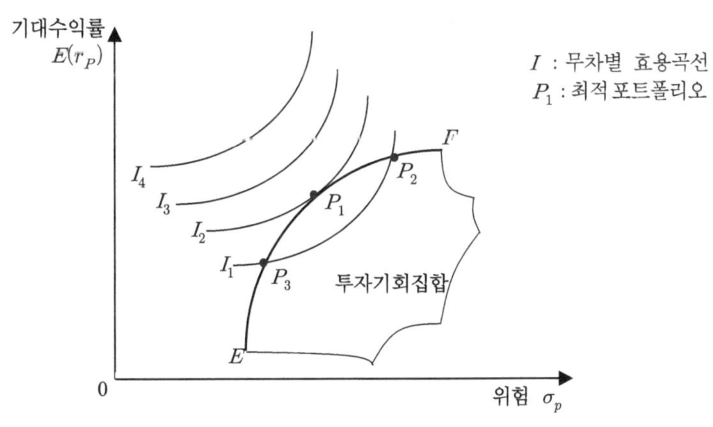

[그림 2]에서 보듯이 EF선상의 포트폴리오들이 다른 모든 포트폴리오를 지배한다. EF선상의 포트폴리오를 효율적 포트폴리오(efficient portfolio)라 하고 EF선을 효율적 프론티어(efficient frontier)라고 한다. 효율적 포트폴리오가 객관적인 투자대상이 된다. EF선상의 포트폴리오 중에 어떤 것을 최종 선택할지는 투자자의 마음 즉, 효

용에 달려있다. 투자자는 자신의 효용이 극대화되는 포트폴리오를 선택할 것이다.

[그림 2]에서 I곡선은 투자자들의 무차별 효용곡선이다. 즉, I곡선은 투자자의 효용을 동일하게 해주는 무차별 효용곡선이다. I곡선이 우상향하는 이유는 앞에서 설명했듯이 합리적인 투자자는 위험회피형이기 때문이다. [그림 2]에서 I_1 곡선상의 포트폴리오에서 투자자가 얻는 효용은 모두 동일하다. 그리고 I_1 보다는 I_2, I_3, I_4 곡선으로 갈수록 투자자는 더 큰 효용을 얻는다.

[그림 2]에서 보듯이 현실적으로 I_1, I_2 곡선에서 얻을 수 있는 효용을 만족시키는 투자기회 P_1, P_2, P_3가 존재한다. 그런데 I_1 보다는 I_2의 효용이 크므로, 투자자는 I_2 곡선과 투자기회가 접하는 P_1포트폴리오를 선택한다.

다시 말해서 투자자들은 효율적 프론티어에 놓여 있는 수많은 포트폴리오 중에서 그들의 효용을 극대화시키는 P_1 포트폴리오를 선택한다. P_1 포트폴리오를 최적 포트폴리오(optimal portfolio)라고 한다.

[그림 2]에는 표시하지 않았지만 상대적으로 공격적인 투자자는 무차별 곡선이 완만할 것이므로 EF선상에서 P_1보다는 오른쪽에 있는 포트폴리오를 선택함으로써 자신의 효용을 극대화 할 것이다. 그리고 상대적으로 방어적인 투자자는 무차별 곡선이 가파를 것이므로 EF선상에서 P_1보다는 왼쪽에 있는 포트폴리오를 선택함으로써 자신의 효용을 극대화 할 것이다.

정리문제

01 다음 자료를 이용하여 질문에 답하라.

상 황	확 률	A주식의 수익률	B주식의 수익률
호 황	0.2	20%	30%
보 통	0.5	15%	10%
불 황	0.3	5%	−15%

(1) A주식과 B주식의 기대수익률과 표준편차를 구하라.

(2) A주식에 40%, B주식에 60%를 투자하여 구성한 포트폴리오의 기대수익률과 표준편차를 구하라.

(3) 두 주식간의 공분산과 상관계수를 구하라.

02 A자산의 기대수익률이 10%이고 표준편차가 20%이다. B자산의 기대수익률이 18%이고 표준편차가 30%이다.

(1) 상관계수가 각각 +1, +0.5, 0, −0.5, −1인 경우 A자산에 40%, B자산에 60%투자하여 구성한 포트폴리오의 기대수익률과 표준편차를 구하라.

(2) 상관계수가 −1인 경우 무위험 포트폴리오를 구성하기 위한 A자산 투자비율 w_A^*를 구하라.

03 현재 운용중인 자산이 A포트폴리오이고, B주식과 C주식을 편입할 것을 고려하고 있다. A, B, C의 상황별 수익률은 다음과 같다.

상 황	확 률	A포트폴리오	B주식	C주식
호 황	0.4	20%	25%	15%
보 통	0.3	15%	20%	10%
불 황	0.3	10%	15%	5%

(1) 기존 포트폴리오에 60%를 투자하고 새로 편입하는 B주식에 40%를 투자할 때, 새로운 포트폴리오의 기대수익률과 표준편차를 구하라.

(2) 기존 포트폴리오에 60%를 투자하고 새로 편입하는 C주식에 40%를 투자할 때, 새로운 포트폴리오의 기대수익률과 표준편차를 구하라.

(3) (1), (2)의 결과에서 볼 때, B주식과 C주식 중에서 어느 주식을 A포트폴리오에 편입하겠는가?

04 **다음 자료를 보고 질문에 답하라.**

상 황	확 률	r_A	r_B
호 황	?	30%	22%
조금호황	20%	25%	17%
조금불황	20%	20%	13%
불 황	30%	10%	8%

(1) 호황일 때 확률을 구하고, A주식과 B주식의 기대수익률 및 표준편차를 구하라.

(2) 두 주식간의 공분산, 상관계수 그리고 설명계수는 얼마이고, 이들이 무엇을 의미하는지 간단히 설명하라.

(3) A주식과 B주식에 동일 가중으로 투자하는 포트폴리오의 기대수익률과 표준편차를 구하라.

05 **현재 홍익기업은 A주식만 보유하고 있다. 하지만 앞으로는 B주식이나 C주식을 추가하여 포트폴리오를 구성하려고 한다. 자료는 다음과 같다.**

상 황	확 률	A주식	B주식	C주식
호 황	30%	20%	1%	17%
보 통	40%	12%	10%	14%
불 황	30%	4%	22%	8%
기대수익률		12%	10.9%	13.1%

(1) A주식, B주식 및 C주식 각각의 분산과 표준편차를 구하라.

(2) 만약 현재 보유하고 있는 A주식에 70%만 투자하고 나머지 30%를 B주식이나 또는 C주식에 투자하여 포트폴리오를 구성한다면 각각의 위험은 얼마나 되는가?

(3) 두 주식 중에 어떤 주식을 편입시켜야 A주식만 가지고 있을 때보다 더 유리한지 답하라(그 이유에 대해서도 간단하게 서술하라).

06 다도해기업은 A자산과 B자산에 각각 40%와 60%의 비율로 분산투자하고 있다. A자산의 기대수익률은 10%이고 표준편차는 2%이고, B자산의 기대수익률은 20%이고 표준편차는 6%이다.

(1) 상관계수가 각각 +1, +0.5, 0, −0.5, −1인 경우, 포트폴리오의 기대수익률과 표준편차를 구하라.

(2) 상관계수가 −1일 때, 얼마의 비율로 분산투자하면 포트폴리오의 위험이 0이 되는가?

(3) 상관계수가 +0.5일 때 포트폴리오의 분산효과(표준편차 기준)는 얼마인가?

07 다음의 자료를 이용하여 답하라.

상 황	확 률	A주식 수익률	B주식 수익률
호 황	20%	10%	−10%
보 통	50%	30%	20%
불 황	30%	50%	40%

(1) 개별주식의 기대수익률과 표준편차를 구하라.

(2) 두 주식간의 공분산과 상관계수를 구하라.

08 다음 자료를 사용하여 물음에 답하라.

상 황	확 률	A주식 수익률	B주식 수익률	C주식 수익률
호 황	25%	33%	35%	23%
보 통	35%	17%	5%	15%
약간불황	35%	7%	−25%	−10%
불 황	5%	−3%	−30%	−17%

(1) A주식에 25%, B주식에 25%, C주식에 50%를 투자한 포트폴리오의 기대수익률을 구하라.

(2) (1)번에서 구성한 포트폴리오의 분산과 표준편차를 구하라.

09 형돈이는 위험을 싫어하여 이자율이 4%인 무위험자산에 투자하고 준하는 기대수익률이 15%이고 $\beta = 1.5$인 주식에 투자하려고 한다(각각 100만원씩). 그러다가 둘은 서로 주식을 합하여 포트폴리오를 만들기로 했다.

(1) 형돈이는 시장과 동일한 위험(β = 1)을 갖는 포트폴리오를 만들자고 주장한다. 그러기 위해서는 주식과 무위험자산에 각각 어떤 비중으로 투자해야 하는가?

(2) 준하는 크게 한방 터뜨려 보자며 형돈이에게 30%의 수익률을 달성할 포트폴리오를 만들자고 주장한다. 그러기 위해서는 주식과 무위험자산에 각각 어떤 비중으로 투자해야 하는가?

10 투자자 지현은 다음과 같은 상호배타적인 투자안을 고려중이다.

경기상황	확 률	A주식	B주식	C주식	D주식	E주식
a	0.3	40%	30%	36%	30%	−8%
b	0.4	5%	5%	8%	10%	10%
c	0.3	−5%	−5%	−5%	−10%	32%

(1) 각 주식의 기대수익률과 표준편차를 구하라.

(2) 지배원리에 의한 효율적 투자안을 선택하라.

(3) 투자자의 위험회피 정도에 따른 최적 투자안을 분리정리에 따라 결정하라.

정리문제에 대한 해설

01 다음 자료를 이용하여 질문에 답하라.

상 황	확 률	A주식의 수익률	B주식의 수익률
호 황	0.2	20%	30%
보 통	0.5	15%	10%
불 황	0.3	5%	-15%

(1) A주식과 B주식의 기대수익률과 표준편차를 구하라.

해설 $E(r_A) = 20\% \times 0.2 + 15\% \times 0.5 + 5\% \times 0.3 = 13\%$

$V(r_A) = (20\% - 13\%)^2 \times 0.2 + (15\% - 13\%)^2 \times 0.5 + (5\% - 13\%)^2 \times 0.3 = 31\%^2$

$\sigma_A = \sqrt{31\%^2} = 5.57\%$

$E(r_B) = 30\% \times 0.2 + 10\% \times 0.5 + (-15\%) \times 0.3 = 6.5\%$

$V(r_B) = (30\% - 6.5\%)^2 \times 0.2 + (10\% - 6.5\%)^2 \times 0.5 + (-15\% - 6.5\%)^2 \times 0.3$
$= 255.25\%^2$

$\sigma_B = \sqrt{255.25\%^2} = 15.98\%$

(2) A주식에 40%, B주식에 60%를 투자하여 구성한 포트폴리오의 기대수익률과 표준편차를 구하라.

해설

상 황	확 률	개별수익률		포트폴리오 수익률
		A	B	(A주식 40%, B주식 60%)
호 황	0.2	20%	30%	(0.4 × 20%) + (0.6 × 30%) = 26%
보 통	0.5	15%	10%	(0.4 × 15%) + (0.6 × 10%) = 12%
불 황	0.3	5%	−15%	(0.4 × 5%) + (0.6 × (−15%)) = −7%

$E(r_P) = 26\% \times 0.2 + 12\% \times 0.5 + (-7\%) \times 0.3 = 9.1\%$

$V(r_P) = (26\% - 9.1\%)^2 \times 0.2 + (12\% - 9.1\%)^2 \times 0.5 + (-7\% - 9.1\%)^2 \times 0.3$
$= 139.09\%^2$

$\sigma_P = \sqrt{139.09\%^2} - 11.79\%$

(3) 두 주식간의 공분산과 상관계수를 구하라.

해설 $Cov(r_A, r_B) = (20\% - 13\%)(30\% - 6.5\%) \times 0.2 + (15\% - 13\%)(10\% - 6.5\%) \times 0.5$
$+ (5\% - 13\%)(-15\% - 6.5\%) \times 0.3 = 88\%$

$\rho_{A,B} = \dfrac{88\%^2}{5.57\% \times 15.98\%} = 0.99$

02 A자산의 기대수익률이 10%이고 표준편차가 20%이다. B자산의 기대수익률이 18%이고 표준편차가 30%이다.

(1) 상관계수가 각각 +1, +0.5, 0, −0.5, −1인 경우 A자산에 40%, B자산에 60%투자하여 구성한 포트폴리오의 기대수익률과 표준편차를 구하라.

해설 기대수익률은 상관계수에 관계없이 일정하다.

$$E(r_P) = 10\% \times 0.4 + 18\% \times 0.6 = 14.8\%$$

상관계수별 표준편차는 다음과 같다.

$$\text{상관계수} = +1 : \sqrt{0.4^2 \times 0.2^2 + 0.6^2 \times 0.3^2 + 2(0.4)(0.6)(1)(0.2)(0.3)} = 0.4 \times 0.2 + 0.6 \times 0.3 = 26\%$$

$$\text{상관계수} = +0.5 : \sqrt{0.4^2 \times 0.2^2 + 0.6^2 \times 0.3^2 + 2(0.4)(0.6)(0.5)(0.2)(0.3)} = 23.07\%$$

$$\text{상관계수} = 0 : \sqrt{0.4^2 \times 0.2^2 + 0.6^2 \times 0.3^2} = 19.7\%$$

$$\text{상관계수} = -0.5 : \sqrt{0.4^2 \times 0.2^2 + 0.6^2 \times 0.3^2 + 2(0.4)(0.6)(-0.5)(0.2)(0.3)} = 15.62\%$$

$$\text{상관계수} = -1 : \sqrt{0.4^2 \times 0.2^2 + 0.6^2 \times 0.3^2 + 2(0.4)(0.6)(-1)(0.2)(0.3)} = |0.4 \times 0.2 - 0.6 \times 0.3| = 10\%$$

(2) 상관계수가 −1인 경우 무위험 포트폴리오를 구성하기 위한 A자산 투자비율 w_A^*를 구하라.

해설 $$w_A^* = \frac{\sigma_B}{\sigma_A + \sigma_B} = \frac{0.3}{0.2 + 0.3} = 60\%$$

03 현재 운용중인 자산이 A포트폴리오이고, B주식과 C주식을 편입할 것을 고려하고 있다. A, B, C의 상황별 수익률은 다음과 같다.

상 황	확 률	A포트폴리오	B주식	C주식
호 황	0.4	20%	25%	15%
보 통	0.3	15%	20%	10%
불 황	0.3	10%	15%	5%

(1) 기존 포트폴리오에 60%를 투자하고 새로 편입하는 B주식에 40%를 투자할 때, 새로운 포트폴리오의 기대수익률과 표준편차를 구하라.

해설 B주식을 편입할 때 각 상황별 수익률:

호 황: $0.6 \times 20\% + 0.4 \times 25\% = 22\%$

보 통: $0.6 \times 15\% + 0.4 \times 20\% = 17\%$

불 황: $0.6 \times 10\% + 0.4 \times 15\% = 12\%$

A, B로 구성된 포트폴리오의 기대수익률 :

$$22\% \times 0.4 + 17\% \times 0.3 + 12\% \times 0.3 = 17.5\%$$

A, B로 구성된 포트폴리오의 표준편차 :

$$\sqrt{(0.22-0.175)^2 \times 0.4 + (0.17-0.175)^2 \times 0.3 + (0.12-0.175)^2 \times 0.3} = 4.15\%$$

(2) 기존 포트폴리오에 60%를 투자하고 새로 편입하는 C주식에 40%를 투자할 때, 새로운 포트폴리오의 기대수익률과 표준편차를 구하라.

해설 C주식을 편입할 때 각 상황별 수익률 :

호 황 : $0.6 \times 20\% + 0.4 \times 15\% = 18\%$
보 통 : $0.6 \times 15\% + 0.4 \times 10\% = 13\%$
불 황 : $0.6 \times 10\% + 0.4 \times 5\% = 8\%$

A, C로 구성된 포트폴리오의 기대수익률 :

$$18\% \times 0.4 + 13\% \times 0.3 + 8\% \times 0.3 = 13.5\%$$

A, C로 구성된 포트폴리오의 표준편차 :

$$\sqrt{(0.18-0.135)^2 \times 0.4 + (0.13-0.135)^2 \times 0.3 + (0.08-0.135)^2 \times 0.3} = 4.15\%$$

(3) (1), (2)의 결과에서 볼 때, B주식과 C주식 중에서 어느 주식을 A포트폴리오에 편입하겠는가?

해설 A+B 구성시 : 기대수익률 = 17.5%, 표준편차 = 4.15%
A+C 구성시 : 기대수익률 = 13.5%, 표준편차 = 4.15%

A포트폴리오에 B주식을 편입할 때 A주식에 비해 위험(표준편차)은 같고 기대수익률이 높으므로, B주식을 편입하는 것이 유리하다.

04 다음 자료를 보고 질문에 답하라.

상 황	확 률	r_A	r_B
호 황	?	30%	22%
조금호황	20%	25%	17%
조금불황	20%	20%	13%
불 황	30%	10%	8%

(1) 호황일 때 확률을 구하고, A주식과 B주식의 기대수익률 및 표준편차를 구하라.

해설 각 확률의 합이 100%이어야 하므로 호황일 확률은 30%이다.

A주식의 기대수익률 :

$$E(r_A) = 30\% \times 0.3 + 25\% \times 0.2 + 20\% \times 0.2 + 10\% \times 0.3 = 21\%$$

A주식의 표준편차 :

$$V(r_A) = (30\% - 21\%)^2 \times 0.3 + (25\% - 21\%)^2 \times 0.2 + (20\% - 21\%)^2 \times 0.2 + (10\% - 21\%)^2 \times 0.3 = 64\%^2$$

$$\sigma_A = \sqrt{64\%^2} = 8\% \text{ (단, } \%^2 = 1/10{,}000\text{임)}$$

B주식의 기대수익률 :

$$E(r_B) = 22\% \times 0.3 + 17\% \times 0.2 + 13\% \times 0.2 + 8\% \times 0.3 = 15\%$$

B주식의 표준편차 :

$$V(r_B) = (22\% - 15\%)^2 \times 0.3 + (17\% - 15\%)^2 \times 0.2 + (13\% - 15\%)^2 \times 0.2 + (8\% - 15\%)^2 \times 0.3 = 31\%^2$$

$$\sigma_B = \sqrt{31\%^2} = 5.57\%$$

(2) 두 주식간의 공분산, 상관계수 그리고 설명계수는 얼마이고, 이들이 무엇을 의미하는지 간단히 설명하라.

해설 공분산 $Cov(r_A,\ r_B) = (30\% - 21\%)(22\% - 15\%) \times 0.3 + (25\% - 21\%)(17\% - 15\%) \times 0.2 + (20\% - 21\%)(13\% - 15\%) \times 0.2 + (10\% - 21\%)(8\% - 15\%) \times 0.3 = 44\%^2$

$$\text{상관계수} = \rho_{A,B} = \frac{44\%^2}{8\% \times 5.57\%} = 0.987$$

$$\text{설명계수} = \rho^2_{A,B} = 0.974$$

A주식의 움직임이 B주식의 움직임을 97.4% 설명할 수 있으며, 두 주식은 매우 밀접한 양(+)의 관계를 갖는다. 즉, 두 주식 수익률은 같은 방향으로 거의 완전한 규칙성을 갖고 움직인다.

(3) A주식과 B주식에 동일 가중으로 투자하는 포트폴리오의 기대수익률과 표준편차를 구하라.

해설 $E(r_P) = 21\% \times 0.5 + 15\% \times 0.5 = 18\%$

$$\sigma_P^2 = (0.5)^2(8\%)^2 + (0.5)^2(5.57\%)^2 + 2(0.5)(0.5)(0.987)(8\%)(5.57\%) = 45.75\%^2$$

$$\sigma_P = \sqrt{45.75\%^2} = 6.76\%$$

05 현재 홍익기업은 A주식만 보유하고 있다. 하지만 앞으로는 B주식이나 C주식을 추가하여 포트폴리오를 구성하려고 한다. 자료는 다음과 같다.

상 황	확 률	A주식	B주식	C주식
호 황	30%	20%	1%	17%
보 통	40%	12%	10%	14%
불 황	30%	4%	22%	8%
기대수익률		12%	10.9%	13.1%

(1) A주식, B주식 및 C주식 각각의 분산과 표준편차를 구하라.

해설 A주식의 분산과 표준편차 :

$$V(r_A) = (20\% - 12\%)^2 \times 0.3 + (12\% - 12\%)^2 \times 0.4 + (4\% - 12\%)^2 \times 0.3$$
$$= 38.4\%^2$$
$$\sigma(r_A) = \sqrt{V(r_A)} = 6.2\%$$

B주식의 분산과 표준편차 :

$$V(r_B) = (1\% - 10.9\%)^2 \times 0.3 + (10\% - 10.9\%)^2 \times 0.4 + (22\% - 10.9\%)^2 \times 0.3$$
$$= 66.69\%^2$$
$$\sigma(r_B) = 8.17\%$$

C주식의 분산과 표준편차 :

$$V(r_B) = (17\% - 13.1\%)^2 \times 0.3 + (14\% - 13.1\%)^2 \times 0.4 + (8\% - 13.1\%)^2 \times 0.3$$
$$= 12.69\%^2$$
$$\sigma(r_C) = 3.56\%$$

(2) 만약 현재 보유하고 있는 A주식에 70%만 투자하고 나머지 30%를 B주식이나 또는 C주식에 투자하여 포트폴리오를 구성한다면 각각의 위험은 얼마나 되는가?

해설 ① B주식을 편입시켰을 경우 포트폴리오의 기대수익률, 분산, 표준편차 :

$$E(r_P) = 0.7 \times 12\% + 0.3 \times 10.9\% = 11.67\%$$

$$V(r_P) = 0.7^2 \times (6.2\%)^2 + 0.3^2 \times (8.17\%)^2 + 2 \times 0.7 \times 0.3 \times (-50.4\%^2)$$
$$= 3.675\%^2$$

$$\sigma_P = \sqrt{3.675\%^2} = 1.92\%$$

여기에서 $\sigma_{A,B}$는 아래와 같이 구한다.

$$\sigma_{A,B} = (20\% - 12\%)(1\% - 10.9\%) \times 0.3$$
$$+ (12\% - 12\%)(10\% - 10.9\%) \times 0.4$$
$$+ (4\% - 12\%)(22\% - 10.9\%) \times 0.3$$
$$= -50.4\%^2$$

② C주식을 편입시켰을 경우, 포트폴리오의 기대수익률, 분산, 표준편차 :

$E(r_P) = 0.7 \times 12\% + 0.3 \times 13.1\% = 12.33\%$

$V(r_P) = 0.7^2 \times (6.2\%)^2 + 0.3^2 \times (3.56\%)^2 + 2 \times 0.7 \times 0.3 \times (21.6\%^2)$
$= 29.05\%^2$

$\sigma_P = \sqrt{29.05\%^2} = 5.39\%$

여기에서 $\sigma_{A,C}$는 아래와 같이 구한다.

$$\begin{aligned}\sigma_{A,C} &= (20\% - 12\%)(17\% - 13.1\%) \times 0.3 \\ &+ (12\% - 12\%)(14\% - 13.1\%) \times 0.4 \\ &+ (4\% - 12\%)(8\% - 13.1\%) \times 0.3 \\ &= 21.6\%^2\end{aligned}$$

(3) 두 주식 중에 어떤 주식을 편입시켜야 A주식만 가지고 있을 때보다 더 유리한지 답하라(그 이유에 대해서도 간단하게 서술하라).

해설 투자자산의 기대수익률($E(r)$), 위험(σ) 및 위험 단위당 기대수익률($\frac{E(r)}{\sigma}$)을 요약하면 다음과 같다.

구 분	A	A + B	A + C
$E(r)$	12%	11.67%	12.33%
σ	6.2%	1.92%	5.39%
$\frac{E(r)}{\sigma}$	1.94	6.08	2.29

어떤 포트폴리오가 상대적으로 우위인지를 판단하려면 위험 단위당 얼마의 기대수익률을 얻는지($\frac{E(r)}{\sigma}$)를 계산해야 한다. 위의 표에서 A + B 포트폴리오가 위험 단위당 기대수익률이 가장 높다. 따라서 B주식을 편입시켜야 한다.

06 다도해기업은 A자산과 B자산에 각각 40%와 60%의 비율로 분산투자하고 있다. A자산의 기대수익률은 10%이고 표준편차는 2%이고, B자산의 기대수익률은 20%이고 표준편차는 6%이다.

(1) 상관계수가 각각 +1, +0.5, 0, −0.5, −1인 경우, 포트폴리오의 기대수익률과 표준편차를 구하라.

해설 ① $E(r_P) = 10\% \times 0.4 + 20\% \times 0.6 = 16\%$

② $\rho = +1$ 일 때,

$$\sigma_P = w_A\sigma_A + w_B\sigma_B = 0.4 \times 2\% + 0.6 \times 6\% = 4.4\%$$

③ $\rho = +0.5$ 일 때,

$$\sigma_P = \sqrt{w_A^2\sigma_A^2 + w_B^2\sigma_B^2 + 2 \times w_A \times w_B \times \rho_{A,B} \times \sigma_A \times \sigma_B}$$
$$= \sqrt{0.4^2 \times 0.02^2 + 0.6^2 \times 0.06^2 + 2 \times 0.4 \times 0.6 \times 0.5 \times 0.02 \times 0.06}$$
$$= 4.06\%$$

④ $\rho = 0$ 일 때,

$$\sigma_P = \sqrt{w_A^2\sigma_B^2 + w_B^2\sigma_B^2} = \sqrt{0.4^2 \times 0.02^2 + 0.6^2 \times 0.06^2} = 3.69\%$$

⑤ $\rho = -0.5$ 일 때,

$$\sigma_P = \sqrt{w_A^2\sigma_A^2 + w_B^2\sigma_B^2 + 2 \times w_A \times w_B \times \rho_{A,B} \times \sigma_A \times \sigma_B}$$
$$= \sqrt{0.4^2 \times 0.02^2 + 0.6^2 \times 0.06^2 + 2 \times 0.4 \times 0.6 \times (-0.5) \times 0.02 \times 0.06}$$
$$= 3.27\%$$

⑥ $\rho = -1$ 일 때,

$$\sigma_P = |w_A\sigma_A - w_B\sigma_B| = |0.4 \times 2\% - 0.6 \times 6\%| = 2.8\%$$

이상의 내용을 정리하면 다음과 같다.

상관계수	+1	+0.5	0	−0.5	−1
기대수익률	16.00%	16.00%	16.00%	16.00%	16.00%
표준편차	4.40%	4.06%	3.69%	3.27%	2.80%

(2) 상관계수가 −1일 때, 얼마의 비율로 분산투자하면 포트폴리오의 위험이 0이 되는가?

해설 무위험포트폴리오를 구성하기 위한 A자산 투자비율 w_A^*는,

$$w_A^* = \frac{\sigma_B}{\sigma_A + \sigma_B} = \frac{6\%}{2\% + 6\%} = 75\%$$

즉, 상관계수가 −1일 때, A자산에 75%, B자산에 25% 투자하면 위험이 없다.

(3) 상관계수가 +0.5일 때 포트폴리오의 분산효과(표준편차 기준)는 얼마인가?

해설 상관계수가 +1일 때 분산효과가 없으므로 $\rho = +1$일 때의 σ_P에서 $\rho = +0.5$일 때의 σ_P를 차감한 값이 분산효과이다. 즉, 분산효과는 4.4% − 4.06% = 0.34%이다.

07 다음의 자료를 이용하여 답하라.

상 황	확 률	A주식 수익률	B주식 수익률
호 황	20%	10%	−10%
보 통	50%	30%	20%
불 황	30%	50%	40%

(1) 개별주식의 기대수익률과 표준편차를 구하라.

해설 $E(r_A) = 10\% \times 0.2 + 30\% \times 0.5 + 50\% \times 0.3 = 32\%$

$$\sigma_A^2 = (10\% - 32\%)^2 \times 0.2 + (30\% - 32\%)^2 \times 0.5 + (50\% - 32\%)^2 \times 0.3$$
$$= 196\%^2$$

$\sigma_A = 14\%$

$E(r_B) = (-10\%) \times 0.2 + 20\% \times 0.5 + 40\% \times 0.3 = 20\%$

$$\sigma_A^2 = (-10\% - 20\%)^2 \times 0.2 + (20\% - 20\%)^2 \times 0.5 + (40\% - 20\%)^2 \times 0.3$$
$$= 300\%^2$$

$\sigma_A = 17.32\%$

(2) 두 주식간의 공분산과 상관계수를 구하라.

해설 $Cov(r_A,\ r_B) = (10\% - 32\%)(-10\% - 20\%) \times 0.2 + (30\% - 32\%)(20\% - 20\%) \times 0.5$
$+ (50\% - 32\%)(40\% - 20\%) \times 0.3 = 240\%^2$

$$\rho_{A,B} = \frac{240\%^2}{14\% \times 17.32\%} = 0.99$$

08 다음 자료를 사용하여 물음에 답하라.

상 황	확 률	A주식 수익률	B주식 수익률
호 황	25%	33%	35%
보 통	35%	17%	5%
약간불황	35%	7%	−25%
불 황	5%	−3%	−30%

(1) A주식에 25%, B주식에 25%, C주식에 50%를 투자한 포트폴리오의 기대수익률을 구하라.

해설 $E(r_A) = 33\% \times 0.25 + 17\% \times 0.35 + 7\% \times 0.35 + (-3\%) \times 0.05 = 16.5\%$

$E(r_B) = 35\% \times 0.25 + 5\% \times 0.35 + (-25\%) \times 0.35 + (-30\%) \times 0.05 = 0.25\%$

$E(r_C) = 23\% \times 0.25 + 15\% \times 0.35 + (-10\%) \times 0.35 + (-17\%) \times 0.05 = 6.65\%$

$E(r_P) = 16.5\% \times 0.25 + 0.25\% \times 0.25 + 6.65\% \times 0.5 = 7.51\%$

호황 상황 :

포트폴리오 수익률 = 33% × 0.25 + 35% × 0.25 + 23% × 0.5 = 28.5%

보통 상황 :

포트폴리오 수익률 = 17% × 0.25 + 5% × 0.25 + 15% × 0.5 = 13%

약간 불황 상황 :

포트폴리오 수익률 = 7% × 0.25 + (−25%) × 0.25 + (−10%) × 0.5 = −9.5%

불황 상황 :

포트폴리오 수익률 = (−3%) × 0.25 + (−30%) × 0.25 + (−17%) × 0.5 = −16.75%

(2) (1)번에서 구성한 포트폴리오의 분산과 표준편차를 구하라.

해설 $\sigma_P^2 = (28.5\% - 7.51\%)^2 \times 0.25 + (13\% - 7.51\%)^2 \times 0.35 + (-9.5\% - 7.51\%)^2 \times 0.35$
$+ (-16.75\% - 7.51\%)^2 \times 0.05 = 251.39\%^2$

$\sigma_P = \sqrt{251.39\%^2} = 15.86\%$

09 **형돈이는 위험을 싫어하여 이자율이 4%인 무위험자산에 투자하고 준하는 기대수익률이 15%이고 β = 1.5인 주식에 투자하려고 한다(각각 100만원씩). 그러다가 둘은 서로 주식을 합하여 포트폴리오를 만들기로 했다.**

(1) 형돈이는 시장과 동일한 위험(β = 1)을 갖는 포트폴리오를 만들자고 주장한다. 그러기 위해서는 주식과 무위험자산에 각각 어떤 비중으로 투자해야 하는가?

해설 준하가 투자하려고 했었던 주식에 투자하는 비중을 w_1이라고 하면,

$w_1 \times 1.5 + (1 - w_1) \times 0 = 1$

$\therefore\ w_1 = 0.67,\ w_2 = 0.33$

따라서 준하가 투자하려고 했던 주식에 67%, 형돈이가 투자하려고 했던 무위험자산에 33%를 투자한다.

(2) 준하는 크게 한방 터뜨려 보자며 형돈이에게 30%의 수익률을 달성할 포트폴리오를 만들자고 주장한다. 그러기 위해서는 주식과 무위험자산에 각각 어떤 비중으로 투자해야 하는가?

해설 $30\% = w_1 \times 15\% + (1 - w_1) \times 4\%$

$\therefore\ w_1 = 2.36,\ w_2 = -1.36$

주식에 2.36의 비중으로 투자하고 무위험자산에 −1.36비중으로 투자한다. 각각 100만원씩 투자하기로 했으므로 총 투자금액은 200만원이다. 따라서 200만원 × (−1.36) = −272만원. 즉, 272만원을 4%로 차입하여 472만원(= 200만원 × 2.36)을 주식에 투자한다.

10 투자자 지현은 다음과 같은 상호배타적인 투자안을 고려중이다.

경기상황	확률	A주식	B주식	C주식	D주식	E주식
a	0.3	40%	30%	36%	30%	-8%
b	0.4	5%	5%	8%	10%	10%
c	0.3	-5%	-5%	-5%	-10%	32%

(1) 각 주식의 기대수익률과 표준편차를 구하라.

해설 ① 기대수익률 측정

A주식 : $0.3 \times 40\% + 0.4 \times 5\% + 0.3 \times (-5\%) = 12.5\%$

B주식 : $0.3 \times 30\% + 0.4 \times 5\% + 0.3 \times (-5\%) = 9.5\%$

C주식 : $0.3 \times 36\% + 0.4 \times 8\% + 0.3 \times (-5\%) = 12.5\%$

D주식 : $0.3 \times 30\% + 0.4 \times 10\% + 0.3 \times (-10\%) = 10\%$

E주식 : $0.3 \times (-8\%) + 0.4 \times 10\% + 0.3 \times 32\% = 11.2\%$

② 표준편차 측정

A주식 : $\sqrt{(0.4-0.125)^2 \times 0.3 + (0.05-0.125)^2 \times 0.4 + (-0.05-0.125)^2 \times 0.3}$
$= 18.5\%$

B주식 : $\sqrt{(0.3-0.095)^2 \times 0.3 + (0.05-0.095)^2 \times 0.4 + (-0.05-0.095)^2 \times 0.3}$
$= 14.0\%$

C주식 : $\sqrt{(0.36-0.125)^2 \times 0.3 + (0.08-0.125)^2 \times 0.4 + (-0.05-0.125)^2 \times 0.3}$
$= 16.3\%$

D주식 : $\sqrt{(0.3-0.1)^2 \times 0.3 + (0.1-0.1)^2 \times 0.4 + (-0.1-0.1)^2 \times 0.3}$
$= 15.5\%$

E주식 : $\sqrt{(-0.08-0.112)^2 \times 0.3 + (0.1-0.112)^2 \times 0.4 + (0.32-0.112)^2 \times 0.3}$
$= 15.5\%$

이상의 내용을 정리하면 다음과 같다.

구 분	A주식	B주식	C주식	D주식	E주식
기대수익률(%)	12.5	9.5	12.5	10.0	11.2
표 준 편 차(%)	18.5	14.0	16.3	15.5	15.5

(2) 지배원리에 의한 효율적 투자안을 선택하라.

해설 지배원리(dominance principle)에 의하면 위험수준이 같은 투자대상 중에서는 기대 수익률이 가장 높은 투자대상에 투자하고, 수익률이 같은 투자대상 중에서는 위험이 가장 작은 투자대상을 선택하게 된다. 각 투자안 중 A와 C주식은 기대수익률이 동일하며, D와 E주식은 위험이 동일한 주식으로 분류된다.

따라서 투자자 지현은 수익률이 동일한 A와 C주식 중에서는 위험이 작은 C주식을 선택하고, 위험이 동일한 D와 E주식 중에서는 수익률이 높은 E주식을 선택하게 된다. 또한 B주식은 어느 주식에 의해서도 지배당하지 않는 효율적 자산이다. 따라서 효율적 포트폴리오(efficient portfolio)는 B, C 그리고 E주식으로 구성된다.

(3) 투자자의 위험회피 정도에 따른 최적 투자안을 분리정리에 따라 결정하라.

해설 투자자들은 지배원리에 의해 선택된 효율적 포트폴리오 또는 효율적 프론티어 중 에서 자신들의 위험에 대한 태도에 따라 무차별효용곡선과 효율적 프론티어가 접하는 점에서 최적 투자 의사결정을 내리게 된다. 이렇듯 투자자의 최적투자 의사결정이 두 단계로 나누어진다는 정리를 분리정리(separation theorem)라 한다.

투자자들 중 위험을 적극적으로 회피하려고 하는 투자자는 위험도 작고 수익률도 낮은 B주식을 선택하고, 상대적으로 위험을 덜 회피하려고 하는 투자자는 C주식을 선택할 것이다. 그리고 중간적인 입장에 있는 투자자는 E주식을 선택할 것이다.

CHAPTER 06 기대수익률의 결정(CAPM)

제5장에서 우리는 자산의 위험을 측정하였다. 본장에서는 위험을 시장위험과 특수위험으로 분해한다. 특수위험은 개별기업 고유의 위험이므로 분산투자하면 제거가 가능한 위험이다. 그러나 시장위험은 거시경제변수에 의해 거의 모든 기업들이 함께 영향을 받는 위험이므로 분산투자해도 제거가 불가능한 위험이다. 결국 개별자산 또는 포트폴리오의 기대수익률을 결정하는 위험은 총위험이 아니다. 즉, 총위험 중에서 분산투자를 해도 제거가 불가능한 시장위험만이 기대수익률을 결정하는 위험이다. 본장에서는 기대수익률을 결정하는 모형인 자본자산 가격결정모형을 설명하기로 한다.

6.1 CAPM의 의의와 가정

(1) 의 의

자본자산 가격결정모형(Capital Asset Pricing Model : CAPM)은 균형상태하의 시장에서 자본자산들의 가격이 어떻게 결정되는지를 설명하는 모형이다. 자본자산이란 투자자가 미래에 수익을 얻을 수 있는 자산으로서 주식, 사채 등의 유가증권을 말한다. 그리고 CAPM은 투자자들이 Markowitz의 포트폴리오 이론에 따라 행동할 때 자본자산의 가격이 어떻게 결정되는지를 설명하는 이론이다. CAPM은 자본시장선(CML) 및 증권시장선(SML) 모두를 포함하고 있으나 일반모형은 증권시장선이다.

(2) 가 정

자본자산 가격결정모형은 다음과 같이 몇 가지 제한된 가정하에서 전개되고 있다.

① 투자자들은 Markowitz의 평균-분산(mean-variance) 기준에 따라 증권을 선택한다.
② 무위험자산(risk-free asset)이 존재하며 투자자들은 무위험이자율로 투자자금을 얼마든지 빌려 쓰거나 빌려 줄 수 있다.
③ 모든 투자자들은 자본자산의 수익률에 대하여 동질적 예측(homogeneous expectation)

을 한다.

④ 증권시장은 완전시장(perfect market)이다.

6.2 무위험자산과 자본시장선

(1) 무위험자산의 고려

투자대상에는 위험자산만 있는 것이 아니라 정부가 발행한 국채, 금융기관이 지급을 보증한 채권 등과 같은 무위험자산도 포함된다. 무위험자산을 고려하게 되면 효율적 포트폴리오는 위험자산만을 투자대상으로 하는 경우와는 달라지게 된다. [그림 1]에서 EF 곡선은 Markowitz의 효율적 프론티어를 나타내고 있다. 여기서 수익률이 r_f인 무위험자산 D(deposit : 예금)가 존재한다고 하자.

[그림 1] 무위험자산과 자본시장선

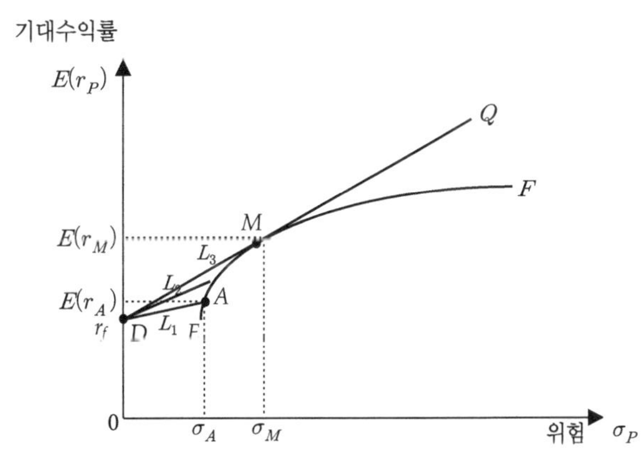

[그림 1]의 임의의 A점으로 표시된 포트폴리오와 D 무위험자산을 결합하여 새로운 포트폴리오를 구성하여 보자. 총투자금액 중 D 무위험자산에 투자한 자금의 비율을 w라 하면, 새로운 포트폴리오의 기대수익률 $E(r_P)$와 표준편차 σ_P는 다음과 같다.

$$E(r_P) = wr_f + (1-w)E(r_A) \qquad (1)$$

$$\begin{aligned}\sigma_P &= \sqrt{w^2\sigma_D^2 + (1-w)^2\sigma_A^2 + 2w(1-w)\sigma_{D,A}} \\ &= \sqrt{(1-w)^2\sigma_A^2} \\ &= (1-w)\sigma_A \\ &(\because\ \sigma_D = 0,\ \sigma_{D,A} = 0)\end{aligned} \tag{2}$$

σ_D : 무위험자산 수익률의 표준편차
σ_A : A 포트폴리오 수익률의 표준편차
$\sigma_{D,A}$: 무위험자산 수익률과 A 포트폴리오 수익률의 공분산
($\sigma_{D,A} = \rho_{D,A} \times \sigma_D \times \sigma_A$ 여기서 $\rho_{D,A}$는 A와 D간의 수익률의 상관계수임)

식 (2)를 w에 대하여 정리하고 이를 식 (1)에 대입하면 다음과 같은 결과를 얻을 수 있다.

$$E(r_P) = r_f + \frac{E(r_A) - r_f}{\sigma_A} \times \sigma_P \tag{3}$$

$E(r_P)$: 포트폴리오의 기대수익률
r_f : 무위험자산 수익률(무위험이자율)
$E(r_A)$: A 포트폴리오의 기대수익률
σ_A : A 포트폴리오 수익률의 표준편차
σ_P : 포트폴리오 수익률의 표준편차

식 (3)에 나타난 바와 같이, D 무위험자산과 A 포트폴리오를 결합한 새로운 포트폴리오는 [그림 1]의 위험-기대수익률 평면에서 r_f와 A를 연결하는 직선으로 나타난다.

D 무위험자산과 EF선상의 포트폴리오로 구성된 새로운 포트폴리오는 수없이 많다. [그림 1]에 표시된 직선 L_1, L_2, L_3들은 수많은 새로운 포트폴리오 중의 일부를 표시하고 있다. 여기에 지배원리를 적용하면 L_2를 구성하고 있는 포트폴리오들은 L_1상의 포트폴리오를 지배하며, L_3상의 포트폴리오들은 L_2상의 포트폴리오를 지배한다. 따라서 가장 효율적인 포트폴리오는 r_f에서 EF선에 접선을 그었을 때 접점 M과 r_f 및 Q를 연결하는 직선에 놓이게 된다. 그러므로 r_f, M, Q를 연결하는 선이 새로운 효율적 프론티어가 된다.

(2) 자본시장선의 도출

[그림 1]에서 M점의 왼쪽선은 투자자가 무위험자산과 M포트폴리오를 동시에 소유하는 것을 의미하며, M점의 오른쪽선은 투자자가 본래의 투자자금과 무위험이자율로 차입한 자금을 합하여, 이를 M포트폴리오에만 투자하는 것을 뜻한다. r_f, M, Q를 연결하는 직선의 M점의 왼편에 놓인 포트폴리오를 대출포트폴리오(lending portfolio)라 하고 M점의 오른편에 놓인 포트폴리오를 차입포트폴리오(borrowing portfolio)라고 한다.

[그림 1]의 r_fMQ직선을 자본시장선(capital market line : CML)이라고 한다. CML은 무위험자산과 M포트폴리오로 구성된 포트폴리오의 위험과 기대수익률간의 관계를 나타낸 선이다. 식 (1), (2), (3)의 관계를 이용하여 무위험자산과 M포트폴리오로 구성된 CML을 방정식으로 나타내면 다음과 같다.

$$E(r_P) = wr_f + (1-w)E(r_M) \cdots ①$$

$$\sigma_P = (1-w)\sigma_M \rightarrow w = 1 - \frac{\sigma_P}{\sigma_M} \cdots ②$$

②를 ①에 대입하면

$$E(r_P) = r_f + \frac{E(r_M) - r_f}{\sigma_M} \times \sigma_P \tag{4}$$

$E(r_P)$: 포드폴리오의 기대수익률
r_f : 무위험자산 수익률(무위험이자율)
$E(r_M)$: 시장포트폴리오의 기대수익률
σ_M : 시장포트폴리오 수익률의 표준편차
σ_P : 포트폴리오 수익률의 표준편차

CML의 기울기 $[E(r_M) - r_f] / \sigma_M$은 위험의 시장가격(market price of risk)이라고 하며, 이는 위험이 한 단위 증가할 때 요구되는 추가적인 기대수익률(보상수익률)의 크기를 의미한다. 그리고 M포트폴리오를 시장포트폴리오(market portfolio)라 한다. 시장포트폴리오는 무위험자산과 결합하여 효율적 포트폴리오를 구성할 때 이용되는 위험자산의 포트폴리오이다. 다시 말해서 투자자가 무위험자산과 결합해서 효율적 포트폴리오를 만들 때 위험자산의 포트폴리오로서 M포트폴리오를 구성한다는 의미이다.

시장에서 M포트폴리오는 모든 투자자들이 위험주식의 포트폴리오를 구성할 때 이용하는 주식의 풀(pool)이 된다. 따라서 현실적으로 M포트폴리오는 전체 상장주식으로

구성된 포트폴리오로 간주하고, M 포트폴리오의 기대수익률 $E(r_M)$과 위험 σ_M은 종합주가지수의 그것으로 대용한다.

6.3 최적 포트폴리오의 선택과 사례분석

(1) 최적 포트폴리오의 선택

[그림 2]의 A_1, A_2, A_3와 같은 무차별 효용곡선을 가진 투자자는 자금의 일부를 무위험자산에 투자하고 나머지 자금을 시장포트폴리오 M에 투자하여 그의 효용을 극대화시키는 포트폴리오 A를 선택한다. 또한 B_1, B_2, B_3로 표시된 무차별 효용곡선을 가진 상대적으로 공격적인 투자자는 자금을 전부 M에 투자하여 효용을 극대화할 것이다. C_1, C_2, C_3의 무차별 효용곡선을 가진 보다 더 공격적인 투자자는 포트폴리오 C를 선택하기 위하여 소유하고 있는 자금과 무위험이자율(무위험자산 수익률)로 차입한 자금을 합하여 전부 시장포트폴리오 M에 투자할 것이다.

[그림 2] 자본시장선과 최적 포트폴리오 선택

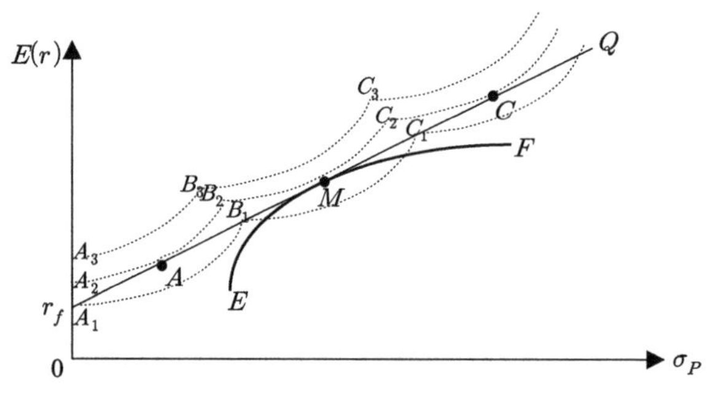

이와 같이 투자자들은 각자의 위험에 대한 태도에 따라 무위험자산과 시장포트폴리오간의 투자비율만을 조정함으로써 CML상에서 최적 포트폴리오를 선택한다. CML(r_fMQ선)상에 있는 포트폴리오는 무위험자산과 M 포트폴리오를 결합한 포트폴리오이다. M 포트폴리오는 시장에 상장되어 있는 주식들을 모두 포함한 형태의 포트폴리오이다. 따라서 CML을 기준으로 위험과 기대수익률간의 균형관계를 추정하려면 위험자산이 충분히 분산되어 있다는 것이 전제되어야 한다. 다시 말해서 CML은 충분히 분산 투자되어 비체계적 위험이 없는 상태 즉, σ_P안에 체계적 위험만 남아 있는 상태의 포트폴리오의 위험과 기대수익률간의 균형관계를 설명하는 모형이다.

사례분석

시장포트폴리오의 기대수익률은 12%, 시장포트폴리오 수익률의 표준편차는 10%이다. 그리고 무위험이자율은 5%이다.

① 자본시장선의 기울기를 구하라.

② 어떤 투자자가 가지고 있는 자금을

첫째, 무위험자산에 50%, 시장포트폴리오에 50% 투자하였을 경우

둘째, 투자자가 현재 가지고 있는 자금의 50%를 차입하여 모두 시장포트폴리오에 투자하였을 경우

각각에서 포트폴리오의 기대수익률 $E(r_P)$와 표준편차 σ_P를 계산하라.

③ 어떤 투자자가 무위험자산과 시장포트폴리오를 결합하여 새로운 포트폴리오를 구성하려고 한다. 이 투자자가 새로운 포트폴리오로부터 19%의 수익률을 기대한다고 할 때 무위험자산과 시장포트폴리오의 투자비율과 새로운 포트폴리오 수익률의 표준편차를 계산하라.

해 설

① 자본시장선의 기울기는 다음과 같다.

$$\frac{E(r_M) - r_f}{\sigma_M} = \frac{0.12 - 0.05}{0.1} = 0.7$$

② 첫째 경우 :

$$\begin{aligned} E(r_P) &= wr_f + (1-w)E(r_M) \\ &= (0.5)(0.05) + (0.5)(0.12) \\ &= 8.5\% \end{aligned}$$

$$\begin{aligned} \sigma_P &= \sqrt{w^2\sigma_D^2 + (1-w)^2\sigma_M^2 + 2w(1-w)\sigma_{D,M}} \\ &= (1-w)\sigma_M \\ &= (1-0.5)(0.1) \\ &= 5\% \end{aligned}$$

둘째 경우 :

$$\begin{aligned} E(r_P) &= wr_f + (1-w)E(r_M) \\ &= (-0.5)(0.05) + [1-(-0.5)](0.12) \\ &= 15.5\% \end{aligned}$$

$$\begin{aligned}\sigma_P &= \sqrt{w^2\sigma_D^2 + (1-w)^2\sigma_M^2 + 2w(1-w)\sigma_{D,M}} \\ &= (1-w)\sigma_M \\ &= [1-(-0.5)](0.1) \\ &= 15\%\end{aligned}$$

③ 무위험자산에 대한 투자비율을 w라 하면 다음 관계가 성립한다.

$$\begin{aligned}E(r_P) &= wr_f + (1-w)E(r_M) \\ &= w(0.05) + (1-w)(0.12) = 0.19\end{aligned}$$

$$\therefore\ w = -1$$

따라서 투자자가 새로운 포트폴리오로부터 19% 수익률을 기대하기 위하여는 가지고 있는 자금 만큼을 무위험이자율로 차입하여 이를 가지고 있는 자금과 합쳐서 시장포트폴리오에 투자하여야 한다. 새로운 포트폴리오 수익률의 표준편차 σ_P는 다음과 같다.

$$\begin{aligned}\sigma_P &= \sqrt{w^2\sigma_D^2 + (1-w)^2\sigma_M^2 + 2w(1-w)\sigma_{D,M}} \\ &= (1-w)\sigma_M \\ &= [1-(-1)](0.1) \\ &= 20\%\end{aligned}$$

6.4 포트폴리오의 체계적 위험과 비체계적 위험

(1) 체계적 위험

위험은 가능한 미래 투자수익률의 변동가능성으로 정의된다. 주식투자의 위험, 즉 총위험은 위험발생요인에 의하여 크게 두 가지로 나눌 수 있다. 하나는 체계적 위험(systematic risk)이며 다른 하나는 비체계적 위험(unsystematic risk)이다.

체계적 위험은 시장에서 거래되는 모든 주식의 가격변동에 공통적으로 영향을 미치는 요인에 의하여 발생하는 위험이다. 체계적 위험의 원천으로는 일반적으로 정치·경제·사회적 환경변화와 경기변동에 따른 위험, 미래 환율수준 변동에 따른 환율위험(exchange rate risk), 미래 금리수준 변동에 따른 이자율위험(interest rate risk), 물가변동에 따른 인플레이션 위험(inflation risk) 등을 들 수 있다.

(2) 비체계적 위험

비체계적 위험은 특정 기업이나 산업에 국한된 요인, 즉 경영성과, 노동쟁의, 소송사건, 신제품개발, 광고활동 등으로 인하여 발생하는 위험이다. 이러한 요인들은 모든 기업에 공통적으로 발생하는 것이 아니므로, 여러 주식에 분산투자함으로써 비체계적 위험은 제거될 수 있다.

포트폴리오의 위험은 포트폴리오를 구성하는 각 개별주식의 위험의 합보다 작아지게 된다. 포트폴리오를 구성하는 주식의 종류를 계속 증가시킬 때 포트폴리오의 위험이 작아지는 양상을 그림으로 나타내면 [그림 3]과 같다. [그림 3]에서 볼 수 있는 바와 같이, 포트폴리오의 위험은 분산투자로 제거시킬 수 있는 위험과 제거시킬 수 없는 위험으로 나눌 수 있다.

포트폴리오를 구성함으로써 제거되는 위험을 비체계적 위험, 분산가능위험(diversifiable risk) 또는 기업의 특수위험(firm's specific risk)이라 부른다. 그리고 아무리 많은 종류의 주식으로 포트폴리오를 구성하여도 제거되지 않고 남아 있는 위험을 체계적 위험, 분산불가능위험(undiversifiable risk) 또는 시장위험(market risk)이라 부른다. 충분히 분산투자한 포트폴리오의 위험은 궁극적으로 시장포트폴리오의 위험인 σ_M에 수렴한다.

[그림 3] 분산투자와 위험의 감소

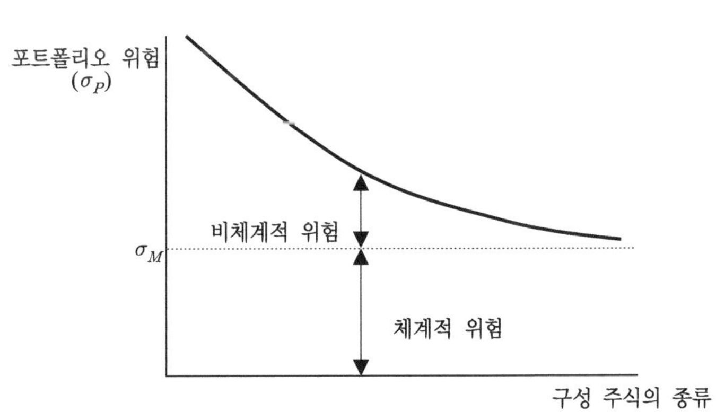

(3) 체계적 위험의 중요성

자본시장에서는 모든 투자자들이 분산투자하는 것으로 가정한다. 왜냐하면 모든 투자자들은 이성적인 투자자이므로 가능한 한 위험수준을 낮춰 그들의 기대효용을 극대화하려고 하기 때문이다. 만약 투자자들이 많은 주식으로 구성된 포트폴리오에 투자하면, 포트폴리오에 포함된 개별주식의 비체계적 위험은 완전히 사라지고 체계적 위험만이 남게 된다. 따라서 체계적 위험만이 위험에 대한 보상 대상이 된다.

사례분석

예를 들어 A전자와 B건설의 주식으로 구성된 포트폴리오의 표준편차가 20%이다. 이 포트폴리오의 기대수익률은 CML로 구하면 얼마인가? 이렇게 구한 포트폴리오의 기대수익률은 적정한지 그리고 그 이유를 설명하라. 시장포트폴리오의 기대수익률은 12%이고 표준편차(위험)는 10%이며 무위험이자율은 5%이다.

해 설

CML방정식은 다음과 같다.

$$E(r_P) = r_f + \frac{E(r_M) - r_f}{\sigma_M} \times \sigma_p$$

$$= 5\% + \frac{12\% - 5\%}{10\%} \times \sigma_p$$

$$= 5\% + 0.7 \times \sigma_P$$

따라서, $E(r_P) = 5\% + 0.7 \times 20\% = 19\%$이다. 이렇게 구한 기대수익률 19%는 적정하지 않고 과대 측정된 것으로 판단된다. 왜냐하면 2개 주식으로 구성된 포트폴리오는 충분히 분산투자되지 않았으므로 위험(표준편차)에는 체계적 위험 이외에도 비체계적 위험이 남아 있는 상태이다. 여기서 구한 $E(r_P)$ 19%는 비체계적 위험에 대한 보상도 포함되어 있는 상태이므로 과대 측정된 것으로 판단된다.

6.5 증권특성선

(1) 시장모형과 체계적 위험의 측정

Sharpe는 i주식의 t기간의 수익률 r_i를 시장포트폴리오의 수익률 r_M과 관련시켜 다음 식과 같은 모형을 제시하였다.

$$r_i = \alpha_i + \beta_i r_M + e_i \qquad (5)$$

r_i : i주식 수익률
r_M : 시장포트폴리오 수익률
α_i : 알파계수
β_i : 베타계수
e_i : 오차항

식 (5)를 시장모형(market model)이라고 부르기도 한다. 개별주식의 위험은 시장모형으로부터 다음과 같이 표시할 수 있다.

$$\begin{aligned} V(r_i) &= V(\alpha_i + \beta_i r_M + e_i) \\ &= V(\beta_i r_M) + V(e_i) + 2Cov(\beta_i r_M,\ e_i) \\ &= \beta_i^2 V(r_M) + V(e_i)\ (\text{또는} = \beta_i^2 \sigma_M^2 + \sigma_{e_i}^2) \end{aligned} \qquad (6)$$

($\because$ α_i는 상수이므로 분산에 영향을 주지 않고 $Cov(\beta_i r_M,\ e_i) = 0$임)

총위험 = 체계적 위험 + 비체계적 위험 (6′)

식 (6)에서 볼 수 있는 바와 같이, 개별주식의 총위험($V(r_i)$ 또는 σ_i^2)은 시장과 관련이 있는 $\beta_i^2 V(r_M)$과 시장과 관련이 없는 $V(e_i)$로 나누어진다. 즉, 식 (6′)가 성립한다. 여기서 $\beta_i^2 V(r_M)$은 체계적 위험을 나타내고 $V(e_i)$는 비체계적 위험을 나타낸다. 분산투자하면 비체계적 위험인 $V(e_P)$는 제거되어 없어지므로, 포트폴리오의 위험은 체계적 위험인 $\beta_P^2 V(r_M)$ 즉, $\beta_P^2 \sigma_M^2$만 남는다.

따라서 충분히 분산투자한 포트폴리오의 위험을 결정하는 요인은 개별주식의 β_i($\because$ $\beta_P = \sum w_i \beta_i$)와 시장포트폴리오의 위험인 σ_M이다. 결국 개별주식의 체계적 위험은 β지수로 나타낼 수 있고, β지수에 대한 위험보상모형이 필요하게 된다. 이런 모형의 대표적인 것이 증권시장선(SML)이다(6.6 참조).

(2) 증권특성선과 베타계수

식 (5)를 이용하여 r_i를 종속변수로, r_M을 독립변수로 하여 회귀분석하면 다음과 같은 회귀선을 구할 수 있다.

$$r_i = \alpha_i + \beta_i r_M \quad (7)$$

r_i : i주식 수익률
α_i : 상수항(알파계수)
β_i : i주식 베타(베타계수)
r_M : 시장포트폴리오 수익률

이 직선을 i주식의 증권특성선(security characteristic line)이라 한다. 증권특성선은 시장포트폴리오의 수익률이 변함에 따라 개별주식의 수익률이 어떻게 변하는지를 나타낸다. 증권특성선의 기울기 β_i는 i주식의 베타라고 한다. β_i는 체계적 위험을 나타내는 지수이며 β_i의 크기로 i주식의 체계적 위험의 크기를 알 수 있다. β_i는 다음 식으로 정의된다(β_i는 r_i와 r_M의 회귀선의 기울기).

$$\beta_i = \frac{Cov(r_i,\ r_M)}{\sigma_M^2} = \frac{\sigma_{i,M}}{\sigma_M^2} = \frac{\rho_{i,M}\sigma_i\sigma_M}{\sigma_M^2} = \frac{\rho_{i,M}\sigma_i}{\sigma_M} \quad (8)$$

$Cov(r_i,\ r_M)$: i주식 수익률과 시장포트폴리오 수익률간의 공분산 = σ_{iM}
σ_M^2 : 시장포트폴리오 수익률의 분산 = $V(r_M)$

또한, 포트폴리오의 β_P는 식 (9)와 같이 개별주식의 β_i를 가중평균하여 구한다.

$$\beta_P = \sum_{i=1}^{n} w_i \beta_i \quad (9)$$

한편, 개별주식의 체계적 위험과 비체계적 위험의 총위험에 대한 비율을 구하면 다음과 같다.

$$\frac{\text{체계적 위험}}{\text{총위험}} = \frac{\beta_i^2 V(r_M)}{V(r_i)} = \rho_{i,M}^2 \qquad (10)$$

$$(\because \text{ 식 (8)에서, } \beta_i^2 = \frac{\rho_{i,M}^2 \sigma_i^2}{\sigma_M^2} = \frac{\rho_{i,M}^2 V(r_i)}{V(r_M)})$$

$$\frac{\text{비체계적 위험}}{\text{총위험}} = \frac{V(e_i)}{V(r_i)} = \frac{V(r_i) - \beta_i^2 V(r_M)}{V(r_i)} = 1 - \rho_{i,M}^2 \qquad (11)$$

$$(\rho_{iM}: r_i\text{와 } r_M\text{간의 상관계수})$$

위의 식에서 상관계수의 제곱인 $\rho_{i,M}^2$을 결정계수(coefficient of determination) 또는 설명계수라 하며, 이는 총위험에 대한 체계적 위험의 비율이다. 다시 말해서 총위험 중 체계적 위험으로 설명되는 비율은 설명계수로 구할 수 있다. X변수인 r_M으로 설명할 수 있는 Y변수인 r_i의 변동성은 $\rho_{i,M}^2$%이다. 예를 들어 $\rho_{i,M}^2$ = 30%라는 것은 총위험 중 체계적 위험의 비중이 30%라는 의미이다. 또한 $1-\rho_{i,M}^2$은 총위험에 대한 비체계적 위험의 비율을 나타낸다.

사례분석

B, C주식에 대한 지료는 다음과 같다.

구 분	B주식	C주식
증권특성선	$r_B = 0.02 + 0.152 r_M$	$r_C = -0.011 + 1.52 r_M$
수익률의 표준편차(σ_i)	0.130	0.164
비체계적 위험(분산기준)($V(e_i)$)	0.011	0.014
시장포트폴리오 수익률과의 상관계수($\rho_{i,M}$)	0.591	0.692

① B, C주식 중 어느 주식이 방어적 주식인가? 그 이유는?

② B, C주식 중 어느 주식이 더 위험한가? 그 이유는?

③ B, C주식 중 분산투자 목적으로 어느 주식이 더욱 유리한가?

④ 어느 주식의 증권특성선이 미래를 더 정확히 예측할 수 있는가? 그 근거는?

⑤ B, C주식 각각에서 총위험 중 비체계적 위험이 차지하는 비율은?

⑥ B, C주식 각각에서 체계적 위험의 크기는(분산기준)?

해 설

① 증권특성선에서 $\beta_B = 0.152$, $\beta_C = 1.52$이므로, $\beta < 1$인 B주식이 방어적 주식이다.

② $\beta_B < \beta_C$, $\sigma_B < \sigma_C$ 이므로, C주식이 B주식보다 위험하다.

③ B주식의 상관계수가 작으므로, B주식이 C주식보다 유리하다. 즉, B주식의 비체계적 위험의 비중이 커서 분산효과는 B주식이 더 크다.

④ 결정계수 $\rho^2_{B,M} = 0.349$, $\rho^2_{C,M} = 0.479$이므로, C주식의 증권특성선이 B주식의 증권 특성선보다 미래를 더 정확히 예측할 수 있다.

⑤ B주식 : $\dfrac{\text{비체계적 위험}}{\text{총위험}} = \dfrac{V(e_B)}{\sigma^2_B} = \dfrac{0.011}{0.130^2} = 65.1\%$

C주식 : $\dfrac{\text{비체계적 위험}}{\text{총위험}} = \dfrac{V(e_C)}{\sigma^2_C} = \dfrac{0.014}{0.164^2} = 52.1\%$

⑥ 체계적 위험 $= \beta^2_i V(r_M) = \rho^2_{i,M} V(r_i)$이므로,

B주식의 체계적 위험 $= \rho^2_{B,M}\sigma^2_B = (0.591)^2(0.130)^2 = 0.0059$

C주식의 체계적 위험 $= \rho^2_{C,M}\sigma^2_C = (0.692)^2(0.164)^2 = 0.0129$

6.6 증권시장선

(1) 의 의

증권시장선(security market line : SML)은 자본자산 가격결정모형의 궁극적 모형이다. 다시 말해서 SML은 위험이 늘어날수록 어느 정도의 위험보상수익률이 적정한지를 결정하는 모형이다. 적정 요구수익률은 다음과 같이 무위험자산 수익률에 위험프리미엄을 더해서 결정된다.

적정 요구수익률 = 무위험자산 수익률 + 위험프리미엄

여기서 위험프리미엄을 구하는 것이 관건인데, 앞에서 얘기했듯이 위험프리미엄은

분산투자해도 제거되지 않는 체계적 위험에 대한 위험프리미엄이다. 체계적 위험이란 시장과 관련해서 발생하는 위험으로서 β계수로 측정한다. 시장포트폴리오의 β_M을 1로 정의하고 이에 대한 개별주식의 상대적인 민감도를 β_i로 나타낸다.

β = 2라는 것은 시장포트폴리오의 수익률이 1% 변동할 때 체계적(규칙적)으로 2%씩 변동한다는 의미이다. 즉, β = 2라는 것은 시장포트폴리오(예를 들면 KOSPI)의 수익률보다 2배씩 체계적으로 변동한다는 의미이다. 따라서 β = 2인 주식은 시장포트폴리오보다 2배의 체계적 위험을 갖고 있다.

시장에는 시장포트폴리오보다 체계적으로 더 변동하는 주식이 있는 반면에 시장보다 덜 변동하는 주식도 있다. 예를 들어 β = 0.5인 주식은 시장포트폴리오보다 0.5배의 체계적 위험을 갖고 있다는 의미이다. 다시 말해서 시장에는 β가 1보다 큰 주식이 있는 반면에 1보다 작은 주식도 있어서, 시장 전체인 시장포트폴리오의 β_M은 평균적으로 1이 되는 것이다.

β를 위험의 척도로 이용하여 위험프리미엄을 결정하는 모형이 증권시장선(SML)이다. β가 늘어날수록 위험프리미엄이 증가하는 것은 자명한데, 선형적인 증가인가 아니면 비선형적인가가 문제이다. 이를 설명하기 위해서는 편미분 방정식이 동원되므로 여기서는 생략한다. 결론적으로 얘기해서 선형적인 증가이므로 SML은 다음 식으로 나타난다.

$$E(r_i) = \text{무위험자산 수익률} + \text{위험프리미엄}$$

$$= r_f + [E(r_M) - r_f] \times \beta_i \qquad (12)$$

$$= r_f + \frac{[E(r_M) - r_f]}{\sigma_M^2} \times Cov(r_i,\ r_M) \qquad (12')$$

$E(r_i)$: i주식의 기대수익률(요구수익률)
r_f : 무위험자산 수익률(무위험이자율)
$E(r_M)$: 시장포트폴리오의 기대수익률
β_i : i주식 베타 ($= \frac{Cov(r_i,\ r_M)}{\sigma_M^2}$)
$Cov(r_i,\ r_M)$: i주식 수익률과 시장포트폴리오 수익률간의 공분산 = σ_{iM}

식 (12)에서 살펴볼 수 있는 바와 같이, i주식의 기대수익률 $E(r_i)$는 두 부분으로 구성되어 있다. 하나는 r_f로서, 이는 i주식이 위험이 전혀 없다 하더라도 시간경과에 따른 보상으로 주어지는 무위험자산 수익률이다.

다른 하나는 $[E(r_M)-r_f] \times \beta_i$ 로서 이는 i주식이 가지고 있는 위험에 대한 보상으로 주어지는 위험프리미엄(risk premium)이다. 여기서 $E(r_M) - r_f$는 β위험 단위당 보상수익률을 의미하는데, 이를 위험의 시장가격(market price per risk : MPR)또는 시장위험프리미엄(market risk premium)이라고도 한다.

체계적 위험을 시장포트폴리오만큼 부담하는 주식은 식 (12)에서 β가 1이므로 $E(r_M) - r_f$만큼의 위험프리미엄을 갖게 된다. 즉, $\beta = 1$인 주식은 무위험자산 수익률 r_f에 시장위험프리미엄 $E(r_M) - r_f$를 추가해서 전체적으로 $E(r_M)$의 적정 요구수익률을 갖는다.

(2) 증권시장선과 가격결정

SML을 그림으로 나타내면 [그림 4]와 같다.

[그림 4] 증권시장선과 가격결정

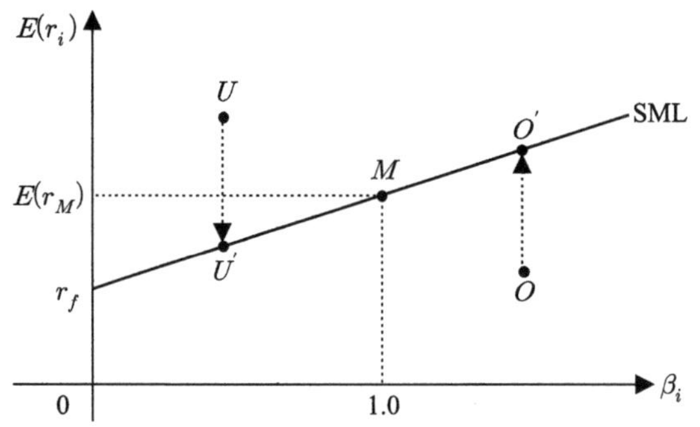

[그림 4]는 식 (12)의 증권시장선(SML)과 가격결정 과정을 보여준다. 시장이 균형상태를 이루지 못하여 [그림 4]에서 볼 수 있는 바와 같이 SML상에 놓이지 못한 주식 U와 O가 존재한다고 하자. 주식 U는 가격이 과소평가(underpriced)되어 있다. 즉, 주식 U의 위험수준에 비하여 예상수익률이 높으므로(가격이 낮으므로), 투자자들의 주식 U에 대한 수요가 증가한다. 그 결과 주식 U의 가격은 상승하고, 예상수익률이 SML상의 U′에 이를 때까지 하락하게 된다. 이 때 비로소 주식 U에 대한 수요와 공급은 균형을 이루게 된다.

한편, 주식 O는 가격이 과대평가(overpriced)되어 있다. 즉, 주식 O의 위험수준에 비하여 예상수익률이 낮으므로(가격이 높으므로), 주식 O에 대한 수요가 감소된다.

그 결과 주식 O의 가격이 하락하고, 예상수익률이 SML상의 O′에 이를 때까지 상승하게 된다. 이 때 비로소 주식 O에 대한 수요와 공급이 균형을 이루게 된다.

이와 같이 증권의 체계적 위험에 따라 SML을 기초로 증권의 예상수익률이 기대수익률 즉, 균형수익률에 이르고, 이 균형수익률이 할인율로 사용되어 증권의 균형가격이 결정된다.

정리문제

01 **무위험자산 수익률(r_f)이 4.5%, 시장포트폴리오의 기대수익률($E(r_M)$)이 11%, 시장포트폴리오 수익률의 표준편차(σ_M)가 5%일 때 다음 자료를 이용하여 물음에 답하라.**

주 식	예상수익률	표준편차	시장포트폴리오 수익률과의 상관계수
A	13%	10%	0.7
B	13%	15%	0.4

(1) 증권시장선을 구하라.

(2) A주식과 B주식의 β를 각각 구하라.

(3) A주식과 B주식의 체계적 위험과 비체계적 위험의 크기(분산기준)를 구하라.

(4) 어떤 투자자가 A주식과 B주식 중 한 곳에 투자하고자 할 때, 어느 곳에 투자하는 것이 바람직하겠는가?

02 **A주식의 현재 가격은 10,000원이며 기대수익률은 12%이다. 개별주식의 위험프리미엄은 7%이고 베타는 1.2이다. 그리고 시장은 균형상태이다.**

(1) A주식의 β위험 단위당 보상률은 얼마인가?

(2) A기업이 영속적으로 일정한 배당을 준다고 할 때, 현재 가격을 기준으로 주당배당금은 얼마인가?

(3) A주식의 베타가 현재의 2배가 되면 위험프리미엄은 어떻게 되는가? 그리고 그때 주식의 적정가격은 얼마인가?

03 **다음은 시장포트폴리오와 A주식에 대한 자료이다.**

시장포트폴리오의 기대수익률	12%
무위험자산 수익률	5%
A주식의 베타	1.2
A주식의 예상수익률	20%

A기업은 현재 주당배당금을 500원 지급하였고, 이 기업의 성장률은 연 5%이다. A주식은 적정 평가되어 있는가?

04 A, B 두 주식의 관련 자료를 보고 다음을 구하라. 무위험이자율은 연 6%이다.

A주식	B주식
기대수익률 18%	초과수익률 = 16%
$\beta = 1.5$	

(1) 시장포트폴리오의 기대수익률은 얼마인가?

(2) B주식의 β를 구하라.

(3) 두 주식을 결합하여, β = 1.8인 포트폴리오를 구성하려고 한다. A, B 주식의 투자비율은 각각 얼마이어야 하는가?

05 다음은 주식시장과 i주식의 연간 기대수익률을 나타낸 것이다.

연 도	주식시장 수익률	i주식 수익률
$t-2$	4%	10%
$t-1$	6%	14%
t	8%	21%

무위험이자율 r_f = 연 4%이고 투자금액은 100억원이다.

(1) 50%를 무위험자산에 투자하고 50%를 i주식에 투자하여 구성한 포트폴리오의 기대수익률과 베타는 얼마인가?

(2) 45%의 기대수익률을 달성하기 위해서는 무위험자산과 i주식에 각각 얼마씩 투자해야 하는가?

06 A주식은 매년 5,000원의 주당배당금을 영구히 지급할 예정이며 A주식의 기대수익률은 연 10%이다. 무위험이자율은 연 6%이고, 주식시장 수익률의 표준편차는 연 7%이고, A자산의 표준편차는 연 8%, 시장지수와 A자산의 상관계수가 0.7이다. A주식의 베타를 구하라. 만약 A주식의 베타가 1.5가 되면 주식의 적정가격은 얼마로 변할 것인가? 단, 시장은 균형상태이다.

07 **옥수주식의 베타는 1.7이고 기대수익률은 연 16%이다. 그리고 무위험이자율은 연 10%이다.**

(1) 옥수주식의 β위험 단위당 보상률을 계산하라.

(2) 와우주식이 SML선상에 위치한다는 가정하에 와우주식의 베타가 0.5이면 기대수익률은 얼마인가?

(3) 두 주식을 이용하여 시장 전체와 동일한 위험을 갖는 포트폴리오를 구성하고자 한다. 옥수주식과 와우주식의 베타는 각각 1.7, 0.5이다. 각 주식의 투자 비중을 구하라.

08 **자본자산 가격결정모형(CAPM)이 성립한다고 가정하자. 당신은 현재 베타가 2인 주식을 가지고 있다(현재 주식은 균형가격을 형성하고 있다). 주주의 요구수익률은 연 15%이고 시장수익률은 연 10%이다. 그러나 갑자기 경제적 상황 때문에, 시장의 요구수익률이 20%로 증가한다. 이런 상황 변화는 주주의 요구수익률을 어떻게 변화시키겠는가?**

09 **투자자는 주식 A와 B, 그리고 무위험채권에 분산투자하려고 한다. 목표는 연 15%의 기대수익률과 시장평균위험의 90% 정도에 해당하는 위험을 갖는 포트폴리오를 만드는 것이다. 주식 A의 기대수익률이 연 30%, 베타가 1.5이고 주식 B의 기대수익률이 연 20%, 베타가 1.2이며, 무위험이자율이 연 6%라면 주식 A, B, 무위험채권에 각각 어떤 비중으로 투자하여야 하는가?**

10 **다음의 자료를 사용해서 물음에 답하라. 단, 무위험이자율은 8%이다.**

상 황	확 률	종합주가지수 수익률	갑 주식의 수익률
호 황	0.5	20%	50%
보 합	0.3	10%	30%
불 황	0.2	−10%	−20%

(1) 증권시장선을 구하라.

(2) 갑 주식의 예상수익률을 구하라.

(3) 갑 주식의 요구수익률을 구하라

(4) 갑 주식의 과소·과대평가 여부를 판단하라.

11 재석이가 투자하는 포트폴리오에는 A주식과 B주식이 있다. A주식의 표준편차는 12%이고 시장과의 상관계수는 0.3이다. B주식의 표준편차는 25%이고 시장과의 상관계수는 0.8이다. 만약 재석이가 A주식에 50%, B주식에 50%를 투자하는 포트폴리오를 구성한다면 이 포트폴리오의 베타는 얼마인가? (시장포트폴리오의 표준편차는 15%)

12 A주식의 주가는 현재 $50이고 내년에 경기가 불황이면 $40, 보통이면 $55, 호황이면 $60가 된다. 각각의 확률은 0.1, 0.8, 0.1이 된다. A주식의 시장수익률과의 상관계수는 0.8이다. B주식의 기대수익률은 9%이고 표준편차는 12%, 시장포트폴리오와의 상관계수는 0.6이다. 시장포트폴리오의 표준편차는 10%이다. 투자자가 전형적인 위험회피자라면 어느 주식을 선호하겠는가?

정리문제에 대한 해설

01 무위험자산 수익률(r_f)이 4.5%, 시장포트폴리오의 기대수익률($E(r_M)$)이 11%, 시장포트폴리오 수익률의 표준편차(σ_M)가 5%일 때 다음 자료를 이용하여 물음에 답하라.

주식	예상수익률	표준편차	시장포트폴리오 수익률과의 상관계수
A	13%	10%	0.7
B	13%	15%	0.4

(1) 증권시장선을 구하라.

해설 $SML: E(r_i) = r_f + [E(r_M) - r_f] \times \beta_i$

위 식에 주어진 자료를 대입하여 SML를 구하면 다음과 같다.

$E(r_i) = 4.5\% + [11\% - 4.5\%] \times \beta_i$

(2) A주식과 B주식의 β를 각각 구하라.

해설 주식 i의 베타 β_i는 다음 식으로 정의된다.

$$\beta_i = \frac{Cov(r_i,\ r_M)}{\sigma_M^2} = \frac{\rho_{i,M}\sigma_i\sigma_M}{\sigma_M^2} = \frac{\rho_{i,M}\sigma_i}{\sigma_M}$$

주어진 식을 이용하여 주식 A와 B의 β를 구하면 각각 다음과 같다.

$$\beta_A = \frac{0.7 \times 0.1}{0.05} = 1.4$$

$$\beta_B = \frac{0.4 \times 0.15}{0.05} = 1.2$$

(3) A주식과 B주식의 체계적 위험과 비체계적 위험의 크기(분산기준)를 구하라.

해설 A주식의 체계적 위험과 비체계적 위험의 크기는 다음과 같다.

체계적 위험 : $\beta_A^2\sigma_M^2 = (1.4)^2(0.05)^2 = 0.0049$

비체계적 위험 : $\sigma_A^2 - \beta_A^2\sigma_M^2 = (0.1)^2 - 0.0049 = 0.0051$

B주식의 체계적 위험과 비체계적 위험의 크기는 다음과 같다.

체계적 위험 : $\beta_B^2\sigma_M^2 = (1.2)^2(0.05)^2 = 0.0036$

비체계적 위험 : $\sigma_B^2 - \beta_B^2\sigma_M^2 = (0.15)^2 - 0.0036 = 0.0189$

(4) 어떤 투자자가 A주식과 B주식 중 한 곳에 투자하고자 할 때, 어느 곳에 투자하는 것이 바람직하겠는가?

해설 A주식의 기대수익률 :

$$E(R_A) = 4.5\% + [11\% - 4.5\%] \times \beta_A$$
$$= 4.5\% + 6.5\% \times 1.4 = 13.6\%$$

A주식의 기대수익률 (13.6%) > 예상수익률 (13%)

A주식의 예상수익률 13%는 기대수익률보다 낮으므로, A주식은 과대평가 되어있다. 즉, A주식의 위험수준에 비하여 예상수익률이 낮으므로, A주식에 대한 수요가 감소된다. 그 결과 A주식의 가격이 하락하게 된다.

B주식의 기대수익률 :

$$E(R_B) = 4.5\% + [11\% - 4.5\%] \times \beta_B$$
$$= 4.5\% + 6.5\% \times 1.2 = 12.3\%$$

B주식의 기대수익률(12.3%) < 예상수익률(13%)

B주식의 예상수익률 13%는 기대수익률 12.3%보다 높으므로, B주식은 과소평과 되어있다. 즉, B주식은 위험수준에 비하여 예상수익률이 높으므로, B주식에 대한 수요가 증가한다. 그 결과 B주식의 가격이 상승하게 된다.

∴ 그러므로 B주식에 투자하는 것이 바람직하다.

02 A주식의 현재 가격은 10,000원이며 기대수익률은 12%이다. 개별주식의 위험프리미엄은 7%이고 베타는 1.2이다. 그리고 시장은 균형상태이다.

(1) A주식의 β위험 단위당 보상률은 얼마인가?

해설 $E(r_A) = r_f + [E(r_M) - r_f] \times \beta_A$

$12\% = r_f + 7\%$

$\therefore r_f = 5\%$

$$\therefore \ \beta\text{위험 단위당 보상률} = \frac{E(r_A) - r_f}{\beta_A} = \frac{12\% - 5\%}{1.2} = 5.83\%$$

(2) A기업이 영속적으로 일정한 배당을 준다고 할 때, 현재 가격을 기준으로 주당배당금은 얼마인가?

해설 주식가격 = 주당배당금/기대수익률

10,000원 = 주당배당금/12%

∴ 주당배당 = 1,200원

(3) A주식의 베타가 현재의 2배가 되면 위험프리미엄은 어떻게 되는가? 그리고 그때 주식의 적정가격은 얼마인가?

해설 베타가 2배가 되면 위험프리미엄도 2배가 된다.

위험프리미엄 = 7% × 2 = 14%

A주식의 기대수익률 = 5% + 7% × 2 = 19%

$$\text{A주식의 적정가격} = \frac{1{,}200\text{원}}{19\%} = 6{,}316\text{원}$$

03 다음은 시장포트폴리오와 A주식에 대한 자료이다.

시장포트폴리오의 기대수익률	12%
무위험자산 수익률	5%
A주식의 베타	1.2
A주식의 예상수익률	20%

A기업은 현재 주당배당금을 500원 지급하였고, 이 기업의 성장률은 연 5%이다. A주식은 적정 평가되어 있는가?

해설 시장에서 측정된 예상수익률을 이용하는 경우 현재가격을 구할 수 있고, SML에서 측정된 기대수익률을 이용하는 경우에 균형가격을 구할 수 있다.

$$\text{A주식의 현재가격} = \frac{DIV_0(1+g)}{\text{예상수익률} - g} = \frac{500\text{원}(1+0.05)}{20\% - 5\%} = 3{,}500\text{원}$$

SML공식을 이용하여 기대수익률을 구하면 다음과 같다.

$$\text{기대수익률} = r_f + [E(r_M) - r_f] \times \beta_A = 5\% + [12\% - 5\%] \times 1.2 = 13.4\%$$

A주식의 균형가격은 다음과 같다.

$$\text{A주식의 균형가격} = \frac{DIV_0(1+g)}{\text{기대수익률} - g} = \frac{500\text{원}(1+0.05)}{13.4\% - 5\%} = 6{,}250\text{원}$$

따라서 A주식은 현재 과소평가 되어 있다.
또는, 기대수익률(13.4%) < 예상수익률(20%)이므로 A주식은 현재 과소평가 되어 있다.

04 A, B 두 주식의 관련 자료를 보고 다음을 구하라. 무위험이자율은 연 6%이다.

A주식	B주식
기대수익률 18%	초과수익률 = 16%
β = 1.5	

(1) 시장포트폴리오의 기대수익률은 얼마인가?

해설 $E(r_A) = r_f + [E(r_M) - r_f] \times \beta_A$

$= 6\% + [E(r_M) - 6\%] \times 1.5 = 18\%$

$\therefore\ E(r_M) = 14\%$

(2) B주식의 β를 구하라.

해설 초과수익률 $= E(r_B) - r_f = 16\%$

$E(r_B) - 6\% = 16\%$

$E(r_B) = 22\%$

$$\frac{E(r_M) - r_f}{1} = \frac{E(r_A) - r_f}{\beta_A} = \frac{E(r_B) - r_f}{\beta_B}$$

$$\frac{14\% - 6\%}{1} = \frac{18\% - 6\%}{1.5} = \frac{22\% - 6\%}{\beta_B} = 8\%$$

$\therefore \beta_B = 2$

(3) 두 주식을 결합하여, β = 1.8인 포트폴리오를 구성하려고 한다. A, B 주식의 투자비율은 각각 얼마이어야 하는가?

해설 A주식 투자비율 $= w_A$라 하면 다음식이 성립한다.

$w_A \times 1.5 + (1 - w_A) \times 2 = 1.8$

$\therefore\ w_A = 40\%,\ w_B = 60\%$

05 **다음은 주식시장과 i주식의 연간 기대수익률을 나타낸 것이다.**

연 도	주식시장 수익률	i주식 수익률
$t-2$	4%	10%
$t-1$	6%	14%
t	8%	21%

무위험이자율 r_f = 연 4%이고 투자금액은 100억원이다.

(1) 50%를 무위험자산에 투자하고 50%를 i주식에 투자하여 구성한 포트폴리오의 기대수익률과 베타는 얼마인가?

해설 먼저 주식시장과 i주식의 기대수익률, 표준편차 및 공분산을 구한 후에 베타를 구하면 다음과 같다.

$E(r_M) = (4\% + 6\% + 8\%)\ /\ 3 = 6\%$

$$E(r_i) = (10\% + 14\% + 21\%) / 3 = 15\%$$

$$\sigma_M^2 = (4\% - 6\%)^2 \times \frac{1}{3} + (6\% - 6\%)^2 \times \frac{1}{3} + (8\% - 6\%)^2 \times \frac{1}{3} = 2.67\%^2$$

$$Cov(r_i,\ r_M) = \frac{(4\% - 6\%)(10\% - 15\%)}{3} + \frac{(6\% - 6\%)(14\% - 15\%)}{3} + \frac{(8\% - 6\%)(21\% - 15\%)}{3} = 7.33\%^2$$

$$\beta_i = \frac{Cov(r_i,\ r_M)}{\sigma_M^2} = \frac{7.33\%^2}{2.67\%^2} = 2.75$$

50% 대 50%의 투자비율로 구성한 포트폴리오의 기대수익률은 다음과 같다.

$$E(r_P) = w_1 \times r_f + w_2 \times E(r_i) = 0.5 \times 4\% + 0.5 \times 15\% = 9.5\%$$

i주식의 베타가 2.75이고, 무위험자산의 베타는 0이므로 50% : 50%의 투자비율로 구성한 포트폴리오의 베타는 다음과 같다.

$$\beta_P = w_1\beta_f + w_2\beta_i = 0.5 \times 0 + 0.5 \times 2.75 = 1.375$$

(2) 45%의 기대수익률을 달성하기 위해서는 무위험자산과 i주식에 각각 얼마씩 투자해야 하는가?

해설 $E(r_P) = w_1 \times r_f + (1 - w_1) \times E(r_i)$

$= w_1 \times 4\% + (1 - w_1) \times 15\% = 45\%$

$\therefore\ w_1 = -273\%,\ w_2 = 373\%$

즉, 무위험이자율로 273억원을 차입하고, i주식에 373억원(차입금 273억원 + 본래 투자금액 100억원)을 투자하여 구성한 포트폴리오의 기대수익률은 45%이다.

06 A주식은 매년 5,000원의 주당배당금을 영구히 지급할 예정이며 A주식의 기대수익률은 연 10%이다. 무위험이자율은 연 6%이고, 주식시장 수익률의 표준편차는 연 7%이고, A자산의 표준편차는 연 8%, 시장지수와 A자산의 상관계수가 0.7이다. A주식의 베타를 구하라. 만약 A주식의 베타가 1.5가 되면 주식의 적정가격은 얼마로 변할 것인가? 단, 시장은 균형상태이다.

해설 A주식의 베타는 다음과 같다.

$$\beta_A = \frac{\rho_{iM} \times \sigma_A}{\sigma_M} = \frac{0.7 \times 8\%}{7\%} = 0.8$$

A주식의 현재가격은 다음과 같이 50,000원이다.

$$P_0 = \frac{\text{주당배당금}}{\text{기대수익률}} = \frac{5{,}000\text{원}}{10\%} = 50{,}000\text{원}$$

베타를 이용하여 시장 기대수익률 $E(r_M)$을 구해보면,

$$E(r_A) = r_f + [E(r_M) - r_f] \times \beta_A$$
$$10\% = 6\% + [E(r_M) - 6\%] \times 0.8$$
$$\therefore\ E(r_M) = 11\%$$

새로운 베타 1.5에서 A자산의 기대수익률과 적정가격은,

$$E(r_A) = 6\% + [11\% - 6\%] \times 1.5 = 13.5\%$$

$$\text{새로운 } P_0 = \frac{5{,}000}{0.135} = 37{,}037\text{원}$$

즉, 베타 증가로 인한 위험 증가 때문에 A주식의 적정가격이 50,000원에서 37,037원으로 떨어질 것이다.

07 옥수주식의 베타는 1.7이고 기대수익률은 연 16%이다. 그리고 무위험이자율은 연 10%이다.

(1) 옥수주식의 β위험 단위당 보상률을 계산하라.

해설 β위험 단위당 보상률 $= \dfrac{16\% - 10\%}{1.7} = 3.53\%$

(2) 와우주식이 SML선상에 위치한다는 가정하에 와우주식의 베타가 0.5이면 기대수익률은 얼마인가?

해설 와우주식이 SML선상에 위치한다면 와우주식의 β위험 단위당 보상률은 옥수주식의 β위험 단위당 보상률인 3.53%와 같아야 한다.

$$\frac{E(r_{\text{와우}}) - 10\%}{0.5} = 3.53\%$$

따라서 와우주식의 기대수익률 $E(r_{\text{와우}}) = 11.765\%$

(3) 두 주식을 이용하여 시장 전체와 동일한 위험을 갖는 포트폴리오를 구성하고자 한다. 옥수주식과 와우주식의 베타는 각각 1.7, 0.5이다. 각 주식의 투자 비중을 구하라.

해설 $w_{\text{옥수}} \times 1.7 + (1 - w_{\text{옥수}}) \times 0.5 = 1$에서,

$w_{\text{옥수}} = 0.42$

$\therefore$ 옥수주식 42%, 와우주식 58%

08 자본자산 가격결정모형(CAPM)이 성립한다고 가정하자. 당신은 현재 베타가 2인 주식을 가지고 있다(현재 주식은 균형가격을 형성하고 있다). 주주의 요구수익률은 연 15%이고 시장수익률은 연 10%이다. 그러나 갑자기 경제적 상황 때문에, 시장의 요구수익률이 20%로 증가한다. 이런 상황 변화는 주주의 요구수익률을 어떻게 변화시키겠는가?

해설 이 문제를 풀려면 우선 무위험이자율부터 구해야 한다. 이를 구하면,

$$E(r_i) = r_f + [E(r_M) - r_f] \times \beta_i$$
$$0.15 = r_f + (0.1 - r_f) \times 2$$
$$0.15 = r_f + 0.2 - 2r_f$$
$$r_f = 0.05$$

무위험이자율은 5%가 된다. 시장의 요구수익률이 20%로 변하면 주식의 요구수익률은 다음과 같이 된다.

$$E(r_i) = 0.05 + (0.2 - 0.05) \times 2$$
$$= 35\%$$

09 투자자는 주식 A와 B, 그리고 무위험채권에 분산투자하려고 한다. 목표는 연 15%의 기대수익률과 시장평균위험의 90% 정도에 해당하는 위험을 갖는 포트폴리오를 만드는 것이다. 주식 A의 기대수익률이 연 30%, 베타가 1.5이고 주식 B의 기대수익률이 연 20%, 베타가 1.2이며, 무위험이자율이 연 6%라면 주식 A, B, 무위험채권에 각각 어떤 비중으로 투자하여야 하는가?

해설 ① 기대수익률을 이용해서 투자비중 유도

$$0.3 \times w_A + 0.2 \times w_B + 0.06 \times (1 - w_A - w_B) = 0.15$$

이를 정리하면 다음과 같다.

$$0.24w_A + 0.14w_B = 0.09$$

② 베타를 이용해서 투자비중 유도

$$1.5w_A + 1.2w_B = 0.9$$

③ 연립방정식 풀이

①, ②식으로 연립방정식을 풀면 다음과 같다.

$$0.24w_A + 0.14w_B = 0.09$$
$$1.5w_A + 1.2w_B = 0.9$$

주식 A의 투자비중 : $w_A = -0.23 = -23\%$

주식 B의 투자비중 : $w_B = 1.038 = 103.8\%$

무위험채권의 투자비중 : $w_C = 0.192 = 19.2\%$

10 다음의 자료를 사용해서 물음에 답하라. 단, 무위험이자율은 8%이다.

상 황	확 률	종합주가지수 수익률	갑 주식의 수익률
호 황	0.5	20%	50%
보 합	0.3	10%	30%
불 황	0.2	−10%	−20%

(1) 증권시장선을 구하라.

해설 먼저 시장 기대수익률을 구한다.

$$E(r_M) = 20\% \times 0.5 + 10\% \times 0.3 + (-10\%) \times 0.2 = 11\%$$

계산한 시장 기대수익률과 주어진 무위험이자율로 증권시장선을 구한다.

$$E(r_i) = r_f + [E(r_M) - r_f] \times \beta_i = 8\% + [11\% - 8\%] \times \beta_i$$
$$= 8\% + 3\% \times \beta_i$$

(2) 갑 주식의 예상수익률을 구하라.

해설 예상수익률 $= 50\% \times 0.5 + 30\% \times 0.3 + (-20\%) \times 0.2 = 30\%$

(3) 갑 주식의 요구수익률을 구하라.

해설 먼저 갑 주식의 β_i를 측정하면 다음과 같다.

$$\beta_i = \frac{\sigma_{i,M}}{\sigma_M^2} = \frac{300\%^2}{129\%^2} = 2.326$$

$$\sigma_M^2 = (20\% - 11\%)^2 \times 0.5 + (10\% - 11\%)^2 \times 0.3 + (-10\% - 11\%)^2 \times 0.2$$
$$= 129\%^2$$

$$\sigma_{i,M} = (20\% - 11\%)(50\% - 30\%) \times 0.5$$
$$+ (10\% - 11\%)(30\% - 30\%) \times 0.3$$
$$+ (-10\% - 11\%)(-20\% - 30\%) \times 0.2$$
$$= 300\%^2$$

∴ 요구수익률 $= 8\% + 3\% \times \beta_i = 8\% + 3\% \times 2.326 = 14.98\%$

(4) 갑 주식의 과소·과대평가 여부를 판단하라.

해설 예상수익률 30%가 요구수익률 14.98%보다 높으므로 현재 가격은 과소평가되어 있다.

11 재석이가 투자하는 포트폴리오에는 A주식과 B주식이 있다. A주식의 표준편차는 12%이고 시장과의 상관계수는 0.3이다. B주식의 표준편차는 25%이고 시장과의 상관계수는 0.8이다. 만약 재석이가 A주식에 50%, B주식에 50%를 투자하는 포트폴리오를 구성한다면 이 포트폴리오의 베타는 얼마인가? (시장포트폴리오의 표준편차는 15%)

해설 먼저 A주식의 베타와 B주식의 베타를 알아야 한다.

$$\beta_A = \frac{Cov(r_A,\ r_M)}{\sigma_M^2} = \frac{\rho_{A,M} \times \sigma_A}{\sigma_M} = \frac{0.3 \times 12\%}{15\%} = 0.24$$

$$\beta_B = \frac{Cov(r_B,\ r_M)}{\sigma_M^2} = \frac{\rho_{B,M} \times \sigma_B}{\sigma_M} = \frac{0.8 \times 25\%}{15\%} = 1.33$$

따라서 포트폴리오의 베타(β_P)는 다음과 같다.

$$\beta_P = 0.5 \times 0.24 + 0.5 \times 1.33 = 0.785$$

12 A주식의 주가는 현재 $50이고 내년에 경기가 불황이면 $40, 보통이면 $55, 호황이면 $60가 된다. 각각의 확률은 0.1, 0.8, 0.1이 된다. A주식의 시장수익률과의 상관계수는 0.8이다. B주식의 기대수익률은 9%이고 표준편차는 12%, 시장포트폴리오와의 상관계수는 0.6이다. 시장포트폴리오의 표준편차는 10%이다. 투자자가 전형적인 위험회피자라면 어느 주식을 선호하겠는가?

해설 A주식과 B주식의 기대수익률과 표준편차는 다음과 같다.

$$E(R_A) = (-0.2) \times 0.1 + 0.1 \times 0.8 + 0.2 \times 0.1 = 8\%$$

$$\sigma_A^2 = (-0.2 - 0.08)^2 \times 0.1 + (0.1 - 0.08)^2 \times 0.8 + (0.2 - 0.08)^2 \times 0.1 = 0.96\%$$

$$\sigma_A = 9.8\%$$

$$\beta_A = \frac{\sigma_{A,M}}{\sigma_M^2} = \rho_{AM} \times \frac{\sigma_A}{\sigma_M} = 0.8 \times \frac{9.8\%}{10\%} = 0.784$$

$$E(R_B) = 9\%$$

$$\sigma_B = 12\%$$

$$\beta_B = \frac{\sigma_{B,M}}{\sigma_M^2} = \rho_{BM} \times \frac{\sigma_B}{\sigma_M} = 0.6 \times \frac{12\%}{10\%} = 0.72$$

∴ B주식이 A주식을 지배하므로 B주식을 선택한다.

CHAPTER 07 자본비용

기업의 투자 결정과 자본조달 결정은 매우 밀접한 관계를 지니고 있으며, 이 두 의사결정을 연결하는 역할을 하는 것이 자본비용(cost of capital)이다. 즉, 자본비용은 재무관리의 양대 기능인 투자 결정과 자본조달 결정의 기준이 된다. 앞에서 우리는 자산의 가치가 미래 현금흐름과 적정할인율에 의해서 결정됨을 공부한 바 있다. 본장에서 설명하는 자본비용이 바로 적정할인율로 이용되고 있다. 본장에서는 자본비용의 의미와 측정방법을 설명하기로 한다. 또한 본장에서는 위험과 자본비용간의 관계에 대해서도 살펴보기로 한다.

7.1 자본비용의 의의와 기능

(1) 의 의

자본비용은 "기업이 자본을 사용하는 대가로 자본제공자들에게 지급하는 비용"을 의미한다. 이론적으로 자본비용은 "기업의 가치를 하락시키지 않게 하기 위하여 새로운 투자로부터 벌어들여야 하는 최소한의 요구수익률"이다.

(2) 기 능

자본비용의 기능은 다음과 같다.

첫째, 자본비용은 투자를 정당화하기 위한 최소한의 수익률이기 때문에 투자가치평가의 명백한 기준이 된다.

둘째, 자본비용은 투자에 필요한 자금의 조달방법을 결정하는 기준이 된다.

셋째, 자본비용은 기업의 제반 재무의사결정, 예를 들면 사채의 차환(借換), 기업인수 · 합병, 배당결정 등에 중요한 영향을 미친다.

7.2 원천별 자본비용의 측정

기업의 자본조달 원천을 타인자본, 보통주, 유보이익, 우선주로 대별하여 이들 각각의 원천별 자본비용의 측정방법을 설명하면 다음과 같다.

(1) 타인자본비용

타인자본비용 또는 부채비용(cost of debt)은 기업이 부채를 사용하는 대가로 채권자에게 지불해야 하는 비용이다. 타인자본비용은 바로 채권자가 기업에 대하여 요구하는 수익률이며, 채권의 만기수익률(yield to maturity)로 측정된다.

이자금액은 세법상 비용으로 처리되므로 절세효과가 발생한다. 예를 들어, 100억원을 4%의 이자율로 차입하는 경우, 법인세율을 20%로 가정하면 세후 기준으로 부채 100억원을 사용하는데서 발생하는 이자비용은 연간 4억원이 아니라 3.2억원이다. 왜냐하면 기업이 이자비용 4억원을 지불하면 법인세법상 4억원 만큼 비용이 추가 공제되어 과세표준이 그 만큼 줄어들고, 4억원 × 20% = 0.8억원의 절세효과가 발생하기 때문이다. 즉, 이자율 4%에 20%에 해당하는 0.8%의 절세효과가 발생한다.

따라서 타인자본비용은 부채사용 시 발생하는 이자금액의 절세효과를 반영하여 측정하여야 한다. 즉, 타인자본비용은 이자율 r_D에 $(1-t)$를 곱하여 세후 이자율로 전환시켜서 측정하여야한다(t는 법인세율 $r_D \times t$는 절세효과).

$$\text{타인자본비용} = r_D(1-t) \quad (1)$$

(2) 자기자본비용

자기자본비용 또는 보통주자본비용(cost of common stock)을 측정하는 방법에는 CAPM을 이용하는 방법과 배당평가모형을 이용하는 방법이 있다. 이들을 차례로 설명하면 다음과 같다.

CAPM을 이용하는 방법

증권시장선(SML)을 이용하여 다음과 같이 보통주자본비용을 측정할 수 있다.

$$r_E = E(r_i) = r_f + [E(r_M) - r_f] \times \beta_i \tag{2}$$

r_E : 자기자본비용(보통주자본비용)
$E(r_i)$: 주식 기대수익률
r_f : 무위험자산 수익률(무위험이자율)
β_i : 주식베타(보통주베타)
$E(r_M)$: 시장포트폴리오의 기대수익률

식 (2)에서 볼 수 있듯이, 보통주 기대수익률 $E(r_i)$는 주주의 요구수익률이 된다. 또한 주주의 요구수익률은 기업의 입장에서는 주주로부터 자본을 제공받은 대가로 주주에게 보상해 주어야 하는 보통주자본비용(자기자본비용)이 된다.

배당평가모형을 이용하는 방법

골든(M. Gordon)의 배당평가모형을 이용하여 보통주(자기자본)의 자본비용을 측정하는 방법은 다음과 같다. 배당평가모형에 따르면, 보통주의 가치 P_0는 다음과 같이 미래 주당배당금(DIV)을 주주요구수익률 즉, 자기자본비용(보통주자본비용) $k(=r_E)$로 할인한 값이다.

$$\text{보통주의 가치} = PV(\text{미래 주당배당금})$$
$$P_0 = \frac{DIV_1}{1+k} + \frac{DIV_2}{(1+k)^2} + \cdots + \frac{DIV_\infty}{(1+k)^\infty} \tag{3}$$

미래배당금이 매년 g%로 일정하게 성장한다고 가정하면, 식 (3)은 다음과 같이 표현된다.

$$P_0 = \frac{DIV_0(1+g)}{1+k} + \frac{DIV_0(1+g)^2}{(1+k)^2} + \cdots + \frac{DIV_0(1+g)^\infty}{(1+k)^\infty} \tag{4}$$

식 (4)의 양변에 $\frac{1+g}{1+k}$를 곱한 후, 그 식을 식 (4)에서 차감하여 정리하면 다음의 간단한 식이 유도된다.

$$P_0 = \frac{DIV_0(1+g)}{k-g} = \frac{DIV_1}{k-g} \tag{5}$$

주가는 음(−)의 값을 가질 수 없으므로 골든모형을 적용하기 위해서는 요구수익률이 성장률보다 커야 한다($k > g$). 빠르게 성장하는 기업의 경우에는 대체로 $g > k$이므로 골든모형을 적용할 수 없다.

식 (5)를 k(즉, 보통주자본비용 r_E)에 대하여 정리하면 다음의 식 (6)이 된다.

$$k = r_E = \frac{DIV_1}{P_0} + g \tag{6}$$

식 (6)의 의미를 살펴보기로 하자. DIV_1 / P_0는 배당수익률로서 1주를 발행하여 조달한 자본에 대하여 대가로 지급하는 비용을 %로 나타낸 것이다. 그런데 배당수익 이외에도 이익유보로 인한 주가성장에 대한 과실(果實), 즉 자본이득(capital gain) 또는 시세차익도 주주에게 귀속되는 대가이다. 따라서 보통주자본비용은 배당수익률 이외에도 성장과실인 성장률 g%를 더해서 결정된다.

(3) 유보이익자본비용

유보이익을 통한 자본조달은 기업내부에서 이루어지는 것이므로 비용이 들지 않는다고 생각하기 쉬우나, 실질적으로 유보이익을 사용하는 데에는 기회비용이 존재한다. 즉, 유보이익자본비용(cost of retained earnings)은 일종의 기회비용이다.

유보이익은 주주에게 배당으로 지급할 것을 기업이 재투자를 위하여 유보한 것이므로, 주주는 유보된 이익에 대하여 동일한 위험을 가진 다른 기업에 투자하여 얻을 수 있는 수익률만큼을 요구하게 될 것이다. 그러므로 유보이익자본비용(r_r)은 보통주자본비용(r_E)과 동일하게 된다.

$$r_r = r_E \tag{7}$$

(4) 우선주자본비용

우선주 주주는 보통주 주주보다 우선적으로 약정된 배당을 지급받을 수 있으므로, 보통주 주주의 입장에서 보면 우선주는 절세효과가 없는 타인자본으로 간주된다. 따라서 우선주자본비용(cost of preferred stock)은 다음과 같이 배당 · 주가비율(dividend / price ratio)로 측정된다.

$$r_p = \frac{DIV}{P_0} \quad (8)$$

r_p : 우선주자본비용
DIV : 우선주 주당배당금
P_0 : 우선주 가격

그러나 우리나라의 우선주는 이와는 성격이 다소 다르다. 우리나라 시장에서 거래되고 있는 신형우선주는 최저배당률(액면가 기준)이 보통 9%로 정해져 있고 잔여배당이 다음 해로 누적되는 누적형으로 3~10년 후에는 보통주로 전환되는 전환우선주이다.

이런 차이로 인해, 우리나라의 경우 우선주자본비용을 식 (8)에서와 같이 미국에서 적용되는 방식으로 계산할 수 없다. 예를 들어, 삼성전자 우선주가 2017년 1월 1,200,000원에 거래되고 있다. 100%의 배당률(액면가 5,000원 기준)을 적용하더라도 우선주자본비용은 5,000원 / 1,200,000원 = 0.4%로 지나치게 작게 계산된다. 이렇듯 작게 계산되는 이유는 우선주 가격 1,200,000원이 미래에 보통주로 전환될 수 있는 전환권의 가치를 포함하고 있어 높게 형성되었기 때문이다. 따라서 우리나라에서 우선주자본비용은 우선주 배당 이외에도 전환권 가치를 고려하여 측정할 필요가 있다.

7.3 가중평균자본비용의 의의와 측정

(1) 가중평균자본비용의 의의

가중평균자본비용(weighted average cost of capital : WACC)은 원천별 자본비용을 원천별 자본이 총자본 중에서 차지하는 비중, 즉 자본구성비율로 가중평균한 것이다. 총자본이 부채(차입금)와 보통주 발행으로 조달된 경우, 가중평균자본비용은 식 (9)와 같이 타인자본비용과 자기자본비용을 가중평균하여 구한다. 가중평균자본비용(WACC)

은 기업 투자자들이 기대하는 요구수익률이다.

$$WACC = w_D r_D(1-t) + w_E r_E \tag{9}$$

여기서 w_D와 w_E는 시장가치 기준으로 총자본 중에서 차입금(D)과 자기자본(E)이 차지하는 비율이다. 즉, $w_D = \frac{D}{D+E}$, $w_E = \frac{E}{D+E}$이다. t는 법인세율이고 $r_D(1-t)$와 r_E는 각각 타인자본비용과 자기자본비용으로서 자본제공자의 요구수익률을 반영한다. 식 (9)를 가중치를 고려하여 다시 정리하면 다음과 같다.

$$WACC = \frac{D}{D+E} \times r_D(1-t) + \frac{E}{D+E} \times r_E \tag{10}$$

(D : 차입금, E : 자기자본)

(2) 가중평균자본비용의 측정

가중평균자본비용을 측정할 때 가중치가 되는 원천별 자본의 구성비율을 장부가격을 기준으로 계산하느냐 또는 시장가치를 기준으로 계산하느냐에 따라 기업의 가중평균자본비용이 달라지게 된다. 예를 들어, 기업이 타인자본, 우선주, 보통주의 세 가지 원천으로부터 자본을 조달하는 경우 가중평균자본비용을 계산해 보기로 하자.

장부가치 기준

어느 기업이 [표 1]과 같은 자본원천과 원천별 자본비용을 가지고 있다고 하자. 장부가치를 기준으로 하여 이 기업의 가중평균자본비용($WACC$)을 계산하면, [표 1]에서 볼 수 있는 바와 같이 10.7%가 된다.

[표 1] 장부가치를 기준으로 측정한 WACC

자본원천	장부가치	자본구성비율(A)	원천별자본비용(B)	A × B
차 입 금	400만원	20%	7.5%	1.5%
우 선 주	400	20	10.0	2.0%
보 통 주	1,200	60	12.0	7.2%
합 계	2,000만원	100%	$WACC = 10.7\%$	

시장가치 기준

앞에서 예로 들었던 기업의 원천별 자본의 시장가치가 [표 2]와 같이 평가되었다고 하자. 시장가치를 기준으로 가중평균자본비용(*WACC*)을 계산하면, [표 2]에서 볼 수 있는 바와 같이 11.01%가 된다.

[표 2] 시장가치를 기준으로 측정한 WACC

자본원천	장부가치	시장가치*	시장가치기준 자본구성비율(A)	원천별자본비용(B)	A × B
차 입 금	400만원	500만원	14.3%	7.5%	1.07%
우 선 주	400	600	17.1	10.0	1.71%
보 통 주	1,200	2,400	68.6	12.0	8.23%
합 계	2,000만원	3,500만원	100.0%	WACC = 11.01%	

* 차입금은 모두 사채이며, 사채의 시장가치는 액면가의 125%임. 우선주는 액면가의 150%로 거래됨. 보통주는 액면가의 200%로 거래됨.

현실적으로 원천별 자본의 시장가치는 증권시장에서 객관적으로 평가될 수 있고, 시장가치를 기준으로 가중평균자본비용을 측정하는 것이 이론적으로 타당하기 때문에 기업의 가중평균자본비용은 원칙적으로 시장가치를 기준으로 측정하여야 한다. 기업은 액면가치가 아니라 시장에서 형성되는 시장가치 기준으로 자본을 조달하기 때문이다. 따라서 시장가치를 알 수 있는 경우에는, 시장가치 기준으로 측정하는 것이 이론적으로 타당하다.

(3) 가중평균자본비용의 이용

기업의 가중평균자본비용은 새로운 투자안의 경제성 분석 시 최저요구수익률(minimum required rate of return)로 이용된다. 가중평균자본비용을 신규투자안의 경제성 분석에 이용하기 위해서는 다음과 같은 두 가지의 전제조건이 필요하다.

첫째, 새로운 투자안의 영업위험이 기업의 기존 영업위험과 일치하여야 한다.
둘째, 새로운 투자를 위하여 조달되는 자금은 기존의 자본구성비율과 동일한 비율로 조달되어서 투자안의 재무위험이 기업의 기존 재무위험과 일치하여야 한다.

이상과 같은 전제조건이 충족되지 않을 때에는 기업의 가중평균자본비용을 새로운 투자안의 최저요구수익률, 즉 거부율(cut-off rate)로 활용할 수 없다. 왜냐하면 영업위험과 재무위험이 다르면 원천별 자본비용과 가중평균자본비용이 달라지기 때문이다.

7.4 자본비용 사례분석

사례분석

혜화기업의 주식베타는 1.2이며, 자기자본의 시장가치는 10억원이다. 또한 이자율은 4%이며, 차입금의 시장가치는 5억원이다. 혜화기업은 투자안 A에 대한 투자를 고려중인데, 투자안 A의 영업위험은 기업의 영업위험과 동일하다. 무위험이자율은 3%이고, 시장포트폴리오의 기대수익률은 9%이며, 시장은 균형상태에 있다. 이 투자안의 타인자본비용과 자기자본비용 및 *WACC*을 구하라. 단, 새로운 투자안 A에 소요되는 자본은 기존 부채비율과 동일한 비율로 자본시장에서 조달하고 법인세율은 20%이다.

해 설

① 타인자본비용 측정

투자안 A와 기업의 영업위험과 재무위험이 동일하므로 기업의 타인자본비용은 그대로 투자안 A의 타인자본비용이 된다. 따라서 투자안 A의 타인자본비용을 측정하면 다음과 같다.

$$\begin{aligned}\text{타인자본비용} &= r_D(1-t)\\ &= 4\%(1-0.2)\\ &= 3.2\%\end{aligned}$$

② 자기자본비용 측정

투자안 A와 기업의 영업위험과 재무위험이 동일하므로, 기업의 주식베타는 그대로 투자안 A의 주식베타가 된다. 따라서 투자안 A의 자기자본비용 r_E는 다음과 같다.

$$\begin{aligned}r_E &= r_f + [E(r_M) - r_f] \times \beta_i\\ &= 3\% + [9\% - 3\%] \times 1.2\\ &= 10.2\%\end{aligned}$$

③ *WACC* 측정

투자안 A와 기업의 모든 위험(즉, 영업위험과 재무위험)이 동일하므로, 기업의 *WACC*은 투자안 A의 *WACC*이 된다.

$$\begin{aligned}WACC &= \frac{D}{D+E} \times r_D(1-t) + \frac{E}{D+E} \times r_E\\ &= \frac{5\text{억원}}{5\text{억원}+10\text{억원}} \times 3.2\% + \frac{10\text{억원}}{5\text{억원}+10\text{억원}} \times 10.2\%\\ &= 7.9\%\end{aligned}$$

7.5 발행비용과 WACC

지금까지 우리는 자본조달 시 발생하는 발행비용(flotation cost)을 고려하지 않았다. 그러나 기업이 투자에 필요한 자금을 조달하기 위하여 신주 또는 회사채를 발행하면 상당한 금액의 발행비용이 발생하므로, 자본비용을 계산할 때 이를 정확히 고려해 주는 것이 적절하다.

(1) 원천별 자본비용을 상향 조정하는 방법

원천별 자본비용을 상향 조정하는 방법은 주식의 기대수익률 추정 시 배당할인모형에서 주당 발행비용을 주가에서 차감하거나 또는 채권의 만기수익률 추정 시 권당 발행비용을 채권가격에서 차감하는 방법이다. 이 방법은 SML을 이용한 자본비용 추정에는 적용할 수 없으며 발행비용이 실제로 기대수익률을 증가시키지 않는다는 점에서 바람직한 방법이라 볼 수는 없다.

(2) 투자금액을 상향 조정하는 방법

투자금액을 상향 조정하는 방법은 가중평균발행비용(weighted average flotation cost)을 계산하고 이를 이용하여 투자금액을 상향조정하는 방법이다. 가중평균발행비용 f_A는 식 (11)과 같이 원천별 발행비용을 자본구조로 가중평균하여 구한다.

$$f_A = w_D \cdot f_D + w_E \cdot f_E \tag{11}$$

여기서 f_D와 f_E는 각각 채권과 주식의 발행비용(%)이고, w_D와 w_E는 각각 부채와 자기자본의 구성비율이다. 그리고 조정된 투자금액은 식 (12)와 같이 원래의 투자금액을 (1 − 가중평균발행비용)으로 나누어 구한다.

$$\text{조정된 투자금액} = \frac{\text{원래투자금액}}{1 - f_A} \tag{12}$$

사례분석

어떤 투자안의 투자금액은 200억원이고 영업현금흐름은 7년간 매년 50억원씩 발생할 것으로 예상한다. 부채비율(D/E)은 50%이고 가중평균자본비용은 12%이다. 그리고 채권과 주식의 발행비용인 f_D와 f_E는 각각 2%와 4%이다. 발행비용은 투자금액을 상향 조정하여 반영한다. 투자안의 순현가는 얼마인가?

해 설

$\frac{D}{E} = \frac{5}{10}$이므로 w_D와 w_E는 각각 $\frac{5}{15}$와 $\frac{10}{15}$이 되고 가중평균발행비용은 3.33%가 된다.

$$f_A = \frac{5}{15} \times 2\% + \frac{10}{15} \times 4\% = 3.33\%$$

그리고 조정된 투자금액은 200억원 / (1 − 0.0333) = 206.89억원이므로 투자안의 순현가는 21.3억원이다.

NPV = 50억원 × $PVIFa(0.12,\ 7)$ − 206.89억원 = 21.3억원
(단, $PVIFa(0.12,\ 7) = 4.5638$임)

정리문제

01 나성산업은 보통주 140,000주를 발행하였고 한 주당 가격은 $20이다. 무위험이자율은 8%이고 시장위험프리미엄은 7%, 주식베타는 0.7이다. 또한 나성산업은 채권을 100개 발행 했는데 채권은 1개당 $4,750로 거래되고 있고 시장이자율(채권수익률)은 11%, 법인세율은 20%이다. 나성산업의 $WACC$은 얼마인가?

02 충무기업의 발행주식수는 140만주이다. 현재 주식은 주당 20,000원에 거래되고 있다. 그리고 충무기업의 부채의 액면가는 50억원인데 시장에서 최근에 액면가의 93%로 거래되고 있으며 부채의 수익률은 11%이다. 무위험자산 수익률은 8%이고 시장위험프리미엄은 7%이며 충무기업의 주식베타는 0.74이다. 그리고 이 기업에 적용되는 법인세율이 34%이다. 충무기업의 $WACC$은 얼마인가?

03 (주)여수의 장부가치 기준 재무상태표이다.

재 무 상 태 표

(단위 : 억원)

사 산	10,000	부 채	6,000
		자 기 자 본	4,000
총 자 산	10,000	총 자 본	10,000

타인자본은 모두 사채(액면가 15,000원, 액면이자율 연 12%)이며, 증권시장에서 1개당 10,000원에 거래되고 있다. 주식의 액면가는 주당 5,000원이며, 현재 증권시장에서 15,000원에 거래되고 있다. 주식시장 기대수익률은 연 15%, 무위험자산 수익률은 연 7%, 법인세율은 40%, 주식베타는 1.5이다.

(1) (주)여수의 주주들이 요구하는 수익률(r_E)은 얼마인가?

(2) (주)여수의 가중평균자본비용을 장부가치와 시장가치를 기준으로 각각 측정하라.

04 노원전자의 주식베타는 2.0이며, 자기자본 시장가치는 20억원이다. 또한 타인자본비용(세금 고려 후)은 연 8%이며, 타인자본 시장가치는 7억원이다. 노원전자는 A투자안을 고려 중인데, A투자안의 영업위험은 이 기업의 영업위험과 동일하다. 무위험이자율은 연 6%이고, 시장포트폴리오의 기대수익률은 연 12%이며, 시장은 균형상태에 있다(단, A투자안에 소요되는 자본은 기존 부채비율과 동일한 비율로 자본시장에서 조달한다).

(1) 자기자본비용을 추정하라.

(2) A투자안의 적정할인율을 추정하라.

05 다음 자료를 이용하여 *WACC*을 계산하라.

• 부채		• 자기자본	
액면가 100만원 채권	300개	주가	2만원
채권 만기수익률	10%	발행주식수	2만주
법인세율	20%	주식베타	1.2
현재가격(액면가 대비)	105%	시장포트폴리오의 기대수익률	12%
		무위험이자율	5%

06 다음은 (주)양심의 장부가치 기준의 재무상태표이다.

재 무 상 태 표

(주)양심 (단위 : 억원)

자 산		자본	
자 산	6,000	타 인 자 본	1,500
		자 기 자 본	4,500
총 자 산	6,000	총 자 본	6,000

타인자본은 모두 사채(액면가 10,000원, 시장이자율 연 12%)로 조달되었는데, 이 사채는 현재 증권시장에서 채권당 20,000원에 거래되고 있다. 또한 (주)양심의 자기자본의 주당 장부가치는 5,000원이고 현재 주가는 45,000원이다. 그리고 주주가 요구하는 요구수익률은 연 18%이다(법인세율 = 25%).

(1) (주)양심의 가중평균자본비용을 장부가치 기준으로 측정하라.

(2) (주)양심의 가중평균자본비용을 시장가치 기준으로 측정하라.

07 고려기업은 다음과 같은 현금흐름이 예상되는 투자안을 검토 중이다.

연 도	0	1	2	3	4
현 금 흐 름	−1,000억원	300억원	400억원	500억원	200억원

고려기업의 자본구조는 현재 자기자본 5,000억원과 부채 10,000억원으로 구성되어 있으며, 이자율은 연 12%이다. 고려기업의 주식베타는 2이고, 무위험이자율은 연 8%, 시장기대수익률은 연 15%이다. 고려기업은 새로운 투자안에 소요되는 자금도 기존의 자본구성비율과 동일한 비율로 조달할 예정이다. 고려기업에 적용되는 법인세율은 40%이다.

(1) 투자안의 요구수익률을 구하라.

(2) 순현가법으로 투자가치를 평가하라.

정리문제에 대한 해설

01 나성산업은 보통주 140,000주를 발행하였고 한 주당 가격은 $20이다. 무위험이자율은 8%이고 시장위험프리미엄은 7%, 주식베타는 0.7이다. 또한 나성산업은 채권을 100개 발행 했는데 채권은 1개당 $4,750로 거래되고 있고 시장이자율(채권수익률)은 11%, 법인세율은 20%이다. 나성산업의 $WACC$은 얼마인가?

해설 부채 시장가치(D) = \$4,750 × 100 = \$475,000

자기자본 시장가치(E) = \$20 × 140,000 = \$2,800,000

기업가치(V) = 부채 시장가치(D) + 자기자본 시장가치(E) = \$3,275,000

타인자본비용 $= r_D(1-t) = 11\%(1-0.2) = 8.8\%$

자기자본비용 $= r_f + [E(r_M) - r_f] \times \beta_i = 8\% + [7\%] \times 0.7 = 12.9\%$

$$WACC = \frac{D}{D+E} \times r_D(1-t) + \frac{E}{D+E} \times r_E$$

$$= \frac{\$475{,}000}{\$3{,}275{,}000} \times 8.8\% + \frac{\$2{,}800{,}000}{\$3{,}275{,}000} \times 12.9\% = 12.31\%$$

02 충무기업의 발행주식수는 140만주이다. 현재 주식은 주당 20,000원에 거래되고 있다. 그리고 충무기업의 부채의 액면가는 50억원인데 시장에서 최근에 액면가의 93%로 거래되고 있으며 부채의 수익률은 11%이다. 무위험자산 수익률은 8%이고 시장위험프리미엄은 7%이며 충무기업의 주식베타는 0.74이다. 그리고 이 기업에 적용되는 법인세율이 34%이다. 충무기업의 $WACC$은 얼마인가?

해설 먼저 SML을 이용해서 자기자본비용을 계산하면 다음과 같다.

$$r_E = 8\% + (7\%) \times 0.74 = 13.18\%$$

자기자본의 시장가치는 140만주 × 20,000원 = 280억원이고, 부채의 시장가치는 0.93 × 50억원 = 46.5억원이다.

또한, 부채의 이자율은 11%이므로 타인자본비용은 11%(1 − 0.34) = 7.26%이다. 그러므로 충무기업의 가중평균자본비용($WACC$)은 다음과 같다.

$$WACC = \frac{46.5\text{억원}}{346.5\text{억원} + 280\text{억원}} \times 7.26\% + \frac{280\text{억원}}{46.5\text{억원} + 280\text{억원}} \times 13.18\%$$

$$= 12.34\%$$

03 (주)여수의 장부가치 기준 재무상태표이다.

재 무 상 태 표

(단위 : 억원)

자 산	10,000	부 채	6,000
		자 기 자 본	4,000
총 자 산	10,000	총 자 본	10,000

타인자본은 모두 사채(액면가 15,000원, 액면이자율 연 12%)이며, 증권시장에서 1개당 10,000원에 거래되고 있다. 주식의 액면가는 주당 5,000원이며, 현재 증권시장에서 15,000원에 거래되고 있다. 주식시장 기대수익률은 연 15%, 무위험자산 수익률은 연 7%, 법인세율은 40%, 주식베타는 1.5이다.

(1) (주)여수의 주주들이 요구하는 수익률(r_E)은 얼마인가?

해설 $r_E = r_f + [E(r_M) - r_f] \times \beta_i$

$= 7\% + [15\% - 7\%] \times 1.5$

$= 7\% + 8\% \times 1.5$

$= 19\%$

(2) (주)여수의 가중평균자본비용을 장부가치와 시장가치를 기준으로 각각 측정하라.

해설 타인자본비용 $= 12\%(1 - 0.4) = 7.2\%$

자기자본비용 $= 19\%$

장부가치 기준 :

$$WACC = \frac{6{,}000\text{억원}}{10{,}000\text{억원}} \times 7.2\% + \frac{4{,}000\text{억원}}{10{,}000\text{억원}} \times 19\%$$

$$= 11.92\%$$

시장가치 기준 :

$$WACC = \frac{4{,}000\text{억원}}{16{,}000\text{억원}} \times 7.2\% + \frac{12{,}000\text{억원}}{16{,}000\text{억원}} \times 19\%$$

$$= 16.05\%$$

타인자본 시장가치 $= 6{,}000$억원 $\times 2/3 = 4{,}000$억원

자기자본 시장가치 $= 4{,}000$억원 $\times 3 = 12{,}000$억원

04 **노원전자의 주식베타는 2.0이며, 자기자본 시장가치는 20억원이다. 또한 타인자본비용(세금 고려 후)은 연 8%이며, 타인자본 시장가치는 7억원이다. 노원전자는 A투자안을 고려 중인데, A투자안의 영업위험은 이 기업의 영업위험과 동일하다. 무위험이자율은 연 6%이고, 시장포트폴리오의 기대수익률은 연 12%이며, 시장은 균형상태에 있다.(단, A투자안에 소요되는 자본은 기존 부채비율과 동일한 비율로 자본시장에서 조달한다).**

(1) 자기자본비용을 추정하라.

해설 SML을 이용하여 자기자본비용을 구하면 다음과 같다.

$$r_E = r_f + [E(r_M) - r_f] \times \beta_i$$
$$= 6\% + [12\% - 6\%] \times 2.0 = 18\%$$

(2) A투자안의 적정할인율을 추정하라.

해설 영업위험과 재무위험이 동일하므로, 기업의 $WACC$이 A투자안의 적정할인율이 된다.

$$WACC = w_D \times r_D(1-t) + w_E \times r_E$$
$$= \frac{7억원}{7억원 + 20억원} \times 8\% + \frac{20억원}{7억원 + 20억원} \times 18\%$$
$$= 15.41\%$$

즉, A투자안의 적정할인율은 15.41%이다.

05 **다음 자료를 이용하여 $WACC$을 계산하라.**

• 부채

액면가 100만원 채권	300개
채권 만기수익률	10%
법인세율	20%
현재가격(액면가 대비)	105%

• 자기자본

주가	2만원
발행주식수	2만주
주식베타	1.2
시장포트폴리오의 기대수익률	12%
무위험이자율	5%

해설 타인자본비용 $r_D(1-t) = 10\% \times (1-0.2) = 8\%$

자기자본비용 $r_E = 5\% + [12\% - 5\%] \times 1.2 = 13.4\%$

$$WACC = w_D \times r_D(1-t) + w_E \times r_E$$
$$= \frac{3.15억원}{3.15억원 + 4억원} \times 8\% + \frac{4억원}{3.15억원 + 4억원} \times 13.4\%$$
$$= 11.02\%$$

부채 시장가치 = 100만원 × 300개 × 105% = 3.15억원

자기자본 시장가치 = 2만원 × 2만주 = 4억원

06 다음은 (주)양심의 장부가치 기준의 재무상태표이다.

재 무 상 태 표

(주)양심 (단위 : 억원)

자 산	6,000	타 인 자 본	1,500
		자 기 자 본	4,500
총 자 산	6,000	총 자 본	6,000

타인자본은 모두 사채(액면가 10,000원, 시장이자율 연 12%)로 조달되었는데, 이 사채는 현재 증권시장에서 채권당 20,000원에 거래되고 있다. 또한 (주)양심의 자기자본의 주당 장부가치는 5,000원이고 현재 주가는 45,000원이다. 그리고 주주가 요구하는 요구수익률은 연 18%이다(법인세율 = 25%).

(1) (주)양심의 가중평균자본비용을 장부가치 기준으로 측정하라.

해설 타인자본비용 $= r_D(1 - t) = 12\%(1 - 0.25) = 9\%$

자기자본비용 $= r_E = 18\%$

장부가치기준에 의한 가중평균자본비용을 측정하면 다음과 같다.

$$WACC = \frac{1{,}500\text{억원}}{6{,}000\text{억원}} \times 9\% + \frac{4{,}500\text{억원}}{6{,}000\text{억원}} \times 18\% = 15.75\%$$

(2) (주)양심의 가중평균자본비용을 시장가치 기준으로 측정하라.

해설 타인자본 시장가치는 장부가치의 2배이므로 3,000억원(= 1,500억원 × 2배)이고

자기자본 시장가치는 장부가치의 9배이므로 40,500억원(= 4,500억원 × 9배)이다.

시장가치 기준에 의한 가중평균자본비용을 측정하면 다음과 같다.

$$WACC = \frac{3{,}000\text{억원}}{43{,}500\text{억원}} \times 9\% + \frac{40{,}500\text{억원}}{43{,}500\text{억원}} \times 18\% = 17.38\%$$

07 고려기업은 다음과 같은 현금흐름이 예상되는 투자안을 검토 중이다.

(단위 : 억원)

연 도	0	1	2	3	4
현금흐름	−1,000	300	400	500	200

고려기업의 자본구조는 현재 자기자본 5,000억원과 부채 10,000억원으로 구성되어 있으며, 이자율은 연 12%이다. 고려기업의 주식베타는 2이고, 무위험이자율은 연 8%, 시장기대수익률은 연 15%이다. 고려기업은 새로운 투자안에 소요되는 자금도 기존의 자본구성비율과 동일한 비율로 조달할 예정이다. 고려기업에 적용되는 법인세율은 40%이다.

(1) 투자안의 요구수익률을 구하라.

해설 ① 자기자본비용 :

$$r_E = r_f + [E(r_M) - r_f] \times \beta_i = 0.08 + [0.15 - 0.08] \times 2 = 22\%$$

② WACC :

투자자금이 기존의 자본구성비율로 조달되기 때문에 투자자금 중 $\frac{2}{3}$는 타인자본으로 그리고 나머지 $\frac{1}{3}$은 자기자본으로 조달된다. 따라서 이 투자안의 WACC를 계산하면 다음과 같다.

$$WACC = \frac{2}{3} \times 0.12 \times (1 - 0.4) + \frac{1}{3} \times 0.22 = 12.13\% = r_K$$

(2) 순현가법으로 투자가치를 평가하라.

해설 $$NPV = \frac{300억원}{1.1213} + \frac{400억원}{1.1213^2} + \frac{500억원}{1.1213^3} + \frac{200억원}{1.1213^4} - 1,000억원 = 66.85억원$$

$NPV = 66.85$억원 > 0이므로 경제성이 있는 것으로 판단된다.

PART 4

자본구조와 배당정책

CHAPTER 08 자본구조

CHAPTER 08 자본구조

자산이 제공하는 현금흐름이 주주와 채권자간에 어떻게 배분되는가와 그 배분 현금흐름의 위험의 정도는 주주와 채권자간의 자본제공 비율에 따라 다르다. 타인자본과 자기자본간의 자본조달비율을 자본구조라고 한다. 우리나라 기업들의 평균적인 부채비율은 외환위기 직전에 300% 수준까지 이르는 등 전통적으로 매우 높았다. 그러나 외환위기 이후 정부의 부채사용 억제 정책과 기업의 적극적인 재무구조 조정정책에 힘입어 부채비율은 급격히 하락하고 있다. 그 결과 최근 제조업의 평균 부채비율은 110%로 미국과 일본보다 낮은 수준이다.

기업은 기업가치를 극대화시킬 수 있는 자본구조를 선택해야 한다. 본장에서는 MM의 자본구조이론을 중심으로 완전시장에서의 최적자본구조를 살펴본 후에 추가적으로 법인세와 파산비용을 고려하는 경우의 최적자본구조를 살펴보기로 한다.

8.1 MM의 자본구조이론(법인세 무시)

(1) MM 이론의 기본명제

MM(Miller & Modigliani)은 기업의 영업이익을 자본구조와 무관한 시장자본환원율(가중평균자본비용)로 환원하여 기업가치가 결정된다고 주장함으로써, 자본구조가 기업가치에 영향을 미친다는 전통적 자본구조이론을 부정하였다. MM은 다음과 같은 두 가지 명제(proposition)를 제시하였다.

제 1 명제 : 기업가치와 가중평균자본비용은 자본구조와 무관하다.

제 2 명제 : 기업의 레버리지가 증가함에 따라 자기자본비용은 상승하며, 이는 타인자본을 사용하는데서 오는 자본비용의 저렴이점을 완전히 상쇄한다.

(2) 차입이 미치는 영향(법인세 무시)

홍익기업은 현재 자기자본만을 사용하고 있으며 모든 영업이익(*EBIT*)을 주주에게 배당으로 지급한다. 주가는 5,000원, 발행주식수는 100만주이므로 자기자본의 시장가치(시가총액)는 50억원이다. 불황, 보통, 호황 등 세 가지 경기상황이 가능하며 각 상황에서의 영업이익은 각각 4억, 6억, 8억원이다. *EPS*는 순이익(여기서는 영업이익과 동일)을 발행주식수로 나누고, *ROE*는 순이익을 자기자본의 시장가치로 나누어 구한다. 자기자본만 사용하는 경우의 주당순이익(*EPS*)과 자기자본순이익률(*ROE*)이 [표 1]에 계산되어 있다.

[표 1] 자기자본만 사용하는 경우의 EPS와 ROE

구 분	경 기 상 황		
	불 황	보 통	호 황
EBIT	4억원	6억원	8억원
EPS	400원	600원	800원
ROE	8%	12%	16%

【참고】 *EPS* = *EBIT* / 1,000,000주; *ROE* = *EBIT* / 50억원.

이번에는 홍익기업이 부채 50%, 자기자본 50%로 자본구조를 전환하고자 한다고 하자. 이를 위해 25억원을 10%의 이자율로 차입하여 자사주 50만주를 매입한다. 자사주매입 후 주가는 5,000원으로 변함이 없다고 가정하고 [표 2]에서처럼 각 상황에서의 *EPS*와 *ROE*를 계산한다.

[표 2] 타인자본을 사용하는 경우의 EPS와 ROE

구 분	경 기 상 황		
	불 황	보 통	호 황
EBIT	4.0억원	6.0억원	8.0억원
−이 자	2.5억원	2.5억원	2.5억원
순이익(*NI*)	1.5억원	3.5억원	5.5억원
EPS	300원	700원	1,100원
ROE	6%	14%	22%

[참고] *EPS* = *NI* / 500,000 주; *ROE* = *NI* / 25억원.

새로운 자본구조 하에서 EPS의 변동폭 800원(= 1,100 − 300)은 자기자본만 사용하는 경우의 EPS의 변동폭인 400원(= 800 − 400)보다 크다. ROE의 경우에도 타인자본을 사용하는 경우의 변동폭이 자기자본만을 사용하는 경우의 변동폭보다 크게 된다.

이상의 예시를 통하여 우리는 차입이 주주의 수익률과 위험에 미치는 영향을 다음과 같이 정리할 수 있다.

① 레버리지효과가 유리한지는 $EBIT$에 의해 결정된다. $EBIT$가 상대적으로 높으면 재무레버리지가 유리하다.

② 차입은 영업이익에 영향을 미치지 않고 또한 영업위험(operating risk) 또는 경영위험(business risk)에도 영향을 미치지 않는다. 그러나 자본구조의 변경으로 자기자본이 50억원에서 25억원으로 감소하면 영업이익의 변화가 주당순이익에 미치는 영향은 커진다. 즉, 차입은 순이익의 변동성을 증가시키는데, 그 이유는 절반으로 줄어든 자기자본으로 동일 수준의 영업위험을 부담해야 하므로 주당위험은 2배가 된다.

③ 재무레버리지가 주주의 기대수익률과 위험에 모두 영향을 미치므로 자본구조는 매우 중요한 의사결정이다.

사례분석

탐라기업은 현재 200만주를 발행하여 200억원(시장가치)의 자기자본만을 사용하고 있으며(자기자본 = 총자본), 매년 15억원의 순이익(= 영업이익)을 얻고 있다. 연 5%의 이자율로 차입하여 자사주를 매입하려고 한다. 예정하는 차입금액은 75억원 또는 50억원이다.(법인세 무시).

① 현재의 EPS와 ROE를 구하라.
② 75억원을 차입하여 자사주 매입 시 EPS와 ROE를 구하라.
③ 50억원을 차입하여 자사주 매입 시 EPS와 ROE를 구하라.
④ 이 경우 차입경영은 EPS와 ROE에 어떤 영향을 주는가?

해 설

① 자기자본 시장가치가 200억원이고 발행주식수가 200만주이므로 주가는 10,000원이다.

현재 EPS와 ROE:

$$EPS = \frac{순이익}{발행주식수} = \frac{15억원}{200만주} = 750원$$

$$ROE = \frac{순이익}{자기자본} = \frac{15억원}{200억원} = 7.5\%$$

② 75억원을 차입해서 자사주 750,000주($= \frac{75억원}{10,000원}$)를 매입하면 주식수가 125만주가 되고 자기자본의 시장가치는 125억원이 된다. 그리고 이자는 3.75억원(= 75억원 × 5%)을 지급해서 순이익은 11.25억원이 된다.

$$EPS = \frac{순이익}{발행주식수} = \frac{11.25억원}{125만주} = 900원$$

$$ROE = \frac{순이익}{자기자본} = \frac{11.25억원}{125억원} = 9\%$$

③ 50억원을 차입해서 자사주 500,000주($= \frac{50억원}{10,000원}$)를 매입하면 자사주가 150만주가 되고 자기자본의 시장가치는 150억원이 된다. 그리고 이자는 2.5억원(= 50억원 × 5%)을 지급해서 순이익은 12.5억원이 된다.

$$EPS = \frac{순이익}{발행주식수} = \frac{12.5억원}{150만주} = 833원$$

$$ROE = \frac{순이익}{자기자본} = \frac{12.5억원}{150억원} = 8.33\%$$

④ 총자본영업이익률 > 이자율이면 차입경영은 EPS와 ROE에 양(+)의 영향을 준다.

(3) MM의 제1명제

1958년 밀러(Merton Miller)와 모디글리아니(Franco Modigliani)는 완전자본시장 가정 하에서 기업가치와 자본구조가 무관하다는 "자본구조 무관련(capital structure irrelevancy)" 이론을 발표하였다.

MM의 제1명제(MM Proposition I)는 간단히 표현하면 기업가치는 자본구조와 무관하다는 것이다. 즉, 기업의 시장가치는 기업의 영업현금흐름과 영업현금흐름의 위험을 반영한 할인율에 의하여 결정되는데, 두 변수가 모두 자본구조의 영향을 받지 않는다는 것이다. 따라서 기업가치가 영업현금흐름의 귀속여부(또는 분배결과)를 결정하는 자금조달방법(자기자본 또는 타인자본)과 무관하다는 것이다. 이 관계를 묘사하면 [그림 1]과 같다.

[그림 1] MM의 제1명제(완전자본시장 가정) : 자본구조와 기업가치

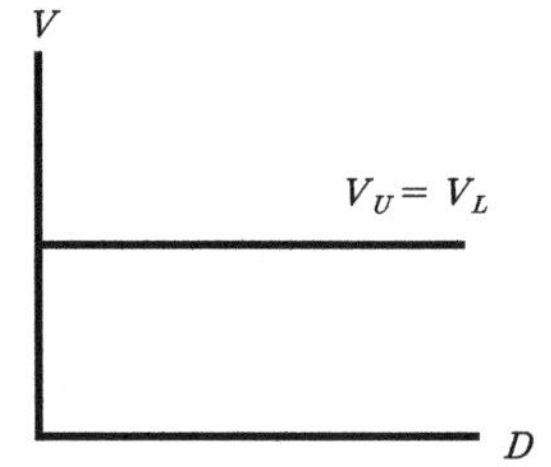

V: 기업가치, V_U : 무차입기업의 가치, V_L : 차입기업의 가치, D : 부채가치

MM은 자가(自家)레버리지(homemade leverage) 개념을 이용하여 자본구조 무관련 이론을 전개하였다. 즉, 개인이 만든 재무레버리지가 기업이 만든 재무레버리지의 완벽한 대체재(perfect substitute)가 된다면 당연히 기업이 만든 재무레버리지가 특별한 가치를 가질 수 없다. 이 개념이 자가레버리지 개념이다. 개인이 차입(borrowing)하여 기업의 재무레버리지 효과를 복제할 수 있다면 반대로 개인적으로 대여(lending)함으로써 재무레버리지 효과를 제거 또는 감소시키는 것도 가능하다.

(4) MM의 제2명제

앞의 [표 1]과 [표 2]를 통해서 홍익기업이 부채비율 100%의 자본구조로 자본을 재구성함으로써 홍익기업의 주주들은 동일 수준의 영업위험을 절반 수준의 자기자본으로 부담하게 되어 주당 위험이 2배가 된다고 설명하였다.

자산에 대해 요구되는 수익률(r_A)은 다음과 같이 원천별 자본비용의 가중평균이므로,

$$r_A = w_D \cdot r_D + w_E \cdot r_E \tag{1}$$

여기서 $w_D = \dfrac{D}{D+E}$, $w_E = \dfrac{E}{D+E}$이다. 이 식을 자기자본비용(r_E)에 대하여 전개하면,

$$r_E = r_A + \frac{D}{E}(r_A - r_D) \quad (2)$$

식 (2)에서 부채비율 $\frac{D}{E}$ = 0%이면, r_E는 r_A가 되고, 이는 부채사용이 없을 때의 요구수익률인 r_U가 된다. 즉, $\frac{D}{E}$ = 0%이면, $r_E = r_A = r_U$이다. 법인세가 없다면 r_A는 항상 일정하므로 식 (2)에서 r_A를 r_U로 대체하여 다음과 같이 식 (2′)가 성립한다.

$$r_E = r_U + \frac{D}{E}(r_U - r_D) \quad (2')$$

이 식에 의하면, 부채비율이 증가함에 따라 자기자본비용은 증가한다. 차입으로 인해 주주가 부담하는 위험이 증가하므로 당연히 주주는 높은 수익률을 요구하게 된다. 이를 MM의 제2명제(MM Proposition Ⅱ)라고 한다. 이를 묘사하면 [그림 2]와 같다. 부채비율이 증가함에 따라 자기자본비용은 증가하지만 가중평균자본비용 r_A는 앞에서 설명했듯이 변하지 않는다.

MM의 제2명제를 나타내는 식에서 자기자본비용은 두 부분으로 구성된다. 첫 번째 부분은 r_A로 무위험이자율과 영업위험(operation risk)을 반영하여 요구하는 수익률이다. 두 번째 부분 $\frac{D}{E}(r_U - r_D)$는 차입으로 인해 추가적으로 부담하는 재무위험(financial risk)에 대하여 요구하는 수익률이다. $r_U > r_D$이므로 부채비율이 증가함에 따라 자기자본비용은 증가하게 된다.

[그림 2] MM의 제2명제(완전자본시장 가정) : 자본구조와 자기자본비용

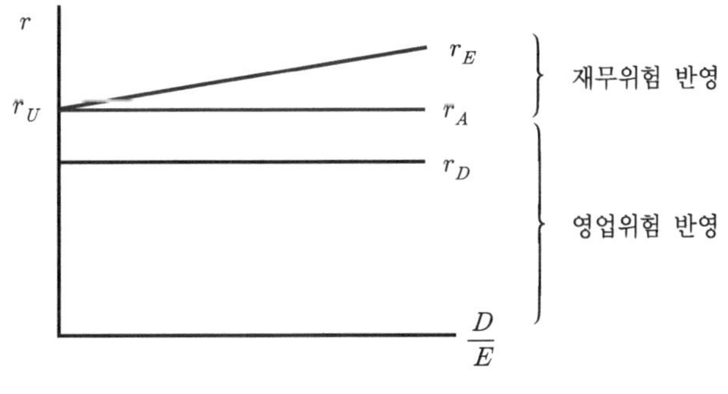

완전자본시장 가정 하에서 MM의 자본구조이론에 의하면, 자금조달방법은 영업현금흐름과 자본비용에 영향을 미치지 않으므로 기업가치에도 영향을 미치지 않는다. 기업가치는 투자내용에 의해 결정되며 자금조달방법과는 무관하다. 따라서 최적자본구조는 존재하지 않는다. 다른 말로 표현하면, 모든 자본구조가 최적자본구조이다.

8.2 MM의 수정자본구조이론(법인세 고려)

(1) MM의 제1명제(법인세 고려)

MM은 1963년 세금이 존재하는 경우의 수정자본구조이론을 발표하였는데 본 절에서는 수정자본구조이론에서의 최적자본구조를 설명하기로 한다. 부채사용에 따른 절세금액의 현가는 다음과 같이 $D \times t$로 계산된다.

$$\frac{(D \times r_D) \times t}{r_D} = D \times t \qquad (3)$$

차입기업의 가치(V_L)는 무차입기업의 가치(V_U)에 절세금액의 현가를 가산하여 구한다.

$$\text{차입기업의 가치} = \text{무차입기업의 가치} + \text{절세금액의 현가}$$
$$V_L = V_U + D \times t \qquad (4)$$

여기서 부채의 절세효과를 반영한다는 것은 부채사용에 따른 장점만을 고려한다는 것이다. 부채사용에는 장점과 단점이 모두 수반되는데 장점만을 반영하게 되면 부채사용이 많을수록 혜택이 늘어나 기업가치가 증가하게 된다. 이 상황이 [그림 3]에 그려져 있다.

[그림 3] MM의 제1명제(법인세 고려) : 기업가치와 자본구조

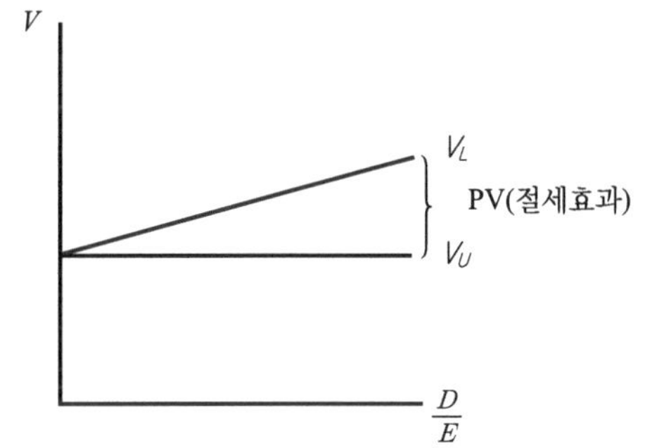

기업가치는 부채금액이 늘어남에 따라 선형으로 증가한다. 따라서 기업은 100% 부채(또는 현실적으로 절세효과를 최대한 누릴 수 있을 만큼의 부채)를 사용하여 기업가치를 극대화시킬 수 있다.

(2) MM의 제2명제(법인세 고려)

부채사용이 총현금흐름을 증가시키는 효과가 있다면 자본비용에 미치는 영향은 무엇인가? 완전자본시장 가정 하에서 자본비용은 자본구조의 영향을 받지 않았다. 그러나 절세효과를 반영하면 자본비용(WACC)은 다음과 같다.

$$WACC = r_A = w_D \cdot r_D \cdot (1-t) + w_E \cdot r_E \tag{5}$$

여기서, $w_D = \frac{D}{D+E}$, $w_E = \frac{E}{D+E}$이다. $(1 - t)$가 없는 경우(즉, 법인세가 없는 경우)에 r_A가 부채비율에 관계없이 일정하였으므로, 부채의 자본비용이 $(1 - t)$로 인해 감소한 상황에서 부채사용이 증가하면 r_A는 계속 감소하게 된다. 이를 묘사하면 [그림 4]와 같다. 부채사용이 늘어남에 따라 r_A가 계속 감소하는 것은 기업가치가 계속 증가하는 것과 일관성 있는 개념이다.

[그림 4] MM의 제2명제(법인세 고려) : 자본구조와 자본비용

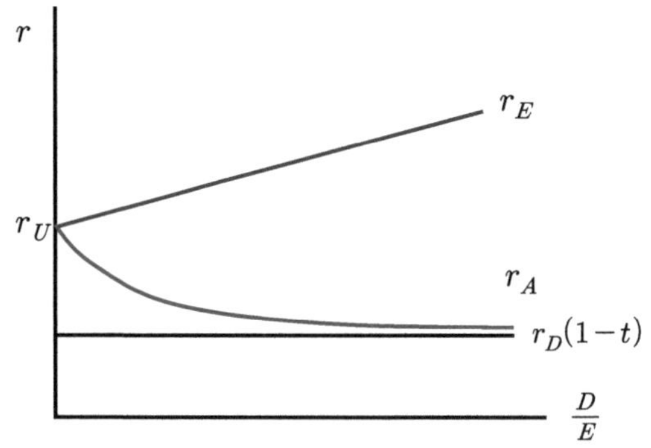

식 (5)로부터 법인세를 고려하여 이자비용의 절세효과를 고려하면 차입기업의 자기자본비용이 다음과 같이 도출된다. 식 (6)에 따르면 자기자본비용은 부채사용이 증가함에 따라 함께 증가한다.

$$r_E = r_U + \frac{D}{E}(r_U - r_D)(1 - t) \tag{6}$$

식 (6)이 법인세를 고려하지 않는 경우를 설명하는 앞의 식 (2′)와 다른점은 자기자본비용이 세금효과인 $(1 - t)$로 인해 천천히 증가한다는 점이다. 여기서 r_U는 부채를 사용하지 않는 무차입기업의 자본비용(즉, 무차입기업의 자기자본비용)이다.

사례분석

한도기업의 부채비율은 현재 200%이다. 이 기업의 *WACC*는 12%이고 이자율은 11%이다. 그리고 법인세율은 35%이다.

① 한도기업의 현재 자기자본비용은 얼마인가?

② 한도기업이 부채를 사용하지 않는다면 자기자본비용은 얼마인가?

③ 한도기업이 부채비율을 100%로 낮추면 자기자본비용은 어떻게 변하는가? 또한 *WACC*는 얼마인가?

④ ①, ②, ③의 상황을 그림으로 묘사하라.

해 설

① $WACC$가 12%이므로 식 (5)로부터 자기자본비용은 21.7%로 계산된다.

$$0.12 = \frac{2}{3} \times 0.11 \times (1 - 0.35) + \frac{1}{3} r_E$$

$$\therefore\ r_E = 21.7\%$$

② 식 (6)을 이용하면 r_U가 15.65%로 계산된다.

$$r_E = r_U + 2 \times (r_U - 0.11) \times (1 - 0.35) = 0.217$$

③ 식 (6)과 식 (5)로부터 부채비율이 100%인 경우의 자기자본비용과 $WACC$가 계산된다.

$$r_E = 0.1565 + 1 \times (0.1565 - 0.11) \times (1 - 0.35) = 0.1867$$

$$WACC = 0.5 \times 0.11 \times (1 - 0.35) + 0.5 \times 0.1867 = 0.1291$$

④ 이 예시의 상황을 묘사하면 [그림 5]와 같다.

[그림 5] 자기자본비용과 WACC

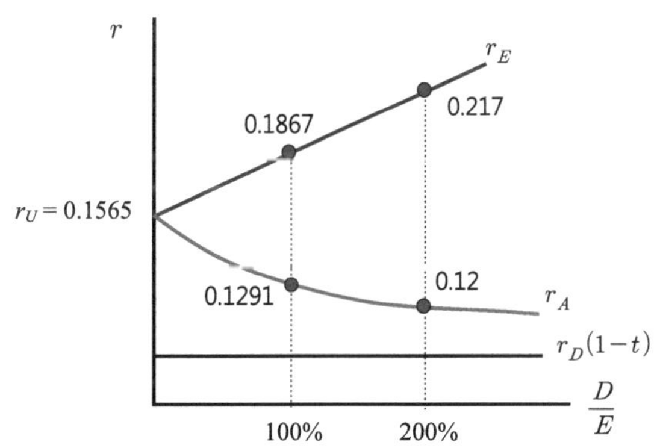

8.3 차입기업의 가치 계산

차입기업의 가치를 구하는 방법은 다음과 같이 3가지로 나누어 볼 수 있는데, 그 결과는 모두 동일하다.

첫 번째 방법은 절세금액(interest tax shield)의 현가를 이용하는 방법이다. 차입기업의 가치는 무차입기업의 가치에 절세금액의 현가를 가산한 금액이다.

$$V_L = V_U + D \times t = \frac{EBIT(1-t)}{r_U} + D \times t \qquad (7)$$

두 번째 방법은 부채가치와 자기자본가치를 따로 계산한 후 합산하는 방법이다. 여기서 부채가치는 채권자에게 귀속되는 현금흐름을 타인자본비용으로 할인하여 구한다. 그리고 자기자본가치는 주주에게 귀속되는 현금흐름을 자기자본비용으로 할인하여 구한다.

$$V_L = \text{부채가치} + \text{자기자본가치} = \frac{D \cdot r_D}{r_D} + \frac{(EBIT - I)(1-t)}{r_E} \qquad (8)$$

여기서 I는 연간 이자금액이다.

세 번째 방법은 채권자와 주주에게 귀속되는 현금흐름(unlevered cash flow)을 $WACC$으 할인하는 방법이다.

$$V_L = \frac{EBIT(1-t)}{WACC} \qquad (9)$$

차입기업의 가치를 구하는데 세후영업이익($EBIT(1-t)$)을 $WACC$로 할인하는 이유는 세후영업이익이 채권자와 주주에게 지급되어야 할 현금흐름이고, $WACC$는 절세효과가 반영된 타인자본비용과 자기자본비용의 평균치이기 때문이다.

8.4 정태이론

부채를 사용하게 되면 절세효과와 같은 긍정적인 면도 존재하지만 파산의 가능성이 증가하는 것과 같은 부정적인 면도 존재한다. 따라서 균형 잡힌 자본구조이론을 도출하기 위하여 부채의 단점인 파산비용(bankruptcy costs) 또는 재무적 곤경비용(financial distress costs)까지 함께 고려하는 것이 보다 바람직하다.

파산비용은 기업가치를 감소시키므로 다음과 같은 관계가 성립한다.

차입기업의 가치

= ⓐ무차입기업의 가치 + ⓑ절세금액의 현가 − ⓒ기대파산비용의 현가 (10)

[그림 6] 법인세와 파산비용을 함께 고려하는 경우의 기업가치와 자본구조

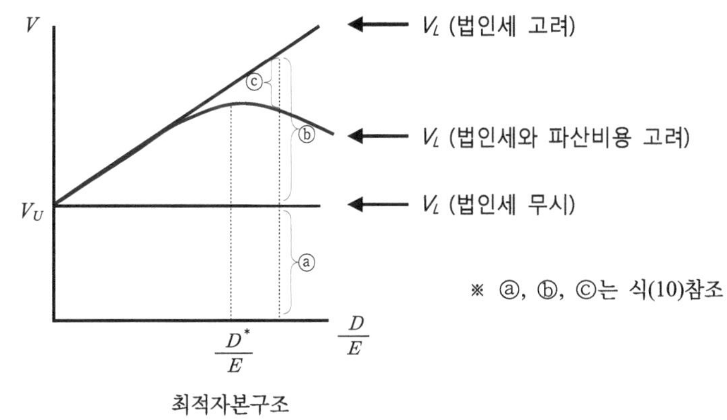

기대파산비용의 현가는 파산확률과 파산 시 발생하는 비용에 의해 결정된다. [그림 6]에서 보듯이, 부채사용이 작은 경우 이로 인한 파산확률도 작으므로 부채사용의 장점이 단점을 지배하게 되어 부채를 사용함에 따라 기업가치는 증가한다. 그러나 부채사용이 어느 수준을 넘어서면 부채의 단점이 장점보다 크게 되어(즉, 기대파산비용 현가의 증가가 절세금액 현가의 증가보다 크게 되어) 기업가치는 하락하게 된다. 최저자본구조는 기업의 가치를 극대화하는 또는 자본비용을 최소화하는 부채비율인 $\frac{D^*}{E}$에서 결정된다.

8.5 부채의 대리인비용

부채의 대리인비용(agency cost of debt)은 주주와 채권자간의 이해충돌로 인해 발생하는 기업가치의 하락을 의미한다. 기업의 파산확률이 매우 낮은 상황에서 주주와 채권자간의 이해상충은 크게 문제되지 않는다. 따라서 기업가치의 극대화는 대부분의 경우 자기자본가치의 극대화로 연결된다. 그러나 사용하는 부채금액이 커서 파산확률이 무시할 수 없는 수준이면, 기업가치의 극대화가 자기자본가치의 극대화로 연결되지 않을 수도 있다. 여기서는 부채의 대리인비용으로 인식되는 두 가지 경우, 즉 자

산대체 문제와 과소투자 문제를 예시를 들어 설명하기로 한다.

(1) 자산대체 문제

자산대체 문제(asset substitution problem)는 경영자 또는 주주가 기업의 가치를 극대화시키는 안전투자 대신에 자기자본의 가치만을 극대화시키는 위험투자를 채택함으로써 발생하는 문제이다. 이는 위험투자 선호문제라고 부르기도 한다. 기업이 자기자본만을 사용하는 경우 투자안의 결과가 100% 주주에게 귀속된다. 그러나 부채를 많이 사용하는 경우, 투자안으로부터의 이익이 부채의 원리금 상환에 대부분 사용되고 주주에게 귀속되는 부분이 그리 크지 않을 것이다. 이 때 유한책임을 지는 주주들은 실패하는 경우는 고려하지 않고 성공하는 경우만 고려하여 극단적으로 큰 이익을 제공할 수 있는 위험투자를 선호하게 된다. 이로 부터 채권자의 부가 감소하고 주주의 부가 오히려 증가하는데 이를 채권자로부터 주주로의 부의 이동(wealth transfer from bondholders to shareholders)이라고 한다.

(2) 과소투자 문제

파산의 확률이 대단히 높은 경우 투자안이 성공하더라도 혜택이 채권자에게만 돌아가는 경우가 발생할 수 있다. 이 경우 주주들은 좋은 투자안이 있더라도 이를 포기하게 되는데 이런 문제를 과소투자 문제(underinvestment problem)라고 한다. 이렇게 되는 이유는 주주가 모든 자금을 제공하지만 혜택은 주주와 채권자가 공유하기 때문이다.

무차입기업은 순현가가 양(+)인 투자안을 시행하지만 (1), (2)에서와 같이 차입기업은 순현가가 양(+)인 투자안을 기각할 수도 있고 또는 순현가가 음(−)인 투자안을 시행할 수도 있다. 이처럼 기업이 부채를 사용하게 되면 주주와 채권자간의 갈등은 주주로 하여금 이기적인 전략을 시행하도록 만들며 또한 기업의 파산확률이 커짐에 따라 부채의 대리인비용은 기업의 투자결정을 심각하게 왜곡시키게 된다.

8.6 자본구조 결정 시 고려사항

경영자들이 실무적으로 자본구조를 결정할 때에는 절세효과와 파산비용에 영향을 미치는 다음과 같은 여러 요인들을 함께 고려해야 한다.

(1) 세 금

절세효과는 세금을 납부할 수 있는 위치에 있는 기업에만 적용되는 혜택이다. 즉, 손실이 많이 누적된 기업에게는 절세효과는 아무 의미가 없다. 또한 이자비용만이 절세효과를 제공하는 것은 아니다. 감가상각비와 같은 다른 비용도 절세효과를 제공한다. 마지막으로 세율이 증가하면 절세효과도 증가하므로 기업은 더 많이 차입하려는 유인을 갖는다.

(2) 재무적 곤경

재무적 곤경에 처할 확률이 높은 기업은 확률이 낮은 기업에 비하여 덜 차입해야 한다. 예를 들어, 매출액의 변동성이 큰 산업에 속한 기업이나 또는 영업레버리지가 높은 기업은 상대적으로 영업이익의 변동성이 크므로 재무적 곤경에 처할 확률이 높게 된다.

재무적 곤경비용은 자산유형에 의해 영향을 많이 받는다. 유형자산이 많은 기업은 무형자산이 많은 기업에 비하여 상대적으로 재무적 곤경비용이 적으므로 더 많이 차입할 수 있다.

8.7 자본조달순위이론

정태이론은 부채의 한계혜택과 한계비용이 일치할 때까지 차입한다고 가정함으로써 최적자본구조가 존재한다고 주장한다. 또한 부채의 혜택과 비용이 기업과 산업에 따라 차이가 나므로 기업별 그리고 산업별로 부채구조가 상이해야 한다고 예측한다. 예를 들어, 미국에서 하이테크(high-tech) 산업의 경우 대부분의 자산이 무형자산이므로 부채비율이 낮고, 전력산업의 경우 유형자산이 많으므로 부채비율이 상대적으로 높다. 이는 정태이론이 예측하는 것과 정확히 일치하는 것이다.

나아가 기대파산비용이 절세효과에 비하여 상대적으로 작기 때문에 정태이론은 높은 최적레버리지를 암시한다. 정태이론에 의하면 대단히 성공적인 기업은 이익을 많이 내므로 부채를 많이 사용하여 많은 절세효과를 누릴 수 있다. 그러나 실제로 성공적인 기업들은 거의 부채를 사용하지 않는다. 이는 정태이론이 예측하는 것과는 정반대이다.

이익을 많이 내는 기업이 낮은 부채비율을 유지한다는 현실을 설명할 수 있는 이론이 자본조달순위이론(pecking order theory)이다. 이 이론은 경영자와 자본시장간의 정보비대칭(information asymmetry)으로 인해 발생하는 비용이 적은 순서대로 자금을 조달한다는 것이다. 자본조달순위이론에 의하면, 1차적으로 사내유보된 자금을 사용하고, 부족한 경우에는 회사채를 발행하고, 그리고도 외부자본이 필요하다면 최종적으로 신주를 발행한다는 것이다.

자본조달순위이론은 자본조달의 순서를 나열한 것이므로 이 이론은 최적자본구조에 대한 어떤 예측도 하지 않는다. 단지, 수익성이 좋은 기업은 풍부한 내부자금을 갖고 있으므로 부채를 적게 사용한다는 것이다. 또한 이 이론은 기업이 충분한 잉여현금(financial slack)을 보유하여 외부자금 조달 시에 수반되는 비용을 피해야 한다고 강조한다.

8.8 유·무상증자

(1) 유상증자

유상증자(有償增資)(seasoned equity offering)란 신주를 발행하고 현금을 납입 받음으로써 회사의 납입자본금을 증가시키는 것을 말한다. 유상증자는 신주인수권 배정방법에 따라 주주배정방식, 주주우선 공모방식, 일반공모방식, 제3자 배정방식 등으로 구분된다.

주주배정방식은 주주와 우리사주조합에게 신주를 배정하고 실권주(失權株)가 발생하면 이사회의 결의에 따라 그 처리방침을 결정하는 것을 말한다. 주주우선 공모방식은 주주배정방식과 거의 동일한 방식이나, 다른 점은 실권주가 발생하는 경우에 일반투자자를 대상으로 청약을 받고 만일 여기서도 청약이 미달되면 이사회의 결의에 따라 그 처리방침을 결정한다는 점이다.

일반공모방식은 주주에게 신주인수권을 주지 않고 일반투자자를 대상으로 청약을 받는 것을 말하며, 제3자 배정방식은 주주 대신 관계회사나 채권은행 등 특정의 제3자에게 신주인수권을 주는 방식이다.

유상증자를 실시할 때 신주의 발행가격이 시장가격보다 낮게 책정되더라도 주주가 증자에 참여하면 주주의 부는 변하지 않는다. 유상증자에 참여하면 신주를 받을 수 있는 권리인 신주인수권을 부여받는다. 그리고 신주배정기준일이 지나면 신주인수권이 소멸되는데, 권리 수면 후 주식 가격을 권리락 가격(ex-right price)이라고 한다.

권리부 주가와 권리락 주가간에는 다음 식이 성립한다.

$$\text{권리부 주가} + \text{신주발행가격} \times \text{증자비율} = \text{권리락 주가} \times (1 + \text{증자비율}) \tag{11}$$

그리고 신주인수권의 가치는 다음과 같이 측정된다.

$$\text{신주인수권의 가치} = \text{권리부 주가} - \text{권리락 주가} \tag{12}$$

(2) 무상증자

무상증자(無償增資)는 이익준비금, 자본준비금 또는 자산재평가적립금 등을 자본금에 전입하면서 신주를 발행하고 이를 무상으로 기존주주에게 배정함으로써 납입자본금을 증가시키는 것을 말한다. 무상증자는 주주배정방식에 의한 유상증자와는 달리 유가증권신고서 제출과 주금납입 관련 절차를 필요로 하지 않는다.

무상증자는 자본을 실제로 조달하는 것이 아니라 자본계정간의 변동을 통해 자본금만이 증가하는 것이다. 따라서 무상증자 전·후에 기업가치는 변함이 없고 발행주식수만 늘어나게 되므로 주가는 하락한다.

무상증자 실시 전의 주가 15,000원을 권리부(權利附) 주가라 하고 무상증자 실시 후의 주가를 권리락(權利落) 주가라고 한다. 무상증자 전후의 권리부주가와 권리락주가간의 관계는 다음과 같다.

$$\text{권리부 주가} = \text{권리락 주가} \times (1 + \text{증자비율}) \qquad (13)$$

투자자의 부는 무상증자 실시 전과 후에 동일하다.

정리문제

01 기업 U와 L은 자본구조를 제외한 다른 모든 점에서 동일하다. 기업 U는 부채가 없고, 기업 L은 50억원의 부채(이자율 10%)를 사용하고 있다. MM의 모든 가정이 충족되고, 세금이 존재하지 않으며, 두 회사의 기대영업현금흐름은 20억원이다. 그리고 기업 U의 자기자본비용은 16%이다.

(1) MM이론에 의하면 두 기업의 기업가치는 얼마인가?

(2) 기업 U와 L의 자기자본비용은 각각 얼마인가?

(3) 기업 U와 L의 가중평균자본비용은 각각 얼마인가?

02 현재 부채를 사용하지 않고 자기자본만으로 영업하고 있는 (주)새나라의 영업이익은 매년 3억원이며, 자기자본비용은 15%이다. 이 기업은 5억원의 부채를 10%의 이자율로 차입하여 자사주를 매입하려고 한다. 법인세율은 40%이다.

(1) 부채를 사용하지 않는 경우의 기업가치를 계산하라.

(2) 부채를 조달한 후의 기업가치를 절세효과를 이용하여 구하라.

(3) 부채를 조달한 후의 주주요구수익률(자기자본비용)과 가중평균자본비용을 구하라.

(4) (3)번에서 구한 가중평균자본비용을 사용하여 기업가치를 구하라. 그리고 그 결과를 (2)번의 결과와 비교하라.

03 동강기업의 부채비율은 현재 300%이고 $WACC$은 15%, 이자율은 12%, 법인세율은 40%이다.

(1) 자기자본비용은 얼마인가?

(2) 부채를 사용하지 않는다면 자기자본비용은 얼마인가?

(3) 부채비율이 200%, 100%일 때 각각의 자기자본비용과 $WACC$은 얼마인가?

(4) 부채차입이 늘어남에 따라 $WACC$은 어디에 접근하게 되는가?

(5) 부채차입이 늘어남에 따라 $WACC$이 어떻게 변하는지를 지금까지의 결과를 기초로 그림으로 나타내라.

04 **성순기업의 영업이익은 영구적으로 5,000만원으로 예상된다. 부채는 6,000만원이고, 부채를 사용하지 않았을 때의 자본비용은 20%이며 법인세율은 30%, 이자율은 8%이다.**

(1) 부채를 사용하지 않는 경우 기업가치를 구하라.

(2) 부채 사용 시 기업가치를 다음의 3가지 방법으로 구하라.
① 절세금액의 현가를 이용하는 방법
② 부채가치와 자기자본가치를 합산하는 방법
③ $WACC$을 이용하는 방법

05 **한라기업은 자기자본만을 사용하는 기업이다. 발행주식수 100만주에 현재 주가는 5만원이다. 한라기업은 100억원을 차입하는 전략과 200억원을 차입하는 전략을 고려 중이다. 차입된 금액은 자사주매입에 사용될 예정이며 차입이자율은 8%이다. 법인세는 무시하고 주가는 자본구조 변경 후에도 동일하다. 영업이익($EBIT$)이 40억원, 60억원, 80억원인 3가지 상황이 예측되며 각 상황의 확률은 동일하다.**

(1) 두 전략의 각 상황별 EPS와 ROE를 계산하라.

(2) 두 전략의 기대 EPS와 ROE를 구하라.

(3) 어떤 전략을 선택하는 것이 유리한가?

06 **(주)한가람철강은 영업이익($EBIT$)이 연간 700억원으로 지속될 것으로 예상하고 있다. 이 기업은 부채를 8%에 조달할 수 있다. 그러나 이 기업은 현재 부채를 사용하고 있지 않다. 그리고 자기자본비용은 15%이고 법인세율은 20%이다.**

(1) 이 기업의 가치는 얼마인가?

(2) 만약 자사주 매입을 위해 500억원의 부채를 조달한다면, 이 기업의 가치는 얼마인가?

07 **A기업의 영업이익은 10억원, 이 기업이 자기자본으로만 경영할 시 요구수익률은 20%, 이자율은 10%이다. 그리고 현재 차입금액은 20억원이고 법인세율은 40%이다.**

(1) 절세금액의 현가를 이용하여 기업가치를 구하라.

(2) 자기자본비용을 이용하여 기업가치를 구하라.

(3) $WACC$을 이용하여 기업가치를 구하라.

08 B기업은 100만주를 발행하였고 100억원(시장가치)의 자기자본으로만 회사를 운영하고 있다(자기자본 = 총자본). B기업은 매년 10억원의 순이익(= 영업이익)을 올리고 있으며, 연 10%의 이자율로 차입하여 자사주를 매입하려고 한다. 예정하는 차입금액은 50억원 또는 25억원이다(법인세 무시).

(1) 현재의 EPS와 ROE를 구하라.

(2) 50억원을 차입하여 자사주 500,000주 매입 시 EPS와 ROE를 구하라.

(3) 25억원을 차입하여 자사주 250,000주 매입 시 EPS와 ROE를 구하라.

09 장수기업은 기존주주를 대상으로 50%의 유상증자를 계획하고 있다. 장수기업의 보통주는 시장에서 현재 25,000원에 거래되고 있으며 주당 발행가격은 15,000원이다.

(1) 권리락주가를 구하라.

(2) 신주인수권(preemptive right)의 가치를 계산하라.

10 발해기업은 만기 2년, 액면가 100,000원의 전환사채를 발행하였다. 전환사채는 현재 시장에서 150,000원에 거래되고 있다. 액면이자율은 연 10%이며, 전환사채에는 액면가 50,000원당 발해기업 주식 1주를 전환할 수 있는 권리가 부여되어 있다. 발해기업의 현재주가는 30,000원이며, 전환권만 없이 동일한 성격의 일반사채의 수익률은 연 15%이다.

(1) 전환사채의 전환가격과 전환비율을 구하라.

(2) 현재시점에서 전환가치는 얼마인가?

(3) 현재시점에서 일반사채로서의 가치는 얼마인가? 그리고 전환사채 보유자는 현재 전환하는 것이 유리한가?

정리문제에 대한 해설

01 **기업 U와 L은 자본구조를 제외한 다른 모든 점에서 동일하다. 기업 U는 부채가 없고, 기업 L은 50억원의 부채(이자율 10%)를 사용하고 있다. MM의 모든 가정이 충족되고, 세금이 존재하지 않으며, 두 회사의 기대영업현금흐름은 20억원이다. 그리고 기업 U의 자기자본비용은 16%이다.**

(1) MM이론에 의하면 두 기업의 기업가치는 얼마인가?

해설 기업가치를 구하기 위해서는 $WACC$을 계산해야 한다. $WACC = r_E = 0.16$ 이므로 $V_U = \frac{20억원}{0.16} = 125억원$이다. 완전자본시장에서 MM의 명제 1에 의하면, 부채기업의 가치(V_L)와 무부채기업(V_U)의 가치는 같으므로, $V_L = V_U = 125$억 원이 된다.

(2) 기업 U와 L의 자기자본비용은 각각 얼마인가?

해설 기업 U는 무부채기업으로서 문제에서 주어진 바와 같이 $r_E = r_A = 16\%$이다.
기업 L은 기업가치 125억원 중 50억원을 부채로 조달했으므로 자기자본가치는 125억원 − 50억원 = 75억원이므로 부채비율은 $\frac{D}{E} = \frac{50}{75} = \frac{2}{3}$이다.
결국, 기업 L의 자기자본비용은 $r_E = r_A + \frac{D}{E}(r_A - r_D) = 0.16 + \frac{2}{3} \times (0.16 - 0.1) = 20\%$이다.

(3) 기업 U와 L의 가중평균자본비용은 각각 얼마인가?

해설 기업 U의 가중평균자본비용은 자기자본비용과 동일하므로, $WACC = r_A = r_E = 16\%$이다. 기업 L의 가중평균자본비용은,

$$WACC = r_A = \frac{50억원}{125억원} \times 10\% + \frac{75억원}{125억원} \times 20\% = 16\%$$

02 **현재 부채를 사용하지 않고 자기자본만으로 영업하고 있는 (주)새나라의 영업이익은 매년 3억원이며, 자기자본비용은 15%이다. 이 기업은 5억원의 부채를 10%의 이자율로 차입하여 자사주를 매입하려고 한다. 법인세율은 40%이다.**

(1) 부채를 사용하지 않는 경우의 기업가치를 계산하라.

해설
$$V_U = \frac{EBIT(1-t)}{r_U}$$
$$= \frac{3억원(1-0.4)}{0.15} = 12억원$$

(2) 부채를 조달한 후의 기업가치를 절세효과를 이용하여 구하라.

해설 $V_L = \dfrac{EBIT(1-t)}{r_U} + D \times t = \dfrac{3억원(1-0.4)}{0.15} \times 5 \times 0.4 = 14억원$

(3) 부채를 조달한 후의 주주요구수익률(자기자본비용)과 가중평균자본비용을 구하라.

해설 기업가치(자기자본만 사용) 14억원에서 5억원을 차입하여 자사주를 매입하므로 $D = 5억원$, $E = 9억원$이 된다.

$$r_E = r_U + \frac{D}{E}(r_U - r_D)(1-t)$$
$$= 15\% + \frac{5}{9}(15\% - 10\%)(1-0.4) = 16.67\%$$

$$WACC = r_A = w_D \times r_D \times (1-t) + w_E \times r_E$$
$$= \frac{5억원}{14억원} \times 10\%(1-0.4) + \frac{9억원}{14억원} \times 16.67\%$$
$$= 12.86\%$$

(4) (3)번에서 구한 가중평균자본비용을 사용하여 기업가치를 구하라. 그리고 그 결과를 (2)번의 결과와 비교하라.

해설 $V_L = \dfrac{EBIT(1-t)}{WACC_L} = \dfrac{3억원(1-0.4)}{0.1286} = 14억원$

세금을 고려한 차입기업의 $WACC$을 이용해 계산한 기업가치와 (2)번에서 무차입기업가치 + 절세효과를 이용해 계산한 기업가치는 같다.

03 **동강기업의 부채비율은 현재 300%이고 $WACC$은 15%, 이자율은 12%, 법인세율은 40%이다.**

(1) 자기자본비용은 얼마인가?

해설 $WACC$이 15%이므로 다음식이 성립한다.

$$0.15 = \frac{3}{4} \times 0.12 \times (1-0.4) + \frac{1}{4} \times r_E$$
$$r_E = 38.4\%$$

(2) 부채를 사용하지 않는다면 자기자본비용은 얼마인가?

해설 $r_E = r_U + \dfrac{D}{E}(r_U - r_D)(1-t)$이므로 다음식이 성립한다.

$$0.384 = r_U + 3(r_U - 0.12)(1-0.4)$$
$$r_U = 21.43\%$$

(3) 부채비율이 200%, 100%일 때 각각의 자기자본비용과 $WACC$은 얼마인가?

해설 부채비율이 200%일 경우 r_E와 $WACC$은 다음과 같다.

$$r_E = 0.2143 + 2 \times (0.2143 - 0.12)(1 - 0.4) = 0.3275$$

$$WACC = \frac{2}{3} \times 0.12 \times (1 - 0.4) + \frac{1}{3} \times 0.3275 = 0.1572$$

부채비율이 100%일 경우 r_E와 $WACC$은 다음과 같다.

$$r_E = 0.2143 + 1 \times (0.2143 - 0.12)(1 - 0.4) = 0.2709$$

$$WACC = \frac{1}{2} \times 0.12 \times (1 - 0.4) + \frac{1}{2} \times 0.2709 = 0.1715$$

(4) 부채차입이 늘어남에 따라 $WACC$은 어디에 접근하게 되는가?

해설 차입이 늘어나면 $WACC$은 타인자본비용 $r_D(1 - t) = 0.12(1 - 0.4) = 0.072 = 7.2\%$에 접근한다.

(5) 부채차입이 늘어남에 따라 $WACC$이 어떻게 변하는지를 지금까지의 결과를 기초로 그림으로 나타내라.

해설

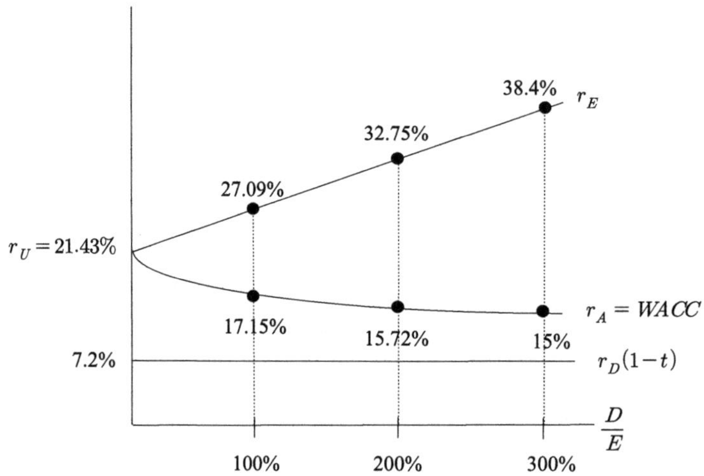

04 **성순기업의 영업이익은 영구적으로 5,000만원으로 예상된다. 부채는 6,000만원이고, 부채를 사용하지 않았을 때의 자본비용은 20%이며 법인세율은 30%, 이자율은 8%이다.**

(1) 부채를 사용하지 않는 경우 기업가치를 구하라.

해설

$$V_U = \frac{EBIT(1-t)}{r_U} = \frac{5{,}000\text{만원}(1-0.3)}{20\%} = 17{,}500\text{만원}$$

(2) 부채 사용 시 기업가치를 다음의 3가지 방법으로 구하라.

해설 ① 절세금액의 현가를 이용하는 방법

$$V_L = V_U + \text{절세금액의 현가} = \frac{EBIT(1-t)}{r_U} + D \times t$$

$$= \frac{5{,}000\text{만원}(1-0.3)}{20\%} + 6{,}000\text{만원} \times 0.3$$

$$= 19{,}300\text{만원}$$

② 부채가치와 자기자본가치를 합산하는 방법

$$V_L = \text{부채가치} + \text{자기자본가치} = \frac{D \cdot r_D}{r_D} + \frac{(EBIT - I)(1-t)}{r_E}$$

$$= 6{,}000\text{만원} + 13{,}300\text{만원}$$

$$= 19{,}300\text{만원}$$

$$\frac{D \cdot r_D}{r_D} = \frac{6{,}000\text{만원} \times 8\%}{8\%} = 6{,}000\text{만원}$$

$$\frac{(EBIT - I)(1-t)}{r_E} = \frac{(5{,}000\text{만원} - 480\text{만원})(1-0.3)}{23.79\%} = 13{,}300\text{만원}$$

$$r_E = r_U + \frac{D}{E}(r_U - r_D)(1-t)$$

$$= 20\% + \frac{6{,}000\text{만원}}{13{,}300\text{만원}}(20\% - 8\%)(1-0.3) = 23.79\%$$

$$E = V_L - \text{부채가치} = 19{,}300\text{만원} - 6{,}000\text{만원} = 13{,}300\text{만원}$$

③ $WACC$을 이용하는 방법

$$\frac{EBIT(1-t)}{WACC} = \frac{5{,}000\text{만원}(1-0.3)}{18.135\%} = 19{,}300\text{만원}$$

$$WACC = \frac{6{,}000\text{만원}}{19{,}300\text{만원}} \times 8\% \times (1-0.3) + \frac{13{,}300\text{만원}}{19{,}300\text{만원}} \times 23.79\%$$

$$= 18.135\%$$

05 한라기업은 자기자본만을 사용하는 기업이다. 발행주식수 100만주에 현재 주가는 5만원이다. 한라기업은 100억원을 차입하는 전략과 200억원을 차입하는 전략을 고려 중이다. 차입된 금액은 자사주매입에 사용될 예정이며 차입이자율은 8%이다. 법인세는 무시하고 주가는 자본구조 변경 후에도 동일하다. 영업이익($EBIT$)이 40억원, 60억원, 80억원인 3가지 상황이 예측되며 각 상황의 확률은 동일하다.

(1) 두 전략의 각 상황별 EPS와 ROE를 계산하라.

해설 ① 100억원 차입 전략 (변경된 보유주식 = 80만주 = 100만주 − $\frac{100억원}{5만원}$)

EBIT	40억원	60억원	80억원
−이 자	8억원[1)]	8억원	8억원
순 이 익	32억원	52억원	72억원
E P S	4,000원[2)]	6,500원	9,000원
R O E	8%[3)]	13%	18%

1) 이자 = 100억원 × 0.08 = 8억원

2) $EPS = \frac{32억원}{80만주} = 4,000원$

3) $ROE = \frac{32억원}{500억원 - 100억원} = 8\%$

② 200억원 차입 전략 (변경된 보유주식 = 60만주 = 100만주 − $\frac{200억원}{5만원}$)

EBIT	40억원	60억원	80억원
−이 자	16억원[4)]	16원	16억원
순 이 익	24억원	44원	64억원
E P S	4,000원[5)]	7,333원	10,667원
R O E	8%[6)]	14.7%	21.3%

4) 이자 = 200억원 × 0.08 = 16억원

5) $EPS = \frac{24억원}{60만주} = 4,000원$

6) $ROE = \frac{24억원}{500억원 - 200억원} = 8\%$

(2) 두 전략의 기대 EPS와 ROE를 구하라.

해설 ① 100억원 차입 전략 (보유주식 80만주) :

$$E(EPS) = (4,000원 + 6,500원 + 9,000원) \times \frac{1}{3} = 6,500원$$

$$E(ROE) = (8\% + 13\% + 18\%) \times \frac{1}{3} = 13\%$$

② 200억원 차입 전략 (보유주식 60만주) :

$$E(EPS) = (4{,}000\text{원} + 7{,}333\text{원} + 10{,}667\text{원}) \times \frac{1}{3} = 7{,}333\text{원}$$

$$E(ROE) = (8\% + 14.7\% + 21.3\%) \times \frac{1}{3} = 14.7\%$$

(3) 어떤 전략을 선택하는 것이 유리한가?

해설 200억원을 차입하는 전략이 최소 주당순이익과 최소 자기자본순이익률은 동일한데, 기대 주당순이익과 기대 자기자본순이익률은 높다. 따라서 200억원 차입전략을 채택하는 것이 유리하다.

06 (주)한가람철강은 영업이익($EBIT$)이 연간 700억원으로 지속될 것으로 예상하고 있다. 이 기업은 부채를 8%에 조달할 수 있다. 그러나 이 기업은 현재 부채를 사용하고 있지 않다. 그리고 자기자본비용은 15%이고 법인세율은 20%이다.

(1) 이 기업의 가치는 얼마인가?

해설 $$V_U = \frac{EBIT(1-t)}{r_U} = \frac{700\text{억원}(1-0.2)}{0.15} = 3{,}733\text{억원}$$

(2) 만약 자사주 매입을 위해 500억원의 부채를 조달한다면, 이 기업의 가치는 얼마인가?

해설 $$\begin{aligned} V_L &= V_U + D \times t \\ &= 3{,}733\text{억원} + 500\text{억원} \times 0.2 \\ &= 3{,}833\text{억원} \end{aligned}$$

07 A기업의 영업이익은 10억원, 이 기업이 자기자본으로만 경영할 시 요구수익률은 20%, 이자율은 10%이다. 그리고 현재 차입금액은 20억원이고 법인세율은 40%이다.

(1) 절세금액의 현가를 이용하여 기업가치를 구하라.

해설 $$V_L = \frac{EBIT(1-t)}{r_U} + D \times t = \frac{10\text{억원}(1-0.4)}{0.2} + 20\text{억원} \times 0.4 = 38\text{억원}$$

(2) 자기자본비용을 이용하여 기업가치를 구하라.

해설 $$r_E = r_U + \frac{D}{E}(r_U - r_D)(1-t) = 0.2 + \frac{20}{18}(0.2-0.1)(1-0.4) = 26.67\%$$

$$V_L = \frac{D \times r_D}{r_D} + \frac{(EBIT - D \times r_D)(1 - t)}{r_E}$$

$$= \frac{20\text{억원} \times 0.1}{0.1} + \frac{(10\text{억원} - 20\text{억원} \times 0.1)(1 - 0.4)}{0.2667} = 38\text{억원}$$

(3) $WACC$을 이용하여 기업가치를 구하라.

해설 $V_L = 38$억원, $D = 20$억원이므로 $E = 18$억원이다. 따라서 다음 식이 성립한다.

$$WACC = \frac{D}{D+E} \times r_D \times (1 - t) + \frac{E}{D+E} \times r_E$$

$$= \frac{20}{38} \times 0.1 \times (1 - 0.4) + \frac{18}{38} \times 0.2667 = 0.1579$$

이자를 차감한 세후 영업현금흐름을 $WACC$로 할인하면,

$$V_L = \frac{EBIT(1 - t)}{WACC} = \frac{10\text{억원}(1 - 0.4)}{0.1579} = 38\text{억원}$$

08 B기업은 100만주를 발행하였고 100억원(시장가치)의 자기자본으로만 회사를 운영하고 있다(자기자본 = 총자본). B기업은 매년 10억원의 순이익(= 영업이익)을 올리고 있으며, 연 10%의 이자율로 차입하여 자사주를 매입하려고 한다. 예정하는 차입금액은 50억원 또는 25억원이다(법인세 무시).

(1) 현재의 EPS와 ROE를 구하라.

해설 자기자본 시장가치가 100억원이고 발행주식수가 100만주이므로 주가는 10,000원이다.

$$EPS = \frac{\text{순이익}}{\text{발행주식수}} = \frac{10\text{억원}}{100\text{만주}} = 1{,}000\text{원}$$

$$ROE = \frac{\text{순이익}}{\text{자기자본}} = \frac{10\text{억원}}{100\text{억원}} = 10\%$$

(2) 50억원을 차입하여 자사주 500,000주 매입 시 EPS와 ROE를 구하라.

해설

$$EPS = \frac{\text{순이익}}{\text{발행주식수}} = \frac{10\text{억원} - 50\text{억원} \times 0.1}{50\text{만주}} = 1{,}000\text{원}$$

$$ROE = \frac{\text{순이익}}{\text{자기자본}} = \frac{10\text{억원} - 50\text{억원} \times 0.1}{50\text{억원}} = 10\%$$

(3) 25억원을 차입하여 자사주 250,000주 매입 시 EPS와 ROE를 구하라.

해설

$$EPS = \frac{\text{순이익}}{\text{발행주식수}} = \frac{10\text{억원} - 25\text{억원} \times 0.1}{75\text{만주}} = 1{,}000\text{원}$$

$$ROE = \frac{\text{순이익}}{\text{자기자본}} = \frac{10\text{억원} - 25\text{억원} \times 0.1}{75\text{억원}} = 10\%$$

총자본영업이익률과 이자율이 동일하면, 차입경영은 EPS와 ROE에 영향을 주지 않는다.

09 **장수기업은 기존주주를 대상으로 50%의 유상증자를 계획하고 있다. 장수기업의 보통주는 시장에서 현재 25,000원에 거래되고 있으며 주당 발행가격은 15,000원이다.**

(1) 권리락 주가를 구하라.

해설 증자를 실시할 때 권리부 주가와 권리락 주가의 이론적 관계

① 유상증자의 경우

권리부 주가 + 신주발행가격 × 증자비율 = 권리락 주가 × (1 + 증자비율)

② 무상증자의 경우

권리부 주가 = 권리락 주가 × (1 + 증자비율)

따라서 유상증자에 따른 권리락 주가는 다음과 같이 계산된다.

$$25{,}000\text{원} + (15{,}000\text{원} \times 0.5) = \text{권리락 주가}(1 + 0.5)$$

$$\therefore \text{ 권리락 주가} = \frac{25{,}000\text{원} + (15{,}000\text{원} \times 0.5)}{(1 + 0.5)} = 21{,}667\text{원}$$

(2) 신주인수권(preemptive right)의 가치를 계산하라.

해설

$$\begin{aligned}\text{신주인수권의 가치} &= \text{권리부 주가} - \text{권리락 주가}\\ &= 25{,}000\text{원} - 21{,}667\text{원}\\ &= 3{,}333\text{원}\end{aligned}$$

10 발해기업은 만기 2년, 액면가 100,000원의 전환사채를 발행하였다. 전환사채는 현재 시장에서 150,000원에 거래되고 있다. 액면이자율은 연 10%이며, 전환사채에는 액면가 50,000원당 발해기업 주식 1주를 전환할 수 있는 권리가 부여되어 있다. 발해기업의 현재주가는 30,000원이며, 전환권만 없이 동일한 성격의 일반사채의 수익률은 연 15%이다.

(1) 전환사채의 전환가격과 전환비율을 구하라.

해설 전환가격은 보통주 1주를 얻기 위하여 포기해야 하는 전환사채의 액면가를 의미한다. 또한 전환비율이란 전환사채 1개당 교환되는 보통주의 수를 말한다. 따라서 전환사채의 전환가격은 50,000원이고 전환사채의 전환비율을 계산하면 다음과 같다.

$$\text{전환비율} = \frac{\text{전환사채 액면가}}{\text{전환가격}} = \frac{100{,}000\text{원}}{50{,}000\text{원}} = 2$$

(2) 현재시점에서 전환가치는 얼마인가?

해설 전환가치는 전환사채가 즉시 주식으로 전환된다고 할 때의 가치를 말한다. 따라서 전환가치는 다음과 같이 계산된다.

$$\begin{aligned}\text{전환가치} &= \text{현재주가} \times \text{전환비율} \\ &= 30{,}000\text{원} \times 2 = 60{,}000\text{원}\end{aligned}$$

(3) 현재시점에서 일반사채로서의 가치는 얼마인가? 그리고 전환사채 보유자는 현재 전환하는 것이 유리한가?

해설 전환사채의 일반사채로서의 가치는 다음과 같이 계산된다.

$$P_0 = \frac{10{,}000\text{원}}{(1+0.15)^1} + \frac{110{,}000\text{원}}{(1+0.15)^2} = 91{,}871\text{원}$$

현재 전환가치(60,000원)가 일반사채로서의 가치(91,871원)보다 낮으므로 전환하지 않는 것이 유리하다.

CHAPTER 09 배당정책

현금배당은 대부분의 기업에게 있어 중요한 현금유출이다. 따라서 기업의 순이익 중에서 얼마를 주주에게 배당으로 지급하고 얼마를 재투자용으로 사내에 유보할 것인가 하는 배당정책은 기업에게 매우 중요한 의사결정이다. 최적 배당정책이란 기업가치를 극대화시키는 배당정책을 말한다. 완전자본시장을 가정하면 최적 배당정책이란 존재하지 않는다. 그러나 현실적으로 시장에서는 저배당을 선호하는 요인도 존재하며 고배당을 선호하는 요인들도 존재한다. 기업의 실질적인 배당정책은 세금, 정보전달효과, 거래비용 등에 의해 영향을 받게 된다.

9.1 배당지표

기업의 배당수준을 나타내는 척도로 다음과 같은 여러 가지 지표가 사용된다.

- 주당배당금(dividend per share) : 주식 1주에 대한 현금배당금액

$$\text{주당배당금} = \frac{\text{총배당금}}{\text{발행주식수} } \qquad (1)$$

- 배당수익률(dividend yield) : 주당배당금을 주가로 나눈 값으로 실무에서는 시가배당률이라는 표현으로 사용되기도 한다.

$$\text{배당수익률} = \frac{\text{주당배당금}}{\text{주가}} \times 100 \qquad (2)$$

- 배당성향(dividend payout ratio) : 주당배당금을 주당순이익으로 나눈 값, 또는 총배당금을 순이익으로 나눈 값으로 순이익의 몇 퍼센트를 배당으로 지급하는가를 측정하는 비율이다. 1에서 배당성향을 차감하면 유보비율이 계산된다.

$$배당성향 = \frac{주당배당금}{주당순이익} \times 100 \tag{3}$$

(유보비율 = 1 − 배당성향)

- 배당률(dividend ratio) : 주당배당금을 주식의 액면가격으로 나눈 값으로 액면가 배당률로 불리며 과거에는 배당수준을 나타내는 지표로 주로 이용되었으나 최근에는 배당수익률로 대체되었다.

$$배당률 = \frac{주당배당금}{액면가} \times 100 \tag{4}$$

9.2 MM의 배당이론

(1) MM의 배당이론의 가정과 의미

MM(Miller & Modigliani)은 배당정책과 기업가치의 무관련이론을 전개하면서 다음과 같은 가정을 설정하고 있다.

첫째, 완전자본시장(perfect capital market)이 존재한다.

둘째, 모든 투자자들은 자신들의 투자활동에 대한 결과를 확실히 예측할 수 있으며, 따라서 투자로부터 기대되는 미래 현금흐름의 현가를 구할 때 사용하는 할인율은 전기간에 걸쳐 일정하다.

셋째, 일체의 세금이 존재하지 않는다.

넷째, 배당소득(dividend gain)과 자본이득(capital gain)은 동질적이다.

다섯째, 투자자의 부(富)의 한계효용은 항상 양의 값을 갖는다.

이상의 가정하에서 MM은 일정한 배당수령에 의한 부의 증가는 동일한 정도의 주가하락에 의하여 상쇄되고, 또한 배당포기로 인한 유보이익의 증가는 포기한 배당만큼의 주가상승을 가져오기 때문에 주주의 부는 변하지 않는다고 주장하고 있다.

(2) MM의 무관련이론

기업은 필요하면 현금흐름의 패턴을 조정할 수 있다. 기업은 당기의 배당금을 증가시켜 현금유출이 많아지면 그 만큼의 자금을 신주를 발행하여 조달하면 된다. 반대로 당기의 배당금을 감소시켜 현금유출이 적어지면 남은 자금을 자사주를 매입하는데 사용하면 된다. 신주발행은 미래 주당배당금을 감소시키는 효과가 있고, 자사주매입은 미래 주당배당금을 증가시키는 효과가 있다.

경영자와 마찬가지로, 주주들도 경영자가 결정한 배당정책을 스스로 조정하여 자신이 원하는 배당정책으로 전환시킬 수 있다. 만일 주주가 기업이 배당으로 지급하는 금액보다 현재 더 많은 소득을 원하면, 보유주식의 일부를 매각하여 소득을 증가시키면 된다. 보유주식의 매각은 미래 배당금을 감소시킨다. 반면에 주주가 기업이 배당으로 지급하는 금액보다 현재 더 적은 소득을 원하면 배당받은 금액 중 일부를 추가로 주식을 매입하는데 사용하면 된다. 추가 주식매입은 미래 배당금을 증가시킨다.

이처럼 주주는 주식을 매도 또는 매입함으로써 기업의 배당정책을 조정하여 자신이 원하는 배당정책으로 전환시킬 수 있다. 이와 같이 기업의 배당정책을 주주 자신의 배당정책으로 전환시키는 것을 자가배당(homemade dividend : 自家配當)이라고 한다.

MM의 배당이론을 쉬운 예를 들어 설명해 보기로 하자. 한라기업은 매년 1,000원의 주당배당금을 영구히 지급할 예정이다. 요구수익률이 10%이면 한라기업의 주가는 다음과 같이 10,000원이 될 것이다.

$$
\begin{aligned}
P_0 &= \frac{1{,}000\text{원}}{1.1} + \frac{1{,}000\text{원}}{1.1^2} + \cdots + \frac{1{,}000\text{원}}{1.1^\infty} \\
&= \frac{1{,}000\text{원}}{0.1} = 10{,}000\text{원}
\end{aligned}
$$

주가를 미래 주당배당금의 현재가치로 이해하는 한라기업의 경영자 영식은 주가를 상승시키기 위하여 다른 것은 동일하고 내년에만 2,000원의 주당배당금을 지급하기로 결정하였다. 배당증가 후 영식이 기대하는 주가는 다음과 같이 10,909원이 될 것이다.

$$P_0 = \frac{2{,}000원}{1.1} + \frac{1{,}000원}{1.1^2} + \cdots + \frac{1{,}000원}{1.1^{\infty}}$$
$$= \frac{1{,}000원}{0.1} + \frac{1{,}000원}{1.1} = 10{,}909원$$

이와 같은 영식의 논리가 옳은가? 결론적으로 얘기해서 옳지 않다. 옳지 않은 이유를 설명하면 다음과 같다. 기업의 투자금액이 고정되어 있는 상태에서 배당을 늘리면 한라기업은 부족한 자금을 신주를 추가로 발행하여 조달해야 한다(차입은 고려하지 않는다고 가정함). 만일 1년 후 주당 1,000원의 배당을 추가적으로 지급하기 위하여 신주를 발행한다면 한라기업은 새 주주에게 주당 매년 100원의 현금을 지급해야 한다(새 주주도 기존 주주와 마찬가지로 10%의 수익률을 요구한다고 가정함). 이로인해 기존 주주에게 지급할 수 있는 현금은 주당 900원으로 줄어든다. 따라서 신주발행 후 기존 주주에게 귀속되는 현금흐름(즉, 주당배당금)의 현가는 다음과 같이 추가로 배당을 지급하기 전의 가격과 동일하게 10,000원이 된다. 결국 완전자본시장 가정하에서 영식의 논리는 옳지 않다.

$$P_0 = \frac{2{,}000원}{1.1} + \frac{900원}{1.1^2} + \cdots + \frac{900원}{1.1^{\infty}}$$
$$= \frac{900원}{0.1} + \frac{1{,}100원}{1.1} = 10{,}000원$$

9.3 배당정책을 결정하는 현실적인 요인들

MM의 배당이론은 완전자본시장을 가정하는 경우에만 성립한다. 세금, 발행비용, 거래비용, 정보비대칭 등의 시장을 불완전하게 하는 요인들을 고려하면 배당지급이 기업가치를 감소시킬 수도 있고 증가시킬 수도 있다.

(1) 기업가치를 증가시키는 요인

① 배당의 정보효과 가설

일반적으로 경영자가 일반투자자보다 기업의 미래 상황에 대하여 보다 많고 우월한 정보를 갖고 있는데, 이런 현상을 정보비대칭(information asymmetry) 현상이라고 한다. 정보비대칭이 존재하는 상황에서 경영자는 목적에 따라 자신이 가지고 있는 우월한 정보를 시장에 전달할 수 있는데, 이 때 이용할 수 있는 수단 중의 하나가 배당정책이다. 즉, 경영자가 기업의 미래상황이 일반투자자가 외부에서 생각하는 것보다 낙관적이라고 생각하면 경영자는 배당을 증가시킴으로써 자신의 낙관적인 견해를 시장에 전달할 수 있다. 물론, 미래가 외부인이 보는 것보다 비관적이면 경영자는 배당을 감소시켜 자신의 비관적인 견해를 시장에 전달할 수도 있다.

결국 배당을 증가시키는 것은 그 기업의 미래상황이 시장에서 생각하는 것보다 좋을 것이란 신호로 받아들여진다. 이런 가설을 배당의 정보효과 가설(dividend signaling hypothesis)이라고 한다.

② 잉여현금흐름 가설

배당의 정보효과 가설에서는 경영자의 목표가 주주의 부를 극대화하는데 있다고 가정한다. 그러나 잉여현금흐름 가설(free cash flow hypothesis)에서는 경영자의 목표가 자신의 편익을 극대화하는데 있다고 가정한다. 경영자가 시장에서 행사할 수 있는 힘은 회사의 규모와 직결되어 있으므로 경영자는 자신의 이익을 위해 기업이 가능한 많은 현금을 보유하도록 할 것이다. 기업이 좋은 투자기회와 관계없이 무조건 현금을 많이 보유한다는 것은 기업이 상당한 재원을 낭비하고 있는 것으로 볼 수 있다.

만일 기업이 배당을 증가시키면 경영자가 낭비할 수 있는 재원을 줄일 수 있다. 배당을 증가시킴으로써 경영자가 낭비할 수 있는 재원을 감소시키는 것은 주주의 입장에서는 좋은 소식이고, 따라서 배당 증가 공시일에 주가는 상승할 것이다. 같은 논리로, 만일 기업이 배당을 감소시키면 경영자가 낭비할 수 있는 재원이 늘어나게 되고, 따라서 배당 감소 공시일에 주가는 하락할 것이다.

이 가설은 대리인이론(agency theory)에 기초한 가설로서 배당의 정보효과 가설과는 이론적인 접근 방법이 상이하지만, 배당증가가 주가를 상승시키고 배당감소가 주가를 하락시킨다는 점에서 결론은 동일하다.

③ 현재소득선호 가설

앞에서 투자자들은 자가배당을 이용하여 자신이 원하는 배당정책을 만들 수 있다고 설명하였다. 그러나 세금 및 거래비용이 존재하는 상황에서 투자자들이 자신의 구미에 맞게 스스로 적은 배당을 많은 배당으로 조정하는 것은 현실적으로 어렵다. 따라서 현재소득이 더 필요한 투자자들은 미래 소득보다 현재 배당소득을 선호할 것이다. 이런 가설을 현재소득선호 가설이라고 한다.

그리고 일부 기관투자자들은 제약조건으로 인해 많은 배당을 지급하는 주식을 선호하기도 한다. 또한 세금으로 인해 자본이득이 배당소득보다 유리하지만, 전혀 세금을 내지 않는 일부 기관투자자들에게는 배당소득이 세금 측면에서도 전혀 불리하지 않다. 따라서 면세 기관투자자들은 현재 배당소득을 선호할 수 있다.

(2) 기업가치를 감소시키는 요인

① 발행비용

기업이 배당을 증가시키기 위하여 필요한 재원을 사채나 주식을 발행하여 조달한다면, 증권 발행비용이 기업가치를 하락시킬 수 있다. 특히, 주식 발행규모가 크지 않으면 발행비용이 조달금액의 상당 부분을 차지해 무시할 수 없게 된다. 미국의 경우, 주식 발행규모가 1,000만 달러 이하인 경우 발행비용이 조달금액의 약 13%에 이르는 것으로 알려져 있다.

② 세 금

현실적으로 배당소득에 대한 세금이 자본이득에 대한 세금보다 훨씬 많으므로, 동일한 소득인 경우 배당소득으로 받는 것이 주주 입장에서 불리하다. 주주는 배당소득에 대하여 세금을 내야 하므로 세후 기준의 배당금은 세전배당금보다 작아진다. 따라서 배당기업의 현재 적정 주가는 비배당기업의 현재 적정주가보다 낮아져야 한다. 따라서 동일 조건하에서 배당기업의 가치는 비배당기업의 가치보다 낮아진다.

9.4 배당정책 결정 시 고려사항

(1) 배당의 안정화

기업이 일정 배당성향을 결정하여 이를 일률적으로 적용할 경우 기업의 이익수준이 매년 변동하면 주주들이 받는 배당도 변동하게 된다. 이 경우 주주들은 해당기업의 미래 배당수준을 예측하기 어려우므로 배당수입에 대한 위험이 커지게 된다. 따라서 기업은 연간 이익수준의 변동이 크지 않을 때는 전년도의 배당수준을 그대로 유지하려는 경향을 갖는다.

(2) 이익수준

원칙적으로 배당은 기업의 이익 중에서 이루어지므로 특정 영업기에 있어서 납세후 순이익은 배당 지급여부 및 그 지급규모를 결정하는데 우선적으로 고려해야 할 사항이다.

(3) 법률상 제한

배당결정은 원칙적으로 기업의 자율적 결정사항이나 관련법규에서는 기업이 건전한 자본구조를 유지하도록 하기 위하여 배당재원을 일정한도로 제한하고 있다.

(4) 유동성

기업이 높은 배당을 지급하고자 하여도 배당지급기에 기업의 유동성이 좋지 못할 때에는 배당지급이 제한을 받는다.

(5) 성장가능성

기업이 투자기회가 많고 미래 성장전망이 밝을 때에는 성장을 위하여 많은 투자자금이 필요하게 된다. 따라서 이러한 기업은 가능한 한 배당을 줄이고 이익을 유보함으로써 기업가치를 상승시킬 수 있다.

(6) 부채의 상환의무

사채의 상환기가 도래한다거나, 거액의 금융부채를 상환하여야 할 경우 기업은 비록 당기의 이익을 많이 실현했다 하더라도 부채상환을 위하여 배당을 억제하여야 한다.

(7) 사채권자의 배당제약

기업이 사채를 발행할 때 사채권자들은 그들의 채권확보를 위하여 사채계약서에 배당제한과 같은 채권보호조항의 삽입을 요구하는 경우가 있다. 또한 법률적으로도 기업의 부채가 자산을 초과할 때에는 배당지급을 금지하고 있다.

(8) 기업지배권의 변동

배당을 실시할 경우 기업 소요자금의 부족액은 부채 및 신주발행 등으로 충당되어야 하는데, 신주발행시 지배주주에게 신주인수권이 부여되지 않거나 또는 지배주주가 신주인수권을 포기하면 이들의 기업지배권은 약화된다. 그런데 지배주주들은 일반적으로 기업지배권의 변동을 바라지 않으므로 배당보다는 이익의 유보를 희망하게 된다.

(9) 주주의 성격

기존주주들이 고소득층일 경우에는 배당소득에 대하여 고율의 종합소득세를 물어야 하기 때문에 일반적으로 이익의 유보를 선호하며, 반대로 배당소득으로 생활을 영위하는 저소득층의 경우에는 배당을 선호한다.

(10) 기타

이상에서 언급한 요인 이외에도 많은 요인들이 고려대상이 될 수 있다. 이익수준이 매년 안정된 기업에 있어서는 미래수익에 대한 불확실성이 낮아 이익을 많이 유보할 필요가 없기 때문에 비교적 많은 배당을 지급할 수 있게 된다. 한편, 인플레가 심할 때에는 주주들에게 실질소득을 보장해 주기 위하여 비교적 많은 배당을 지급하는 것이 통례이며, 기업의 기존 자본구조, 동업종의 평균 배당수준도 배당결정의 주요 고려요인이 된다.

9.5 자사주매입 대 현금배당

(1) 자사주매입의 의의

자사주매입(stock repurchase)은 기업이 발행한 자사의 보통주를 다시 매입하여 금고주(treasury stock)의 형태로 소유하는 것을 말한다. 우리나라에서는 1994년에 증권거래법 개정을 통하여 상장기업이 발행주식수의 5% 범위 내에서 자사주를 매입하는 것을 허용하고 있다. 자사주를 매입하는 방법에는 두 가지가 있는데, 하나는 기업이 직접 매입하는 방법이고 다른 하나는 자기주식 신탁계약 등을 통하여 간접적으로 취득하는 방법이다.

자사주매입은 주가에 어떤 영향을 줄 것인가? 어떤 기업이 자사주매입을 공시하면 현재 주가가 과소평가되었다는 경영자의 판단이 간접적으로 자본시장에 전달된다. 따라서 이런 정보효과로 인해 공시일에 주가는 일반적으로 상승하게 된다. 우리나라의 경우 공시일을 전후하여 약 2~3%의 초과수익률(abnormal return)을 얻는 것으로 보고되고 있다.

(2) 자사주매입의 효과

자사주매입은 그 효과가 근본적으로 현금배당과 동일하다. 이를 설명하기 위하여 [표 1]의 A패널에 제시된 충북실업의 재무상태표(시가기준)를 고려해 보자. 충북실업의 발행주식수가 1,000만주(액면가 500원)이므로 주가는 600억원 / 1,000만주 = 6,000원이고 자본금은 50억원(= 500원 × 1,000만주)이다. 그리고 당기순이익이 50억원이므로 주당순이익은 50억원 / 1,000만주 = 500원이고 PER(주가수익비율)은 6,000원 / 500원 = 12이다.

충북실업이 주당 600원의 현금배당을 실시하면 표의 B패널에서와 같이 총 600원 × 1,000만주 = 60억원의 현금이 소요된다. 현금배당 실시 후 자기자본의 가치는 60억원만큼 감소하여 540억원이 되지만, 발행주식수는 변함이 없으므로 주가는 5,400원으로 하락한다.

$$\text{현금배당 실시 후 주가} = \frac{600\text{억원} - 60\text{억원}}{1{,}000\text{만주}} = 5{,}400\text{원}$$

또한 현금배당 실시 후에 발행주식수가 변하지 않으므로 주당순이익은 500원으로 변함이 없다. 그런데 주가가 5,400원으로 하락하므로 PER도 5,400원 / 500원 = 10.8로 하락한다.

한편, 충북실업은 보유현금 60억원으로 자사주 60억원 / 6,000원 = 100만주를 매입할 수 있다. 자사주매입 실시 후 발행주식수가 900만주로 감소하고 자기자본의 가치도 540억원으로 감소하므로 정보효과를 무시하면 주가는 6,000원으로 변함이 없다(C 패널 참조).

$$\text{자사주매입 실시 후 주가} = \frac{600\text{억원} - 60\text{억원}}{900\text{만주}} = 6{,}000\text{원}$$

또한 자사주매입 실시 후에 발행주식수가 900만주로 감소하므로 주당순이익은 555.56원(= 50억원 / 900만주)으로 증가한다. 그런데 주가가 변하지 않고 6,000원이므로 PER도 현금배당을 지급하는 경우와 마찬가지로 6,000원 / 555.56원 = 10.8로 하락한다.

[표 1] 현금배당과 자사주매입의 효과

A. 현재 (시장가치)

현　　금	100억	부　　채	500억
비유동자산	1,000억	자기자본	600억

B. 주당 600원의 현금배당 실시 후 (시장가치)

현　　금	40억	부　　채	500억
비유동자산	1,000억	자기자본	540억

C. 총 60억원의 자사주매입 실시 후 (시장가치)

현　　금	40억	부　　채	500억
비유동자산	1,000억	자기자본	540억

자사주매입은 그 효과가 근본적으로 현금배당과 동일하다. 현금배당과 자사주매입의 효과를 비교하면 다음과 같다.

[표 2] 현금배당과 자사주매입이 미치는 효과

구 분	미치는 영향		동일한 효과? 아니면 상이한 효과?
	현금배당	자사주매입	
발행주식수	불 변	감 소	상 이
주 가	하 락	불 변	상 이
주당순이익	불 변	상 승	상 이
PER	하 락	하 락	동 일
주주에게 지급되는 금액	동일금액	동일금액	동 일

9.6 주식배당과 주식분할 및 액면분할

(1) 주식배당의 의의

주식배당(stock dividend)은 현금배당 대신에 주식을 추가로 발행하여 기존 주주에게 무상으로 교부하는 것이다. 주식배당은 기업의 이익잉여금이 주식배당액만큼 자본금으로 편입되기 때문에 발행주식만 늘어날 뿐 기존주주의 지분율은 그대로 유시되어 실질적으로 주주의 부(富)의 증가를 가져오지는 않는다. 즉, 주식배당은 무상증자의 한 형태로서, 실질적인 주금납입이 없이 주식을 추가로 발행하여 이를 기존주주들에게 지분율에 비례하여 배분하는 것이다.

(2) 주식배당의 효과

주식배당의 효과는 다음과 같다.

첫째, 배당으로 인한 현금의 사외유출을 막고 이를 사내에 묶어둠으로써 기업의 자금수요에 대처할 수 있다.

둘째, 자본의 영구화를 위한 수단이다.

셋째, 높게 형성된 주가를 하락시키기 위한 수단이다.

주식배당을 실시하면 이익잉여금과 자본금간의 계정전환만 일어날 뿐이다. 앞의 충북실업의 예시를 다시 고려해서 주식배당의 효과를 살펴 보기로 하자. 충북실업이 현금배당 또는 자사주매입을 실시하지 않고 10%의 주식배당을 실시한다고 하자. 10%의 주식배당을 실시하면 기존주식 10주당 신주 1주가 추가로 지급되므로, 발행주식수가 1,000만주에서 1,100만주로 100만주 늘어난다. 주가는 다음과 같이 6,000원에서 권리락일에 5,455원으로 하락하고 주당순이익도 50억원 / 1,100만주 = 455원으로 하락한다. 따라서 PER은 주식배당 전의 수준 12를 그대로 유지한다(약간의 차이는 반올림 때문임).

$$P_0 = \frac{600\text{억원}}{1{,}100\text{만주}} = 5{,}455\text{원}$$

$$\text{주당순이익}(EPS) = \frac{50\text{억원}}{1{,}100\text{만주}} = 455\text{원}$$

$$PER = \frac{5{,}455\text{원}}{455\text{원}} = 12$$

주식배당을 실시하면 이익잉여금과 자본금간의 계정전환만 일어날 뿐 자기자본 가치는 변하지 않으므로 주식배당 실시 후의 재무상태표는 앞에서 보았던 [표 1]의 A 패널과 같다.

(3) 주식배당의 장단점

주주의 입장에서 보면 주식배당은 당장에는 효과가 없다고 하더라도 다음과 같은 점에서 간접적인 장점이 있다.

첫째, 대부분의 기업은 배당의 안정성을 중시하는데, 주당배당금을 일정하게 유지한다면 차기의 배당은 늘어난 주식수에 비례하여 늘어나게 된다.

둘째, 주식배당은 대체로 성장속도가 빠르고 미래 성장전망이 밝은 기업이 실시하기 때문에, 주식배당 그 자체가 투자자들에게 좋은 정보로 전달된다.

셋째, 주가가 지속적으로 상승하는 기업의 주주들은 현금배당보다는 오히려 주식배당을 선호하는 경향이 있다. 왜냐하면 주식이 높은 가격으로 거래되기 때문에 무상주를 교부받아 이를 매각함으로써 얻은 자본이득이 현금배당 수입보다 크기 때문이다.

반면에 주식배당은 기업입장에서 다음과 같은 단점도 가지고 있다.

첫째, 주식배당에는 주권의 인쇄비용 등 부수되는 비용이 들게 되며 이러한 비용은 보상받을 수 없는 비용이다.

둘째, 주식배당을 통하여 당장은 배당재원의 사외유출을 방지할 수 있다 하더라도 발행주식수가 늘어나게 되어 미래의 배당이 증가함으로써 자금의 사외유출이 늘어난다.

사례분석

기업 G의 보통주 발행주식수는 20만주이며 자본금은 10억원(= 5,000원 × 20만주)이다. 이 기업의 당기순이익을 포함한 이익잉여금은 5억원이며 보통주는 시장에서 주당 15,000원에 거래되고 있다. 기업 G의 경영자는 배당률 20%(액면가 기준)로 현금배당을 실시할 것인가, 아니면 주식배당을 실시할 것인가를 고려 중이다. 현금배당을 실시할 경우와 주식배당을 실시할 경우 기업 G의 자본변동과 주가변동을 비교하라.

해 설

① 현금배당을 실시하는 경우

자본변동상황 :

구 분	배당지급 전	배당지급 후
자 본 금 이익잉여금	10억원(= 20만주 × 5,000원) 5억원	10억원(= 20만주 × 5,000원) 3억원
합 계	15억원	13억원

배당지급총액 : 5,000원 × 0.2 × 20만주 = 2억원

주가변동 상황 :

주당배당금 : 2억원 ÷ 20만주 = 1,000원

배당락주가 : 15,000원 − 1,000원 = 14,000원

② 주식배당을 실시하는 경우

자본변동 상황 :

구 분	배당지급 전	배당지급 후
자 본 금 이익잉여금	10억원(= 20만주 × 5,000원) 5억원	12억원(= 24만주 × 5,000원) 3억원
합 계	15억원	15억원

주가변동 상황 :

배당 전 주가가 15,000원이며 20%의 주식배당으로 발행주식수가 20% 증가하므로 배당락주가는 다음과 같이 계산된다.

15,000원 ÷ (1 + 0.2) = 12,500원

이와 같이 현금배당을 할 때에는 실질적인 자기자본이 감소되는데 비하여 주식배당을 할 때에는 계정과목 간에 이체만 이루어질 뿐 자기자본 총액에는 변동이 없다. 또한 주가변동 상황을 보면 배당락 주가가 액면가 이상인 한, 주식배당을 할 때의 배당락 주가는 현금배당을 할 때의 배당락 주가보다 낮게 형성된다.

---

(4) 주식분할과 액면분할

주식분할(stock split)은 주식배당과 매우 유사하다. 2대 1의 주식분할은 100%의 주식배당과 동일한 효과를 갖는다. 만일 충북실업이 2 : 1의 주식분할을 실시하면, 기존주식 1주가 2주로 분할되므로 발행주식수는 기존의 1,000만주에서 2,000만주로 증가하고 주가는 기존의 6,000원에서 3,000원으로 하락한다. 주식분할 후의 충북실업의 재무상태표는 앞에서 보았던 [표 1]의 A패널과 같이 실시 전과 동일하다.

우리나라에서는 주식분할이 액면분할의 형태로 이루어진다. 충북실업의 예에서 액면가 500원을 250원으로 분할하면 주식수는 1,000만주에서 2,000만주로 증가하고 주가는 기존의 6,000원에서 3,000원으로 하락한다. 액면분할 후의 충북실업의 재무상태표는 앞에서 보았던 [표 1]의 A패널과 같이 실시 전과 동일하다.

기업이 주식분할 또는 액면분할을 실시하는 이유는 주가가 너무 높아져 원할한 거래가 이루어지지 않을 때 주가를 하락시키기 위함이다. 일반적으로 주식분할 또는 액면분할을 실시하면 분할 직후의 가격이 이론적인 가격보다 높게 형성되는 것이 보통이다. 이는 주식분할 또는 액면분할이 기업의 좋은 미래 전망에 대한 정보를 자본시장에 전달하는 것으로 해석할 수 있기 때문이다.

정리문제

01 현준자동차의 재무상태표는 다음과 같다. 발행주식수는 5,000주이다.

재무상태표

(시가기준) (단위 : 억원)

현 금	2	자 기 자 본	15
비 유 동 자 산	13		
총 자 산	15	총 자 본	15

(1) 현준자동차는 주당 10,000원의 현금배당을 실시할 예정이다. 내일을 배당락일이라고 했을 때, 오늘과 내일의 주가를 계산하라.

(2) 현준자동차는 배당금 지급 대신에 3,000만원의 자사주를 매입하기로 하였다. 자사주 매입 후 발행주식수와 주가를 계산하라. 이 결과를 (1)번과 비교하라.

02 백두기업의 자기자본 계정(장부가치 기준)이 다음과 같다. 현재 주가는 8,000원이다.

자본금(액면가 5,000원)	15억원
자본잉여금	7억원
이익잉여금	5억원
자기자본 합계	27억원

(1) 백두기업이 이익잉여금을 재원으로 30%의 주식배당을 발표하였다. 주식배당 후 주가를 추정하고 자기자본 계정이 어떻게 변하는지 보이라.

(2) 백두기업이 배당대신 10 : 1의 주식분할을 한다면 주가는 얼마가 되겠는가? 또한 자기자본 계정이 어떻게 변하는지 보이라.

03 서울기업의 시가기순의 재무상태표가 다음과 같다. 발행주식수는 5,000주이다.

재무상태표

서울기업 (단위 : 천원)

현 금	18,000	자 기 자 본	180,000
비유동자산	162,000		
합 계	180,000	합 계	180,000

(1) 서울기업은 주당 1,200원의 현금배당을 지급할 예정이며 내일이 배당락일이다. 세금효과를 무시하고 오늘과 내일의 주가를 계산하라. 그리고 배당이 지급된 후의 재무상태표를 작성하라.

(2) 서울기업은 배당을 지급하는 대신에 3,600,000원 상당의 자사주를 매입한다고 발표하였다. 자사주매입 후의 발행 주식수와 주가는 얼마로 예상되는가? (세금효과와 정보효과를 무시할 것)

04 **C기업의 발행주식수는 100,000주이고, 주가는 현재 10,000원이다. 올해 실적발표에서 C기업은 당기순이익이 2억원이라고 발표하였고, 배당락일에 주당 1,200원의 배당을 실시한다고 발표하였다.**

(1) 배당 전 EPS와 PER은 얼마인가?

(2) 배당 후 PER은 얼마인가?

(3) C기업이 몇 주를 자사주매입을 해야 배당을 실시한 것과 같은 효용을 주주에게 주겠는가, 그리고 그때의 EPS와 PER은 얼마인가?

05 **[문제4]에서 C기업은 10%의 주식배당을 실시하려고 한다. 신호효과 등은 무시한다.**

(1) 주식배당 후 주가, EPS 및 PER을 측정하라.

(2) 1주를 2주로의 주식분할을 실시할 경우 주가, EPS 및 PER을 측정하라.

06 **A기업은 현금 4억원으로 배당을 지급하는 것과 자사주매입하는 것 중에서 하나를 결정하려고 한다. 주당순이익은 5,000원이며 주가는 4만원에 거래되고 있으며 발행주식수는 20,000주이다. 시장이 완전하다.**

(1) 현금배당 실시 후 주가, EPS 및 PER과 배당 전에 1주를 보유한 주주의 가치를 구하라.

(2) 자사주 매입 후 주가, EPS 및 PER과 자사주매입 전에 1주를 보유한 주주의 가치를 구하라.

07 **백록담기업은 금기에 주당 2,000원씩의 배당을 실시하였으며, 이 배당액은 향후 2년간 연 10%씩, 그 후 2년간은 연 8%씩, 또한 그 이후부터는 매년 5%씩 영구히 증가할 것으로 기대된다. 한편 무위험이자율은 연 8%, 시장포트폴리오의 연간 기대수익률과 분산은 각각 18%, 2%이다. 또한 백록담기업의 주식과 시장포트폴리오와의 공분산은 3%이다. 골든(Gordon)의 배당평가모형에 의하여 백록담기업의 주식가치를 계산하라.**

08 **현재 발행주식수는 100만주이고 액면가는 5,000원이다. 현재 주가는 22만원이고 자기자본비용은 10%이다. 당기 말 현재 당기순이익(배당전)은 200억원이고, 주주총회에서 시가배당률(배당수익률) 1.2%안을 승인 받을 예정이다. 내년도의 투자액은 320억원을 계획하고 있다.**

(1) 내년도 예상주가를 계산하라.

(2) 내년도의 투자액을 충당하기 위한 외부금융필요액 및 신주발행주식수를 각각 계산하라(단, 외부금융필요액은 모두 유상증자로 충당한다).

(3) 내년도 자기자본의 시장가치(시가총액)를 계산하라.

(4) 배당 전, 후 각각의 EPS와 PER을 구하라.

09 **금년도에 당기순이익은 10억원이었다. 배당성향은 40%이며 이를 유지할 계획이다. 현재 주가는 40,000원이며 발행주식수는 10만주이다. 배당을 지급한다면 배당락주가는 36,000원이다. 다음 물음에 답하여라(단, 정보효과와 거래비용은 없다).**

(1) 현금배당을 실시할 경우, EPS와 PER은 얼마인가?

(2) 배당 지급 대신에 그 금액으로 자사주를 매입하여 소각한다면 자사주 매입 후의 발행주식수와 주가는 어떻게 예상되는가?

(3) 자사주를 매입 할 경우, EPS와 PER은 얼마인가?

정리문제에 대한 해설

01 **현준자동차의 재무상태표는 다음과 같다. 발행주식수는 5,000주이다.**

재무상태표

(시가기준) (단위 : 억원)

현 금	2	자 기 자 본	15
비 유 동 자 산	13		
총 자 산	15	총 자 본	15

(1) 현준자동차는 주당 10,000원의 현금배당을 실시할 예정이다. 내일을 배당락일이라고 했을 때, 오늘과 내일의 주가를 계산하라.

해설 오늘의 주가 = 15억원 / 5,000주 = 300,000원
내일의 주가 = 300,000원 − 10,000원 = 290,000원

(2) 현준자동차는 배당금 지급 대신에 3,000만원의 자사주를 매입하기로 하였다. 자사주 매입 후 발행주식수와 주가를 계산하라. 이 결과를 (1)번과 비교하라.

해설 매입한 주식 수는 3,000만원 / 300,000원 = 100주이므로 자사주매입 후 주식 수는 4,900주이고, 다음과 같이 주가는 300,000원으로 변함이 없다.

자사주매입 후 주가 = (15억원 − 3,000만원) / 4,900주 = 300,000원

자사주매입 시에는 현금배당 시에 비해서 주식 수만 줄어들고 주가는 변함이 없다.

02 **백두기업의 자기자본 계정(장부가치 기준)이 다음과 같다. 현재 주가는 8,000원이다.**

자본금(액면가 5,000원)	15억원
자본잉여금	7억원
이익잉여금	5억원
자기자본 합계	27억원

(1) 백두기업이 이익잉여금을 재원으로 30%의 주식배당을 발표하였다. 주식배당 후 주가를 추정하고 자기자본 계정이 어떻게 변하는지 보이라.

해설 주식배당 전 발행주식수는 30만주(= 15억원 / 5,000원)이므로 30% 주식배당이란 신주 9만주를 추가로 발행하는 것을 의미한다. 주식배당 전 주가가 8,000원이므로 주식배당 전 자기자본의 시장가치는 다음과 같이 24억원이다.

8,000원 × 300,000주 = 24억원

주식배당 후에도 자기자본의 시장가치는 변하지 않고 발행주식수만 증가하므로 주식 배당 후 주가는 다음과 같이 6,154원이 된다.

주식배당 후 주가 × 39만주 = 24억원
∴ 주식배당 후 주가 = 24억원 / 39만주 = 6,154원

주식배당 후 자기자본 계정은 다음과 같다.

자본금(액면가 5,000원)	19.5억원
자본잉여금	7억원
이익잉여금	0.5억원
자기자본 합계	27억원

(신주는 이익잉여금 4.5억원을 재원으로 주당 5천원에 9만주가 발행된다.)

(2) 백두기업이 배당대신 10 : 1의 주식분할을 한다면 주가는 얼마가 되겠는가? 또한 자기자본 계정이 어떻게 변하는지 보이라.

해설 주식분할 후 주가는 800원이 된다.

∴ 주식분할 후 주가 = (8,000원 × 30만주) / 300만주 = 800원

주식분할 후 자기자본 계정은 다음과 같다.

자본금(액면가 500원, 발행주식수 300만주)	15억원
자본잉여금	7억원
이익잉여금	5억원
자기자본 합계	27억원

(발행 주식수가 기존 30만주에서 300만주가 된다.)

03 **서울기업의 시가기준의 재무상태표가 다음과 같다. 발행주식수는 5,000주이다.**

재무상태표

서울기업 (단위 : 천원)

현 금	18,000	자 기 자 본	180,000
비 유 동 자 산	162,000		
합 계	180,000	합 계	180,000

(1) 서울기업은 주당 1,200원의 현금배당을 지급할 예정이며 내일이 배당락일이다. 세금효과를 무시하고 오늘과 내일의 주가를 계산하라. 그리고 배당이 지급된 후의 재무상태표를 작성하라.

해설 오늘의 주가(배당부 가격) = 180,000,000원 / 5,000주 = 36,000원
내일의 주가(배당락 가격) = 36,000원 − 1,200원 = 34,800원

배당이 지급된 후에는 다음과 같이 자기자본과 현금이 1,200원 × 5,000주 = 6,000,000원만큼 감소한다.

재무상태표(배당지급 후)

서울기업 (단위 : 천원)

현 금	12,000	자 기 자 본	174,000
비유동자산	162,000		
합 계	174,000	합 계	174,000

(2) 서울기업은 배당을 지급하는 대신에 3,600,000원 상당의 자사주를 매입한다고 발표하였다. 자사주매입 후의 발행 주식수와 주가는 얼마로 예상되는가? (세금효과와 정보효과를 무시할 것)

해설 자기자본이 3,600,000원만큼 감소한다.

매입한 주식 수 = 3,600,000원 / 36,000원 = 100주이다.
자사주매입 후 주식 수 = 5,000주 − 100주 = 4,900주이고
주가 = 176,400,000원 / 4,900주 = 36,000원이다.

04 C기업의 발행주식수는 100,000주이고, 주가는 현재 10,000원이다. 올해 실적발표에서 C기업은 당기순이익이 2억원이라고 발표하였고, 배당락일에 주당 1,200원의 배당을 실시한다고 발표하였다.

(1) 배당 전 EPS와 PER은 얼마인가?

해설

$$EPS = \frac{\text{당기순이익}}{\text{발행주식수}} = \frac{\text{2억원}}{\text{100,000주}} = \text{2,000원}$$

$$PER = \frac{\text{주가}}{EPS} = \frac{\text{10,000원}}{\text{2,000원}} = 5$$

(2) 배당 후 PER은 얼마인가?

해설 배당 후 주가 = 배당 전 주가 − 배당금
= 10,000원 − 1,200원
= 8,800원

$$\text{배당 후 } PER = \frac{\text{배당 후 주가}}{EPS} = \frac{\text{8,800원}}{\text{2,000원}} = 4.4$$

(3) C기업이 몇 주를 자사주매입을 해야 배당을 실시한 것과 같은 효용을 주주에게 주겠는가, 그리고 그때의 *EPS*와 *PER*은 얼마인가?

해설 배당 후 시가총액 = 8,800원 × 100,000주 = 880,000,000원

배당 후 시가총액 = 880,000,000원

= 배당 전 시가총액 − 지사주매입 총액

= 10,000원 × 100,000주 − 10,000원 × m주

$\therefore$ m = 12,000주

$$\text{자사주 매입 후 } PER = \frac{\text{당기순이익}}{\text{발행주식수}} = \frac{200{,}00{,}000\text{원}}{100{,}000\text{주} - 12{,}000\text{주}} = 2{,}273\text{원}$$

$$\text{자사주 매입 후 } PER = \frac{\text{주가}}{EPS} = \frac{10{,}000\text{원}}{2{,}273\text{원}} = 4.4$$

$$\text{자사주 매입 후 주가} = \frac{10{,}000\text{원} \times 100{,}000\text{주} - 10{,}000\text{원} \times 12{,}000\text{주}}{100{,}000\text{주} - 12{,}000\text{주}} = 10{,}000\text{원}$$

05 [문제4]에서 C기업은 10%의 주식배당을 실시하려고 한다. 신호효과 등은 무시한다.

(1) 주식배당 후 주가, *EPS* 및 *PER*을 측정하라.

해설 주식배당 시 시가총액은 변하지 않고, 발행주식수만 증가하므로 다음 식이 성립한다.

$$\text{주식배당 후 주가} = \frac{\text{시가총액}}{\text{기존발행주식수} + \text{신주발행수}}$$

$$= \frac{10{,}000\text{원} \times 100{,}000\text{주}}{100{,}000\text{주} + 100{,}000\text{주} \times 10\%} = 9{,}091\text{원}$$

$$\text{주식배당 후 } EPS = \frac{\text{당기순이익}}{\text{기존발행주식수} + \text{신주발행수}}$$

$$= \frac{200{,}000{,}000\text{원}}{100{,}000\text{주} + 100{,}000\text{주} \times 10\%} = 1{,}818\text{원}$$

$$\text{주식배당 후 } PER = \frac{\text{주가}}{EPS} = \frac{9{,}091\text{원}}{1{,}818\text{원}} = 5$$

(2) 1주를 2주로의 주식분할을 실시할 경우 주가, *EPS* 및 *PER*을 측정하라.

해설 주식분할 후 시가총액은 변하지 않고 주식수만 증가하므로 다음식이 성립한다.

$$\text{주식분할 후 주가} = \frac{\text{시가총액}}{\text{기존발행주식수} \times 2} = \frac{10{,}000\text{원} \times 100{,}000\text{주}}{100{,}000\text{주} \times 2} = 5{,}000\text{원}$$

$$주식분할\ 후\ EPS = \frac{당기순이익}{기존발행주식수 \times 2} = \frac{200{,}000{,}000원}{100{,}000주 \times 2} = 1{,}000원$$

$$주식분할\ 후\ PER = \frac{주가}{EPS} = \frac{5{,}000원}{1{,}000원} = 5$$

06 A기업은 현금 4억원으로 배당을 지급하는 것과 자사주매입하는 것 중에서 하나를 결정하려고 한다. 주당순이익은 5,000원이며 주가는 4만원에 거래되고 있으며 발행주식수는 20,000주이다. 시장이 완전하다.

(1) 현금배당 실시 후 주가, EPS 및 PER과 배당 전에 1주를 보유한 주주의 가치를 구하라.

해설
$$현금배당\ 실시\ 후\ 주가 = \frac{4만원 \times 20{,}000주 - 4억원}{20{,}000주} = 20{,}000원$$

EPS = 5,000원 (발행주식수와 순이익의 변화가 없으므로 기존과 같음)
PER = 주가 / EPS = 20,000원 / 5,000원 = 4

배당 전에 1주를 보유한 주주의 가치 = 배당 후 주식의 가격 + 주당배당금

$$= 20{,}000원 + \frac{4억원}{20{,}000주} = 40{,}000원$$

(2) 자사주 매입 후 주가, EPS 및 PER과 자사주매입 전에 1주를 보유한 주주의 가치를 구하라.

해설
$$자사주\ 매입\ 후\ 주식\ 수 = 20{,}000주 - \frac{4억원}{40{,}000주} = 10{,}000주$$

$$자사주\ 매입\ 후\ 주가 = \frac{4만원 \times 20{,}000주 - 4억원}{10{,}000주} = 40{,}000원$$

EPS = 10,000원 (주식의 수가 반으로 줄었으므로 2배로 증가함)
PER = 주가 / EPS = 40,000원 / 10,000원 = 4

자사주매입 전에 1주를 보유한 주주의 가치 = 자사주 매입 후 주식의 가격 + 주당배당금
= 40,000원 + 0원 = 40,000원

07 백록담기업은 금기에 주당 2,000원씩의 배당을 실시하였으며, 이 배당액은 향후 2년간 연 10%씩, 그 후 2년간은 연 8%씩, 또한 그 이후부터는 매년 5%씩 영구히 증가할 것으로 기대된다. 한편 무위험이자율은 연 8%, 시장포트폴리오의 연간 기대수익률과 분산은 각각 18%, 2%이다. 또한 백록담기업의 주식과 시장포트폴리오와의 공분산은 3%이다. 골든(Gordon)의 배당평가모형에 의하여 백록담기업의 주식가치를 계산하라.

해설 백록담기업의 자기자본비용을 계산하면 다음과 같다.

$$\begin{aligned} r_E &= E(r_i) = r_f + [E(r_M) - r_f] \times \beta_i \\ &= 0.08 + [0.18 - 0.08] \times 1.5 = 23\% \end{aligned}$$

$$\beta_i = \frac{Cov(r_i,\ r_M)}{\sigma_M^2} = \frac{0.03}{0.02} = 1.5$$

즉, 자기자본비용 $r_E = 23\%$이고, 이는 주식가치를 추정할 때 할인율(k)로 이용된다.

$$P_0 = \frac{2{,}000 \times 1.1}{1.23} + \frac{2{,}000 \times 1.1^2}{1.23^2} + \frac{2{,}000 \times 1.1^2 \times 1.08}{1.23^3} + \frac{2{,}000 \times 1.1^2 \times 1.08^2}{1.23^4}$$

$$+ \frac{\dfrac{2{,}000 \times 1.1^2 \times 1.08^2 \times 1.05}{0.23 - 0.05}}{1.23^4}$$

$$= 13{,}220\text{원}$$

따라서 골든의 배당평가모형에 의한 백록담기업의 주식가치는 13,220원이다.

08 **현재 발행주식수는 100만주이고 액면가는 5,000원이다. 현재 주가는 22만원이고 자기자본비용은 10%이다. 당기 말 현재 당기순이익(배당전)은 200억원이고, 주주총회에서 시가배당률(배당수익률) 1.2%안을 승인 받을 예정이다. 내년도의 투자액은 320억원을 계획하고 있다.**

(1) 내년도 예상주가를 계산하라.

해설 시가배당률이 1.2%이므로 수당배낭금은 200,000원 × 1.2% = 2,400원이다.

현재 주가 = 200,000원 = (2,400원 + 내년도 예상주가) / (1 + 0.1)

따라서 내년도 예상주가 = 239,600원

(2) 내년도의 투자액을 충당하기 위한 외부금융필요액 및 신주발행주식수를 각각 계산하라(단, 외부금융필요액은 모두 유상증자로 충당한다).

해설 내부유보액 = 당기순이익(200억원) − 배당지급액(= 2,400원 × 100만주) = 176억원

외부금융필요액 = 내년도 투자액(320억) − 내부유보액(176억원) = 144억원

신규발행주식수 = 외부필요금융액(144억원)/239,600원 = 약 60,100주

(3) 내년도 자기자본의 시장가치(시가총액)를 계산하라.

해설 내년도 자기자본의 시장가치 = 239,600원 × (100만주 + 60,100주) = 약 2,540억원

(4) 배당 전, 후 각각의 *EPS*와 *PER*을 구하라.

해설 배당 전:

EPS = 당기순이익(200억원) / 발행주식수(100만주) = 20,000원

PER = 주가(200,000원) / *EPS*(20,000원) = 10

배당 후:

배당 후 주가 = 배당전 주가(200,000원) − 배당금(2,400원) = 197,600원

PER = 배당 후 주가(197,600원) / *EPS*(20,000원) = 9.88

09 금년도에 당기순이익은 10억원이었다. 배당성향은 40%이며 이를 유지할 계획이다. 현재 주가는 40,000원이며 발행주식수는 10만주이다. 배당을 지급한다면 배당락주가는 36,000원이다. 다음 물음에 답하여라(단, 정보효과와 거래비용은 없다).

(1) 현금배당을 실시할 경우, EPS와 PER은 얼마인가?

해설

$$EPS = \frac{\text{당기순이익}}{\text{발행주식수}} = \frac{10\text{억원}}{100{,}000\text{주}} = 10{,}000\text{원}$$

$$\text{주당배당금} = \frac{\text{당기순이익} \times \text{배당성향}}{\text{발행주식수}} = \frac{10\text{억원} \times 0.4}{100{,}000\text{주}} = 4{,}000\text{원}$$

배당락 주가 = 40,000원 − 4,000원 = 36,000원

$$PER = \frac{\text{주가}}{EPS} = \frac{36{,}000\text{원}}{10{,}000\text{원}} = 3.6$$

(2) 배당 지급 대신에 그 금액으로 자사주를 매입하여 소각한다면 자사주 매입 후의 발행주식수와 주가는 어떻게 예상되는가?

해설 배당을 지급한다면 주당배당금은 4,000원이고 배당금 총액은 4억원이다. 배당 대신에 4억원으로 자사주를 매입하여 소각한다면, 4억원 ÷ 40,000원 = 10,000주를 매입하여 소각하게 된다. 따라서 매입후의 발행주식수는 100,000주 − 10,000주 = 90,000주이고 자기자본의 시가총액은 40,000원 × 10만주 − 4억원 = 36억원이 된다.

따라서 자사주매입 후 주가는 $P_0 = \frac{36\text{억원}}{9\text{만주}}$ = 40,000원이 되어 자사주매입 전 주가와 동일하다.

(3) 자사주를 매입 할 경우, EPS와 PER은 얼마인가?

해설 자사주 매입 후 주가 = 40,000원

$$\text{자사주 매입 후 } EPS = \frac{\text{당기순이익}}{\text{발행주식수}} = \frac{10\text{억원}}{9\text{만주}} = 11{,}111\text{원}$$

$$\text{자사주 매입 후 } PER = \frac{\text{주가}}{EPS} = \frac{40{,}000\text{원}}{11{,}111\text{원}} = 3.6$$

[부록 1] 연금복리요소

$$FVIFa(r,n)=\left[\frac{(1+r)^n-1}{r}\right]$$

기간	이 자 율									
	1%	2%	3%	4%	5%	6%	7%	8%	9%	10%
1	1.0000	1.0000	1.0000	1.0000	1.0000	1.0000	1.0000	1.0000	1.0000	1.0000
2	2.0100	2.0200	2.0300	2.0400	2.0500	2.0600	2.0700	2.0800	2.0900	2.1000
3	3.0301	3.0604	3.0909	3.1216	3.1525	3.1836	3.2149	3.2464	3.2781	3.3100
4	4.0604	4.1216	4.1836	4.2465	4.3101	4.3746	4.4399	4.5061	4.5731	4.6410
5	5.1010	5.2040	5.3091	5.4163	5.5256	5.6371	5.7507	5.8666	5.9847	6.1051
6	6.1520	6.3081	6.4684	6.6330	6.8019	6.9753	7.1533	7.3359	7.5233	7.7156
7	7.2135	7.4343	7.6625	7.8983	8.1420	8.3938	8.6540	8.9228	9.2004	9.4872
8	8.2857	8.5830	8.8932	9.2142	9.5491	9.8975	10.260	10.637	11.028	11.436
9	9.3685	9.7546	10.159	10.583	11.027	11.491	11.978	12.488	13.021	13.570
10	10.462	10.950	11.464	12.006	12.578	13.181	13.816	14.487	15.193	15.937
11	11.567	12.169	12.808	13.486	14.207	14.972	15.784	16.645	17.560	18.531
12	12.683	13.412	14.192	15.026	15.917	16.870	17.888	18.977	20.141	21.384
13	13.809	14.680	15.618	16.627	17.713	18.882	20.141	21.495	22.953	24.523
14	14.947	15.974	17.086	18.292	19.599	21.015	22.550	24.215	26.019	27.975
15	16.097	17.293	18.599	20.024	21.579	23.276	25.129	27.152	29.361	31.772
16	17.258	18.639	20.157	21.825	23.657	25.673	27.888	30.324	33.003	35.950
17	18.430	20.012	21.762	23.698	25.840	28.213	30.840	33.750	36.974	40.545
18	19.615	21.412	23.414	25.645	28.132	30.906	33.999	37.450	41.301	45.599
19	20.811	22.841	25.117	27.671	30.539	33.760	37.379	41.446	46.018	51.159
20	22.019	24.297	26.870	29.778	33.066	36.786	40.995	45.762	51.160	57.275
21	23.239	25.783	28.676	31.969	35.719	39.993	44.865	50.423	56.765	64.002
22	24.472	27.299	30.537	34.248	38.505	43.392	49.006	55.457	62.873	71.403
23	25.716	28.845	32.453	36.618	41.430	46.996	53.436	60.893	69.532	79.543
24	26.973	30.422	34.426	39.083	44.502	50.816	58.177	66.765	76.790	88.497
25	28.243	32.030	36.459	41.646	47.727	54.865	63.249	73.106	84.701	98.347
30	34.785	40.568	47.575	56.085	66.439	79.058	94.461	113.28	136.31	164.49
40	48.886	60.402	75.401	95.026	120.80	154.76	199.64	259.06	337.88	442.59
50	64.463	84.579	112.80	152.67	209.35	290.34	406.53	573.77	815.08	1163.9
60	81.670	114.05	163.05	237.99	353.58	533.13	813.52	1253.2	1944.8	3034.8

기간	이 자 율									
	12%	14%	15%	16%	18%	20%	24%	28%	32%	36%
1	1.0000	1.0000	1.0000	1.0000	1.0000	1.0000	1.0000	1.0000	1.0000	1.0000
2	2.1200	2.1400	2.1500	2.1600	2.1800	2.2000	2.2400	2.2800	2.3200	2.3600
3	3.3744	3.4396	3.4725	3.5056	3.5724	3.6400	3.7776	3.9184	4.0624	4.2096
4	4.7793	4.9211	4.9934	5.0665	5.2154	5.3680	5.6842	6.0156	6.3624	6.7251
5	6.3528	6.6101	6.7424	6.8771	7.1542	7.4416	8.0484	8.6999	9.3983	10.146
6	8.1152	8.5355	8.7537	8.9775	9.4420	9.9299	10.980	12.136	13.406	14.799
7	10.089	10.730	11.067	11.414	12.142	12.916	14.615	16.534	18.696	21.126
8	12.300	13.233	13.727	14.240	15.327	16.499	19.123	22.163	25.678	29.732
9	14.776	16.085	16.786	17.519	19.086	20.799	24.712	29.369	34.895	41.435
10	17.549	19.337	20.304	21.321	23.521	25.959	31.643	38.593	47.062	57.352
11	20.655	23.045	23.349	25.733	28.755	32.150	40.238	50.398	63.122	78.998
12	24.133	27.271	29.002	30.850	34.931	39.581	50.895	65.510	84.320	108.44
13	28.029	32.089	34.352	36.786	42.219	48.497	64.110	84.853	112.30	148.47
14	32.393	37.581	40.505	43.672	50.818	59.196	80.496	109.61	149.24	202.93
15	37.280	43.842	47.580	51.660	60.965	72.035	100.82	141.30	198.00	276.98
16	42.753	50.980	55.717	60.925	72.939	87.442	126.01	181.87	262.36	377.69
17	48.884	59.118	65.075	71.673	87.068	105.93	157.25	233.79	347.31	514.66
18	55.750	68.394	75.836	84.141	103.74	128.12	195.99	300.25	459.45	700.94
19	63.440	78.969	88.212	98.603	123.41	154.74	244.03	385.32	607.47	954.28
20	72.052	91.025	102.44	115.38	146.63	186.69	303.60	494.21	802.86	1298.8
21	81.699	104.77	118.81	134.84	174.02	225.03	377.46	633.59	1060.8	1767.4
22	92.503	120.44	137.63	157.41	206.34	271.03	469.06	812.00	1401.2	2404.7
23	104.60	138.30	159.28	183.60	244.49	326.24	582.63	1040.4	1850.6	3271.3
24	118.16	158.66	184.17	213.98	289.49	392.48	723.46	1332.7	2443.8	4450.0
25	133.33	181.87	212.79	249.21	342.60	471.98	898.09	1706.8	3226.8	6053.0
30	241.33	356.79	434.75	530.31	790.95	1181.9	2640.9	5873.2	12941	28172.3
40	767.09	1342.0	1779.1	2360.8	4163.2	7343.9	22729.	69377.	*	*
50	2400.0	4994.5	7217.7	10436.	21813	45497	*	*	*	*
60	7471.6	18535.	29220.	46058.	*	*	*	*	*	*

[부록 2] 연금현가요소

$$PVIFa(r,n) = \left[\frac{1}{r} - \frac{1}{r(1+r)^n}\right] = \left[\frac{1-\dfrac{1}{(1+r)^n}}{r}\right]$$

기간	이 자 율									
	1%	2%	3%	4%	5%	6%	7%	8%	9%	10%
1	0.9901	0.9804	0.9709	0.9615	0.9524	0.9434	0.9346	0.9259	0.9174	0.9091
2	1.9704	1.9416	1.9135	1.8861	1.8594	1.8334	1.8080	1.7833	1.7591	1.7355
3	2.9410	2.8839	2.8286	2.7751	2.7232	2.6730	2.6243	2.5771	2.5313	2.4869
4	3.9020	3.8077	3.7171	3.6299	3.5460	3.4651	3.3872	3.3121	3.2397	3.1699
5	4.8534	4.7135	4.5797	4.4518	4.3295	4.2124	4.1002	3.9927	3.8897	3.7908
6	5.7955	5.6014	5.4172	5.2421	5.0757	4.9173	4.7665	4.6229	4.4859	4.3553
7	6.7282	6.4720	6.2303	6.0021	5.7864	5.5824	5.3893	5.2064	5.0330	4.8684
8	7.6517	7.3255	7.0197	6.7327	6.4632	6.2098	5.9713	5.7466	5.5348	5.3349
9	8.5660	8.1622	7.7861	7.4353	7.1078	6.8017	6.5152	6.2469	5.9952	5.7590
10	9.4713	8.9826	8.5302	8.1109	7.7217	7.3601	7.0236	6.7101	6.4177	6.1446
11	10.3676	9.7868	9.2526	8.7605	8.3064	7.8869	7.4987	7.1390	6.8052	6.4951
12	11.2551	10.5753	9.9540	9.3851	8.8633	8.3838	7.9427	7.5361	7.1607	6.8137
13	12.1337	11.3484	10.6350	9.9856	9.3936	8.8527	8.3577	7.9038	7.4869	7.1034
14	13.0037	12.1062	11.2961	10.5631	9.8986	9.2950	8.7455	8.2442	7.7862	7.3667
15	13.8651	12.8493	11.9379	11.1184	10.3797	9.7122	9.1079	8.5595	8.0607	7.6061
16	14.7179	13.5777	12.5611	11.6523	10.8378	10.1059	9.4466	8.8514	8.3126	7.8237
17	15.5623	14.2919	13.1661	12.1657	11.2741	10.4773	9.7632	9.1216	8.5436	8.0216
18	16.3983	14.9920	13.7535	12.6593	11.6896	10.8276	10.0591	9.3719	8.7556	8.2014
19	17.2260	15.6785	14.3238	13.1339	12.0853	11.1581	10.3356	9.6036	8.9501	8.3649
20	18.0456	16.3514	14.8775	13.5903	12.4622	11.4699	10.5940	9.8181	9.1285	8.5136
21	18.8570	17.0112	15.4150	14.0292	12.8212	11.7641	10.8355	10.0168	9.2922	8.6487
22	19.6604	17.6580	15.9369	14.4511	13.1630	12.0416	11.0612	10.2007	9.4424	8.7715
23	20.4558	18.2922	16.4436	14.8568	13.4886	12.3034	11.2722	10.3741	9.5802	8.8832
24	21.2434	18.9139	16.9355	15.2470	13.7986	12.5504	11.4693	10.5288	9.7066	8.9847
25	22.0232	19.5235	17.4131	15.6221	14.0939	12.7834	11.6536	10.6748	9.8226	9.0770
30	25.8077	22.3965	19.6004	17.2920	15.3725	13.7648	12.4090	11.2578	10.2737	9.4269
40	32.8347	27.3555	23.1148	19.7928	17.1591	15.0463	13.3317	11.9246	10.7574	9.7791
50	39.1961	31.4236	25.7298	21.4822	18.2559	15.7619	13.8007	12.2335	10.9617	9.9148

기간	이 자 율								
	12%	14%	15%	16%	18%	20%	24%	28%	32%
1	0.8929	0.8772	0.8696	0.8621	0.8475	0.8333	0.8065	0.7813	0.7576
2	1.6901	1.6467	1.6257	1.6052	1.5656	1.5278	1.4568	1.3916	1.3315
3	2.4018	2.3216	2.2832	2.2459	2.1743	2.1065	1.9813	1.8684	1.7663
4	3.0373	2.9137	2.8550	2.7982	2.6901	2.5887	2.4043	2.2410	2.0957
5	3.6048	3.4331	3.3522	3.2743	3.1272	2.9906	2.7454	2.5320	2.3452
6	4.1114	3.8887	3.7845	3.6847	3.4976	3.3255	3.0205	2.7594	2.5342
7	4.5638	4.2883	4.1604	4.0386	3.8115	3.6046	3.2423	2.9370	2.6775
8	4.9676	4.6389	4.4873	4.3436	4.0776	3.8372	3.4212	3.0758	2.7860
9	5.3282	4.9464	4.7716	4.6065	4.3030	4.0310	3.5655	3.1842	2.8681
10	5.6502	5.2161	5.0188	4.8332	4.4941	4.1925	3.6819	3.2689	2.9304
11	5.9377	5.4527	5.2337	5.0286	4.6560	4.3271	3.7757	3.3351	2.9776
12	6.1944	5.6603	5.4206	5.1971	4.7932	4.4392	3.8514	3.3868	3.0133
13	6.4235	5.8424	5.5831	5.3423	4.9095	4.5327	3.9124	3.4272	3.0404
14	6.6282	6.0021	5.7245	5.4675	5.0081	4.6106	3.9616	3.4587	3.0609
15	6.8109	6.1422	5.8474	5.5755	5.0916	4.6755	4.0013	3.4834	3.0764
16	6.9740	6.2651	5.9542	5.6685	5.1624	4.7296	4.0333	3.5026	3.0882
17	7.1196	6.3729	6.0472	5.7487	5.2223	4.7746	4.0591	3.5177	3.0971
18	7.2497	6.4674	6.1280	5.8178	5.2732	4.8122	4.0799	3.5294	3.1039
19	7.3658	6.5504	6.1982	5.8775	5.3162	4.8435	4.0967	3.5386	3.1090
20	7.4694	6.6231	6.2593	5.9288	5.3527	4.8696	4.1103	3.5458	3.1129
21	7.5620	6.6870	6.3125	5.9731	5.3837	4.8913	4.1212	3.5514	3.1158
22	7.6446	6.7429	6.3587	6.0113	5.4099	4.9094	4.1300	3.5558	3.1180
23	7.7184	6.7921	6.3988	6.0442	5.4321	4.9245	4.1371	3.5592	3.1197
24	7.7843	6.8351	6.4338	6.0726	5.4509	4.9371	4.1428	3.5619	3.1210
25	7.8431	6.8729	6.4641	6.0971	5.4669	4.9476	4.1474	3.5640	3.1220
30	8.0552	7.0027	6.5660	6.1772	5.5168	4.9789	4.1601	3.5693	3.1242
40	8.2438	7.1050	6.6418	6.2335	5.5482	4.9966	4.1659	3.5712	3.1250
50	8.3045	7.1327	6.6605	6.2463	5.5541	4.9995	4.1666	3.5714	3.1250

찾아보기

저자소개

김철중

성균관대학교 경영학과 졸업 (경영학사)
한국산업은행 근무
서울대학교 대학원 졸업 (경영학 석사)
성균관대학교 대학원 졸업 (경영학 박사)
미국 University of Texas at Austin 연구교수
공인회계사 시험위원, 홍익대학교 경영대학장 · 대학원장
홍익대학교 경영학과 교수, 한국재무관리학회 회장 역임

송명규

홍익대학교 경영학과 졸업(학사, 석사, 박사)
한국과학기술정보연구원(KISTI) 초청 선임연구원
국민체육진흥공단 한국스포츠정책과학원(KISS) 책임연구위원
순천향대학교 회계학과 교수

기초 재무관리 예해 : 사례연구와 해설

지 은 이 ▌김 철 중 · 송 명 규
펴 낸 이 ▌최 재 범
펴 낸 곳 ▌도서출판 탐진
등록 1-996호(倫). 1990. 1. 12.
서울시 마포구 신수로 27-1
Tel. 02) 715-1092 ~ 3
Fax. 02) 701-6391
E-mail. tamjin1990@hanmail.net
Homepage. www.tamjin.co.kr

저자와의 협의하에 인지 생략

2020. 9. 1. 초 판 발행

ISBN 978-89-5540-658-0 93320　　정가 18,000원